한국종족집단연구

KB140223

한국종족집단연구

이 창 기 지음

경인문화사

헌사

평생을 자식 뒷바라지에 헌신하시고
연전에 작고하신
부모님과

학문의 길로 인도해주시고
종족집단연구에 초석을 놓아주신
고 최재석 선생님의

영전에
이 졸저를 바칩니다

머리말

조선 중기 이후 부계 혈연집단이 조직화되면서 종족집단은 한국인의 생활에 지대한 영향을 미치는 중요한 준거집단이 되었다. 일상생활의 협동과 친화 관계가 종족집단을 중심으로 이루어지고, 종족집단 내의 인간관계가 사회로 확산하여 대인관계의 주요한 기준으로 작용한다. 조상 제사를 비롯한 각종 의례는 한국인의 생활에 큰 비중을 차지하고 있다. 개인의 사회적 지위에 대한 평가도 종족집단의 격에 의해 크게 영향을 받는다. 최근에 산업화와 도시화가 빠른 속도로 진행되면서 가까운 혈족들이 각처로 흩어지게 되고, 종족활동의 바탕을 이루던 종족마을이 점차 쇠퇴하여 종족집단의 활동도 많이 침체하고 있지만, 종족집단은 여전히 한국인의 생활에 중요한 영향을 미치고 있어서 한국인의 생활과 한국 사회의 구조를 설명하는데 종족집단에 대한 이해는 필수불가결한 요소라 하지 않을 수 없다. 그래서 근대 학문이 도입되면서 많은 학자들이 한국 종족집단에 관심을 가지고 조사 연구에 진력하였다.

저자가 종족집단에 관심을 가지게 된 것은 대학 시절 고 최재석 교수의 농촌사회학과 가족사회학을 수강하면서부터이다. 경상도와 충청도와 전라도의 경계가 만나는 삼도봉 아래 첩첩 산골에서 태어나 어린 시절을 보냈던 저자에게 전통 사회의 마을 생활과 전통 가족제도에 관한 강의 내용은 객관적 지식의 대상이 아니라 바로 내가 경험했던 생활 그 자체였다. 집안 대소가가 누대에 걸쳐 세거해 온 집성촌에서 어린 시절에 내가 보고 들었던 그 모든 것들이 학문의 대상이 되고 있다는 사실이 매우 경이롭고 흥미로웠다. 농촌사회학과 가족사회학은 바로 '우리 마을의 사회학', '우리 집안의 사회학'이었다. 그중에서도 특히 종족집단과 문중조

직에 관한 내용이 크게 관심을 끌었다. 최재석의『한국가족연구』, 이만
갑의『한국농촌의 사회구조』, 고황경 외『한국농촌가족의 연구』, 양회
수의『한국농촌의 사회구조』등을 구해 읽으며 종족집단에 관한 시야가
조금씩 트이기 시작했다.

종족집단에 관한 이러한 나의 관심은 집성촌을 이루고 있는 고향 마
을 주민들의 지역적 통혼권을 분석한 학부 졸업논문과 종족집단의 조직
과 기능의 변화를 추적한 석사학위논문으로 이어졌다. 석사논문을 발표
한 이후에 제주대학교에서 근무하게 되어 한동안 종족집단의 연구 대상
으로부터 멀어지게 되었지만, 영남대학교로 직장을 옮긴 이후에 종족집
단에 관한 관심의 끈을 놓지 않고 짬짬이 논문을 발표하였다.

이 책은 석사학위논문에서부터 최근에 이르기까지 오랜 기간 저자가
한국 종족집단에 관해서 관심을 가지고 틈틈이 집필한 11편의 논문들을
한자리에 모은 것이다. 이 중 8편은 기발표 논문이고, 3편은 이 책을 준
비하면서 새로 집필한 것이다. 개별 문중의 종족 활동이나 특정 종족마
을의 실태를 다룬 논문은 제외하였다.『영해지역의 반촌과 어촌』에 수
록하였던 2편의 논문(제5장, 제6장)은 종족집단을 논의하는 자리에서 함
께 논의해 볼 필요가 있을 것으로 판단되어 재수록하였다. 이 점에 대해
서는 독자 여러분의 양해를 구한다.

제1장「종족집단의 기초 이해」는 이 책을 꾸미면서 새로 집필한 부분
으로 종족집단을 이해하는 데 필요하다고 판단되는 종족집단의 개념, 종
족집단의 조직, 종족집단의 기능에 대해서 최재석의 선행 연구를 요약해
서 정리하고, 일제강점기 이후 관용적으로 사용해 오던 '동족(同族)' '친

족(親族)' '부락(部落)'이란 용어를 재검토하여 각각 '종족' '친척' '마을'로 대체할 것을 제안하였다.

제2장 「한국 종족집단의 연구사」에서는 한국 종족집단에 관해서 학술적 연구가 시작된 1930년부터 2020년에 이르는 약 90년간의 연구 성과를 조감해 보았다. 종족집단에 관해서는 사회학, 인류학, 역사학, 민속학 등의 여러 영역에서 관심을 가지고 연구를 진행하고 있지만 이 자리에서는 사회인류학 분야에 한정해서 그간의 업적을 정리하였다.

제3장 「종법의 도입과 종족집단의 조직화」는 중국 산동대학에서 개최한 국제학술회의에서 발표한 것을 수정 보완한 것이다. 종법의 수용과 조선시대 한국 종족집단의 조직화 과정에 관한 기존의 연구 자료들을 정리해서 소개한 것이다.

제4장은 종족집단을 형성하는 심리적 기제로서의 종족의식과 활발한 활동을 뒷받침하는 현실적 조건을 정리한 것이다. 종족의식으로는 가계계승의식, 조상숭배의식, 동조의식, 배타적족결합의식을, 조직의 활성화를 위한 현실적 조건으로는 조상의 위세, 성원의 사회경제적 지위, 문중재산, 성원의 수와 밀도를 제시하였다. 이러한 원리는 종족집단의 활동을 연구하는 분석틀 혹은 설명도구로 활용될 수 있을 것으로 생각한다.

제5장 「삼성 종족마을의 혼인연대」에서는 혼인으로 맺어진 세 성씨가 오랜 세월 갈등 없이 공존하는 마을의 사례를 소개하였다. 한 마을에 명망이 있는 복수의 종족이 거주할 때 신분적 우월감과 혈연적 배타성으로 인해 자칫 심각한 갈등이 유발될 수 있다는 통념과는 달리 혼인을 통해서 종족 간의 유대를 강화하고 오랜 세월 친화 관계를 지속해 온 좋은 사례가 되고 있다.

제6장에서는 마을 주민들이 사회관계를 형성하는데 종족구성이 주요한 영향을 미치고 있음을 밝혔다. 명망 있는 한 성씨가 지배적인 일성 종족마을에서는 혈연과 신분의 구획이 복합되어 주민들의 사회관계가

혈연과 비혈연으로 구획되고 이는 곧 신분의 구획이 되고 있었다. 두 성씨나 세 성씨가 함께 거주하는 마을에서는 주민들의 사회관계가 일차적으로 양반과 상민으로 구획되고, 양반은 다시 혈연으로 구획되어 신분과 혈연이라는 두 가지 잣대가 동시에 작용하고 있었다. 반면에 여러 성씨가 공존하는 마을에서는 신분의식과 혈연의식이 약해지고 주민들의 사회관계가 지연적인 요소에 의해 크게 영향을 받는 경향을 보여주고 있었다.

제7장 「종족집단의 계보조직과 지역조직」은 혈통의 계보를 중심으로 결성된 대종회와 거주지역을 중심으로 결성된 화수회의 특성을 비교한 사례연구이다. 두 조직은 추구하는 목적과 활동 내용에도 차이가 있고, 구성원 상호 간의 관계에서도 차이가 있음을 발견할 수 있었다. 계보조직은 조상숭배를 주된 목적으로 하여 결성되고, 지역조직은 친목도모를 주된 목적으로 활동하고 있었다.

제8장 「종족집단 간의 친화관계」는 종족집단 사이에서 형성되는 특별한 유대나 친화관계에 주목하여 이 책을 준비하면서 새로 집필한 논문이다. 종래의 연구에서는 한마을이나 인근 지역에 명망 있는 종족집단이 세거하게 되면 신분적 우월감과 혈연적 배타성이 종족집단 사이에 갈등을 유발하기 쉬운 요인이 될 수 있다는 점을 강조하였으나, 저자의 답사 과정에서 관찰하거나 여러 연구자들이 보고한 바에 의하면 조상의 혼인이나 보은 관계를 계기로 자손들 사이에 특별한 유대와 친밀한 관계를 지속하는 사례도 적지 않음을 발견할 수 있었다.

제9장은 1970년대 중반에 조사하여 발표한 종족집단의 조직과 기능의 변화에 대한 저자의 석사학위 논문을 정리한 것이다. 조사가 미진하고 논리 전개가 치밀하지 못하여 부족한 점이 많은 글이지만 산업화 시기의 종족집단의 변화 양상을 살펴볼 수 있는 자료라 생각되어 여기에 수록하였다.

제10장은 이 책의 결론 부분으로 생각하고 새로 집필하였다. 농촌인

구가 급감하여 종족집단의 기반을 이루는 종족마을이 점차 소멸하고, 가계를 계승하고 조상의 유지를 받들어야 한다는 종족의식도 약해지고 있어서 한국인의 일상생활에서 매우 중요한 의미를 지녔던 종족집단의 유지 존속도 위기를 맞고 있다. 그러나 다른 한편으로는 경제성장과 소득수준의 향상에 힘입어 조상의 업적을 기리는 여러 가지 사업을 활발하게 전개하기도 하고, 후손의 성장과 발전을 지원하기 위한 각종 복지사업을 적극적으로 추진하는 문중도 늘어나고 있다. 쇠퇴와 부흥의 이중주가 연주되는 상황이다.

부론으로 수록한 「지역적 통혼권 연구의 비판적 검토」는 종족집단을 직접 다룬 논문은 아니지만, 종족집단이나 종족마을을 연구하는 연구자들이 종족 성원들의 혼인권에 관심을 가지고 지역적 통혼권을 행정구역을 단위로 분석하는 사례가 적지 않아서 그 문제점을 비판적으로 검토한 이 논문을 여기에 수록하였다. 〈같은 마을〉〈같은 면〉〈같은 군〉〈같은 도〉〈다른 도〉로 분류하여 근혼과 원혼으로 구분하는 것은 지나치게 작위적인 분석임을 지적하고 생활권 중심으로 분석할 것을 제안하였다.

종족집단에 관한 관심은 일찍부터 가졌지만 집중해서 연구를 진행하지 못하고 그때그때의 여건에 맞춰 발표한 논문을 한자리에 모은 것이라 책 전체의 체계가 미흡하고 매우 산만하게 되고 말았다. 이 점은 전적으로 저자의 능력 부족과 게으른 성품 탓임을 고백하지 않을 수 없다.

저자의 종족집단 연구에는 많은 분들의 도움과 여러 기관의 지원이 큰 힘이 되었다. 은사이신 고 최재석 선생님께서는 저자가 종족집단에 관심을 가지게 된 계기를 마련해주셨고, 현장 조사 여정에 동행하면서 많은 것을 배우고 느끼게 해 주셨다. 종족집단의 연구 과정에도 시종일관 지도와 격려를 아끼지 않으셨다. 선생님의 크나큰 학은에 비하면 이 책이 너무 초라하여 부끄러운 마음 금할 길 없다.

여러 마을과 문중의 주요 어른들께서는 방문할 때마다 번거로운 면담을 마다하지 않고 늘 따뜻한 마음으로 응해주셔서 귀한 자료를 많이 구할 수 있었다.

평생을 자식 뒷바라지에 전념하시다 연전에 작고하신 부모님의 은혜에 감사드리며, 퇴직 후에도 날마다 도시락을 챙겨 연구실 출근을 독려해 준 아내에게도 이 자리를 빌려 고맙다는 인사를 전한다.

영남대학교와 한국연구재단, 한국국학진흥원의 재정 지원과 영남대학교 민족문화연구소의 행정 지원도 연구에 큰 도움이 되었다.

어려운 여건에도 출판을 쾌히 승낙해 주신 경인문화사의 사장님과 부족한 작품을 예쁘게 다듬어 주신 편집진에게도 깊은 감사를 드린다.

2023년 12월
栢紫山 鶴林齋에서 著者 李昌基 씀.

차 례

제1장

종족집단의 기초 이해

Ⅰ. 종족집단의 개념

한국의 종족집단은 전형적인 부계 혈연집단이다. 부변과 모변을 구별하지 않고 대등한 관계를 형성하는 서구의 여러 사회와 비교했을 때는 물론이거니와 같은 유교문화권에 속한다고 할 수 있는 중국이나 일본과 비교했을 때도 한국 종족집단의 부계적 특성은 뚜렷하게 드러난다.

중국의 종쭈(宗族)는 부계적 성격이 매우 강하여 한국의 종족집단과 매우 유사한 것으로 보이지만 좀 더 자세히 관찰해보면 부계의 혈연성에 상당한 차이를 보인다. 한국의 종족이 부계혈연자 이외에는 절대 성원권을 인정하지 않으며, 개성불가(改姓不可)의 원칙이 매우 철저하여 성을 바꿀 수 없는데 비해 중국에서는 아들이 없고 딸만 있는 경우에 사위를 종쭈의 성원으로 받아들이는 초췌(招贅, 入贅라고도 한다)의 사례가 타이완과 동남부 해안지방에서 많이 발견되고 있으며(최재석 1964; 김광억 1992), 혼인한 여성이 자신의 성(姓) 위에 남편의 성을 덧씌우는 관성(冠姓)의 습속도 존재한다(최재석 1964). 또한 한국의 종족집단에서는 시조 이래의 모든 자손을 망라하여 전국적인 범위에 걸친 조직을 형성하는 데 비해 중국에서는 같은 마을 또는 일정한 지역에 거주하는 부계친 사이에서만 족적 결합이 뚜렷하게 나타나고 있어서 결합의 범위가 한국보다 매우 좁은 특성을 보여주고 있다(최재석 1964). 이런 점에서 중국의 종쭈는 부계 혈연집단의 성격이 매우 강하지만 한국의 종족집단에 비해 부계적 특성이 다소 약화되어 있는 모습을 보여준다.

일본의 도조쿠(同族)는 본가와 분가가 같은 성을 사용하고 있어서 외형적으로는 부계 혈연집단처럼 보이지만, 성의 변경이 비교적 자유롭고,

아들이 있는 경우에도 사위나 장기 봉공인을 아들로 입양하여 가계를 계
승시키는 사례가 빈번하여 혈연집단이라기보다는 본가와 분가 사이의
경제적 상호의존관계를 바탕으로 하는 인지적 계보관계(認知的 系譜關
係)로 이해될 만큼 혈연성에 있어서는 매우 개방적인 특징을 보여주고
있다(최재석 1964). 여성이 혼인 후 남편의 성으로 개성하는 것도 부계
의 혈연성을 강조하지 않는 문화의 반영이다.

이처럼 한국의 종족집단은 부계 혈연자 이외에는 절대 성원권을 인정
하지 않고, 시조를 비롯한 특정 조상의 자손들만으로 구성되는 철저한
부계 혈연집단이라 규정할 수 있다.

한국의 종족집단이 부계 혈연집단이라 규정하더라도 특정 조상의 모
든 자손이 모두 포함되는 것은 아니고 남계 자손들만이 성원권을 갖는
다. 여성은 출생과 동시에 자동적으로 부계 혈연집단에 귀속되지만, 혼
인을 하게 되면 부계 혈연집단의 성원권을 상실하고 남편의 부계 혈연집
단에 편입된다. '출가외인'이라거나 '시집 귀신'이 되어야 한다는 말은
귀속 집단의 변동을 나타내는 세속적 표현이다. 여성이 혼인 후에도 부
계의 성을 그대로 유지하는 것은 부계의 혈연성을 강조하는 문화가 반영
된 것이다.

한국의 종족집단이 특정 조상의 부계·남계 친족 성원들로 구성되기
때문에 종족집단은 특정 조상을 준거점으로 하여 형성된다. 그러므로 이
론적으로는 모든 조상이 종족집단의 중심인물이 될 수 있다. 그러나 실
제에 있어서는 조상마다 그 자손들로 이루어진 종족집단의 중심인물이
되는 것은 아니다. 성과 본을 개창한 시조(始祖), 가문을 중흥시킨 중시
조(中始祖), 관직·학문·충렬로 사회적인 명망이 높은 현조(顯祖), 특정
지역이나 특정한 마을에 처음 정착한 입향조(入鄕祖)나 입촌조(入村祖)
등 특정한 조상을 구심점으로 하여 종족집단이 구성된다. 많은 종족집단
의 공식 명칭에 중심 조상의 관직명이나 호를 명기하는 것은 집단 구성

의 준거점을 밝혀 성원의 범위와 집단의 정체성을 분명히 하기 위함이다.

종족집단이 특정 조상을 구심점으로 해서 형성되기 때문에 구성원들 사이에는 동일한 조상의 자손이라는 동조의식(同祖意識)이 형성된다. 동조의식은 특정 조상의 혈통과 신분적 지위와 문화적 전통을 계승하고 있다는 심리적 일체감을 고양하여 가계계승의식, 조상숭배의식, 배타적족 결합의식과 더불어 집단의 결속을 다지는 종족의식의 핵심을 이룬다(이창기 1991).

특정 조상의 남계 혈족으로 구성된 종족집단은 조상을 숭배하고 집단의 정체성을 확립하기 위한 다양한 활동을 전개한다. 공동으로 조상의 제사를 봉행하고, 조상의 위상을 드러내기 위한 각종 위선(爲先) 사업을 추진하며, 종족 성원의 결속과 일체감을 다지기 위한 다양한 친목 활동도 전개한다. 이러한 활동이 전혀 이루어지지 않는다면 그 종족은 범주로서만 존재할 뿐 집단의 성격을 갖추었다고 볼 수는 없다.

한국인은 출생과 동시에 자동으로 부계 혈연집단에 귀속되지만, 종족집단은 개인을 구성단위로 하지 않고 가족을 구성단위로 한다. 문중의 최고 의결기관이라 할 수 있는 종회(문회)가 개별 가족의 대표로 구성되며, 의결권을 행사하거나 재정을 분담할 때도 가족을 단위로 한다. 개인은 가족을 통해서 종족집단의 활동에 참여한다.

이상을 종합하면 한국의 종족집단은 다음과 같은 특징을 지니고 있다.

1) 한국의 종족집단은 전형적인 부계 혈연집단이다.

2) 한국인은 출생과 동시에 부계 혈연집단에 자동으로 귀속된다.

3) 부계친 중에서도 남계친만을 포함한다.

4) 여성은 혼인 후 남편의 부계 혈연집단에 귀속된다.

5) 특정 조상을 중심으로 형성된다.

6) 결합범위에 따라 동심원적 중층구조를 가지며, 동성동본을 최대 범위로 한다.

7) 같은 조상의 자손이라는 동조의식(同祖意識)을 가진다.

8) 조상을 숭배하고 성원의 결속을 다지기 위한 집단활동을 전개한다.

9) 종족집단은 가족을 구성단위로 하며, 개인은 가족을 통해서 종족집 단에 참여한다.

이러한 한국 종족집단의 특성을 염두에 두고 최재석은 "한국의 종족 집단은 부계의 친족집단이며, 형식적으로는 동조의식을 가지고 집단적 활동을 전개하는 동성동본의 남계 친족"이라고 정의하였다(최재석 1960).

II. 종족집단의 결합범위와 조직

1. 결합범위

한국의 종족집단은 부계의 혈연집단으로 특정 조상의 남계 자손으로 구성된다. 특정 조상을 준거점으로 구성된 종족집단은 세대를 거듭하면 서 여러 개의 파로 분파되고, 아랫대의 조상을 중심으로 형성된 집단은 윗대의 조상을 중심으로 형성된 집단에 포섭된다. 이러한 분파가 여러 단계에서 반복되어 종족집단은 동심원적 중층구조를 가지게 된다. 최재 석은 결합범위에 따른 종족집단의 구조를 크게 다섯 단계로 나누어 정리 하였다(최재석 1960).

1) 고조를 공동 조상으로 하는 종족집단

고조의 자손들로 구성된다. 8촌 이내의 본종유복친(本宗有服親)의 범 위에 해당한다. 기제사(忌祭祀)를 함께 지내며, 혼례·회갑연·장례 등의 길흉사에 긴밀하게 협동한다. 이 범위를 흔히 '집안[堂內]'이라 불러 보다 큰 하나의 가족이라는 의식이 강하며, 종지(宗支)에 따라 '큰집' '작은집'이라는 칭호도 이 범위에서 주로 사용된다. 종족집단의 최소 단위가 되는 당내집단(堂內集團)이다.

2) 입촌조를 공동 조상으로 하는 종족집단

특정한 조상이 마을에 입촌하여 여러 세대를 거치게 되면 분가하여 정착한 자손들이 증가하여 소위 '집성촌(集姓村)'을 이루게 된다. 이 마을을 '종족마을'이라 한다. 종족마을에는 여러 개의 당내집단이 존재하는데 이 당내집단이 결합하여 입촌조를 공동 조상으로 하는 종족조직을 형성한다. 이 조직을 흔히 문중(門中) 혹은 종중(宗中)이라 한다. 집성촌을 형성한 종족 성원들은 일상생활에서 면접 접촉이 가능하여 결합력이 강하며, 마을의 범위를 벗어나는 넓은 범위의 종족 활동에 기반이 된다. '종손(宗孫)', '종가(宗家)'라는 용어도 이 범위에서부터 사용된다. 마을에는 문중의 최고 어른인 '문장(門長)'이 존재하여 종손과 더불어 종족 활동과 종족 통제의 중심인물이 된다. 마을 단위의 문중은 입촌조의 제사와 묘소 관리의 주체가 되며, 입촌조를 기리는 재실(齋室)을 건립하여 종족 활동의 중심 시설로 활용한다.

3) 정착시조를 공동 조상으로 하는 종족집단

종족마을을 형성한 종족집단이 세대를 거듭하고 성원의 수가 증가하면 인근 지역으로 주거를 확산하여 여러 개의 종족마을을 형성하게 되고, 여러 개의 종족마을이 결합하여 정착시조를 중심으로 하는 보다 넓은 범위의 종족집단이 형성된다. 대체로 군(郡) 일원을 세거 지역으로 하는 종족집단이다. 마을의 범위를 넘어서는 이 종족집단은 일상생활 과정에서 면접 접촉이 이루어지지 않아 당내집단이나 마을 단위의 종족집단에 비해 결합력이 약하지만 종족마을의 대표들이 모여 정착시조의 묘제를 봉행하고 결속을 다진다. 각종 선거가 있을 때는 문중표를 결집하기 위하여 종족 활동이 일시적으로 활발해지기도 한다.

4) 파조를 공동 조상으로 하는 종족집단

시조 이후 유명한 인물이 배출되고 자손의 수가 늘어나면 계보에 따라 분파가 이루어져 현조(顯祖)를 중심 조상으로 하는 파(派)가 형성된다. 파는 그 아래에 다시 분파가 이루어져 여러 단계의 파가 생길 수도 있다. 파는 파조의 직함이나 호를 차용하여 '○○공파(○○公派)'라는 공식적인 파명을 가지고, 파조의 모든 자손을 수록한 파보(派譜)를 간행하기도 한다. 종족 성원들이 여러 지역에 흩어져 있어서 지연성은 약하지만 파조의 제향이나 파보를 간행할 때 일시적으로 결합력이 드러난다.

5) 성과 본을 같이 하는 종족집단

시조 이후의 모든 자손을 망라하는 동성동본집단으로 전국적인 범위에 걸치는 최대 범위의 종족집단이다. 조선 초기 이후 동성동본 불혼율이 정착하여 씨족외혼(clan exogamy)의 단위가 된다는 점이 가장 큰 특징이다. '대종회(大宗會)' '대동종약원(大同宗約院)' 등의 전국 단위의 계보조직을 가지며, 거주지역을 중심으로 화수회(花樹會)를 결성하기도 한다.

이러한 다섯 단계의 종족집단은 모든 종족집단에 공통된 것이 아니라 종족에 따라서 자손의 수가 적고 유명 인물을 배출하지 못하면 이 중 한두 단계가 축소될 수도 있고, 자손의 수가 많고 유명 인물을 많이 배출한 가문에서는 여러 단계의 분파가 더 이루어질 수도 있다.

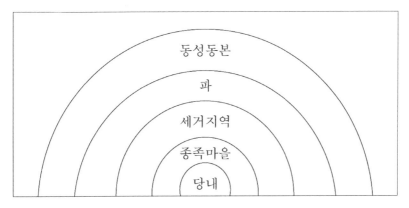

〈그림 1-1〉 종족집단의 동심원적 구조

2. 종족집단의 조직

종족집단의 조직을 흔히 문중(門中) 혹은 종중(宗中)이라 하고, 문중의 총회를 문회(門會)라 한다. 문중에는 최고 조상의 가계를 계승한 종손(宗孫)과 최고 어른으로 추대된 문장(門長)이 결합의 중심을 이루고, '문중 어른들'이 문중 활동에 큰 영향을 미친다. 문중의 실무는 유사(有司)들이 담당하며, 종손과 문장이 유사를 지휘 감독한다(최재석 1965).

1) 문중(종중)과 문회(종회)

종족이 한 지역에 정착하여 자손이 늘어나고 세대를 거듭하면 조상 제사를 공동으로 봉행하기 위한 조직체를 구성한다. 사대봉사의 원칙에 따라 고조부모까지는 종손이 제사를 모시고 묘소를 관리하기 때문에 구체적인 조직체가 없더라도 종손을 중심으로 종족 활동을 수행한다. 그러나 조상의 세대가 4대를 넘어서게 되면 종손의 봉제사 범위를 벗어나게 되어서 5대조 이상의 조상 제사와 묘소 관리를 위한 별도의 조직이 필요하다. 이 조직체를 '문중(門中)' 또는 '종중(宗中)'이라 한다. 조직 결성의 초기에는 대체로 당내집단을 기반으로 하는 문중계(門中契)의 형태로 출발하는 경우가 많다. 종래 4대조까지 종손이 관리하던 위토(位土)를 문중재산으로 편입하여 5대조 이상의 묘제를 봉행하고 묘소를 관리하는 재원으로 삼는다.

당내를 바탕으로 결성된 이 문중조직이 결합하여 마을 단위의 문중조직을 형성하고, 결합범위에 따라 정착 시조의 문중, 파 문중, 나아가서는 전국을 범위로 한 동성동본의 조직체로 확대된다.

문중의 중요 의사를 결정하기 위한 총회를 '문회(門會)' 또는 '종회(宗會)'라 한다.[1] 문회는 조상의 제사를 전후해서 문중 사람들이 많이 모일 때 개최하는 것이 보통이지만, 마을 단위의 소규모 문중에서는 연말의 특정한 날에 개최하기도 하고, 문중에 특별한 일이 있을 때는 종손이나 문장이 소집하기도 한다. 문회에서는 일 년간의 문중 활동에 대한 보고를 받고 묘제의 거행, 묘지와 문중재산의 관리 및 앞으로의 문중 활동에 대한 계획이 논의된다.

전통적으로 문중조직은 종손과 문장, 그리고 문중어른들이 중심이 되어 운영하고, 문중의 실무적인 업무는 유사들이 담당한다.

2) 종손과 종가

해당 종족집단의 가장 높은 선조의 가계를 계승한 자를 종손(宗孫)이라 한다. 종손은 종족집단을 대표하고, 종족 결속의 중심이 되는 인물로서 종족 성원들로부터 존숭(尊崇)의 대상이 된다. 가묘(家廟)를 지키고 제사를 주재하며, 제사를 모실 때는 항상 초헌을 담당한다. 문중의 중요한 의사를 논의하는 종회에서도 종손의 의견은 존중된다.

---

1) 가문에 따라서는 종족집단의 조직체를 문회나 종회 또는 종친회라 부르기도 하여 이러한 용어가 종족집단의 조직체를 지칭하는지, 종족조직의 총회를 지칭하는지, 또는 지역조직인 화수회를 지칭하는지 구별할 필요가 있다.

그러나 종손은 존숭의 대상이지만 운명적으로 결정되기 때문에 나이가 너무 어리거나, 학식이 부족하거나, 행위 범절이 단정치 못하면 지도력을 충분히 발휘하지 못할 수도 있다. 이럴 때는 문장이 중심이 되어 종족 활동을 이끌어 가기도 한다.

종손의 집을 종가(宗家)라고 종손이 거주하는 가옥을 종택(宗宅)이라 한다. 종가는 가묘를 건립하여 조상의 위패를 모시고 조상 제사를 봉행하는 장소가 된다. 조상의 유품과 기록문서를 보관하며, 종회도 종가에서 개최하는 경우가 많다. 이처럼 종가는 조상의 영혼이 깃들어 있는 신성한 장소로 인식하여 종손과 더불어 존숭의 대상이 된다. 종가가 궁핍하거나 종택이 퇴락하면 문중의 공유재산으로 지원하기도 한다.

종손과 유사한 용어로 주손(胄孫)이란 용어가 있다. 주손도 특정한 조상의 가계를 계승한 자이지만, 사용하는 용례는 종손과 다소 차이가 있는 것으로 보인다. 주로 계승하는 조상의 대수가 4~5대로 비교적 짧거나, 마을에 보다 높은 조상의 가계를 계승한 종손이 있어서 '종손'이라 하기 민망한 경우에 주로 사용하는 경향이 있다. 때로는 유명한 조상의 가계를 누대에 걸쳐 계승한 종손도 자신을 낮추어 스스로 '주손'이라 칭하며 겸양의 태도를 보이기도 한다.

경상도 지방의 일부 가문에서는 불천위의 가계를 계승한 자만을 종손이라 해야 한다고 주장하기도 한다. 중국 고대의 종법에서 제후의 별자(別子)가 백세불천(百世不遷)의 대종을 이룬다는 기록을 유추하여 불천위를 제후의 별자에 비견한 것으로 보인다. 이들은 불천위가 아닌 조상의 가계를 계승한 자를 '종손'이라 해서는 안 되고 '주손'이라 해야 한다고 주장한다.[2]

---

2) 불천위와 종가의 의미를 둘러싼 지역 간 견해 차이에 대해서는 김미영(2014)의 논문 참조.

3) 문장과 문중어른들

종손과 더불어 문중 활동의 중심 역할을 하는 인물로 문장(門長)이 있다. 문장은 항렬(行列)과 연령이 높고 학덕을 갖춘 인물로 추대되며, 일단 문장으로 추대된 인물은 종신토록 그 직을 유지한다. 종손의 후견인으로서 대외적으로 종족을 대표하고 대내적으로 종족원을 통제하는 문중의 최고 어른이다. 종손의 지도력이 취약할 때는 종손을 대신하여 문중 활동을 주도적으로 이끌어 가는 중심인물이 된다. 문장의 주위에는 연령이 높은 '문중어른들'이 있어서 문중의 크고 작은 일에 대한 의견을 수렴하여 문장에게 전달한다. 문중어른들은 문장의 교유집단이라 할 수 있다.

4) 유사

문중의 중요한 일은 종손과 문장과 문중어른들이 중심이 되어 운영하지만, 실무적인 일은 수명의 유사(有司)를 선임해서 업무를 분담시킨다. 유사는 묘제를 준비하고, 문중재산(위토와 임야 등)과 공유시설(묘지, 재실, 정자 등)을 관리하며, 묘지기와 고지기를 통제하는 일을 맡는다. 비교적 젊고 활동적인 인물을 문중 총회인 종회에서 선임하는데 대개는 종손과 문장 및 문중어른들이 천거하여 승인을 받는 형식을 취한다. 문중에 따라서는 문중 내의 각 파별로 유사를 안배하기도 한다.

III. 종족집단의 기능

종족집단은 조상을 숭배하고 자손들의 화합을 위한 다양한 기능을 수행한다. 이러한 종족집단의 기능을 흔히 숭조돈목(崇祖敦睦)이라 표현해 왔다. 김두헌은 조상숭배와 더불어 경제적 협동과 예교의 숭상을 종족집단의 주요 기능으로 들고 있으며(김두헌 1969:116~124), 여중철은 정치적 기능, 사회경제적 기능, 교육적 기능, 제사의 기능을 종족집단의 주요 기능으로 제시하였다(여중철 1974).

한국의 종족집단은 조상의 제사와 숭조관념을 바탕으로 형성되어 같은 조상의 혈통을 이어받은 자손들의 화목과 번영을 기원하며 조상의 사회적 지위를 계승하고자 노력한다. 이런 점을 고려하여 최재석은 종족집단의 주요 기능으로 제사의 기능, 생활협동기능, 사회적 위세 표시의 기능에 주목하고 있다(최재석 1966b).

1. 제사의 기능

종족집단은 가계계승 의식과 조상숭배 의식을 중요한 심리적 결속 요인으로 하여 결합한다. 가계계승 의식과 조상숭배 의식은 현실적으로 조상 제사를 성실하게 봉행하는 행동으로 나타난다. 조상 제사는 크게 기제(忌祭), 차례(茶禮), 묘제(墓祭)의 세 가지로 나눌 수 있다.

기제는 4대조 이내의 조상을 대상으로 기일 첫 새벽에 지내는 제사이다.[3] 일상의 번잡한 일을 시작하기 전에 정갈한 몸과 마음으로 조상 제사부터 모신다는 정성의 표현이다. 기제사에는 직계(直系)와 방계(傍系)를 가리지 않고 당내친이 모두 참여한다. 여성들은 제사 음식을 준비하는 일에 모두 참여하고, 남자들은 제사 의례에 제관으로 모두 참여한다. 제사의 경비는 봉사자의 재산으로 충당한다. 불천위로 봉해진 조상에 대해서는 4대가 지나더라도 영구히 기제사를 모신다.

---

3) 여러 가지 사정으로 초저녁에 제사를 모실 때는 제사 시간을 늦추어서 기일(흔히 파제일이라 한다) 초저녁에 지내야 한다. 간혹 제사 시간을 앞당겨 전날(흔히 입제일이라 한다) 저녁에 지내는 경우도 더러 있으나 이는 제사 날짜를 잘못 설정하는 일이다.

차례는 4대조 이내의 조상을 대상으로 중요한 명절날 낮에 지내는 제사이다. 전통적으로는 설, 한식, 단오, 유두, 추석, 동지 등에 차례를 모셨으나 근래에는 많이 생략되어 설과 추석에 차례를 모시는 것이 보편화되었다. 차례도 직계 방계를 가리지 않고 당내친이 모두 제사에 참여한다. 제사의 대상이 되는 조상의 서열에 따라 봉사자의 집을 차례로 돌아가며 함께 제사를 지낸다.

묘제는 5대조 이상의 조상을 대상으로 일 년에 한 번 묘지에서 지내는 제사이다. 대개 음력 10월에 날짜를 정하여 지내지만, 제주도에서는 음력에 3월에 지낸다. 4대조까지는 봉사자(종손)가 경비를 부담하여 지내기 때문에 위토가 별도로 마련되지 않아도 제사를 모시는 데는 크게 지장이 없지만, 5대조 이상의 조상에 대해서는 정해진 봉사자가 없으므로 묘제를 봉행하기 위한 위토를 마련하고 이를 관리하기 위한 조직이 필요하다. 문중계 형태로 출발하는 이 조직이 최초의 문중조직이라 할 수 있다. 당내를 바탕으로 형성된 이 문중조직은 자손의 세대가 거듭됨에 따라 결합의 범위가 점차 확대되어 보다 넓은 범위를 포괄하는 문중조직으로 성장한다.

종족집단이 조상숭배와 동조의식을 기반으로 결합하기 때문에 제사의례는 종족집단의 가장 기본이 되는 기능이다.

2. 생활협동기능

종족집단은 조상을 성심껏 제사 지내는 일뿐만 아니라 자손의 번영에도 관심을 가져 공조동족(共祖同族)의 화목과 생활의 협동을 강조한다.

김두헌은 '종계(문중계)가 조상을 제사하고 종족 간의 친목을 도모하는 것이 목적이지만 관혼상제에 경제적인 원조를 하고, 곤궁한 자가 있으면 반드시 구제의 길을 강구하여 종족마을에서는 빈부의 격차가 그다지 심하지 않다'라고 하여 경제적 협동의 기능을 종족집단의 중요한 기능으로 들고 있다(김두헌 1969:117~120). 그러나 이러한 견해는 특정한 종족집단에 한정되거나 종족집단의 기능의 일부를 과장해서 표현한 면이 있는 듯하다. 최재석이 보고한 바에 의하면 종족집단에서 행해지는 생활협동기능은 매우 미약한 것으로 나타나고 있다. 생활의 협동 기능은 농업생산 과정의 노동 협동, 길흉사의 경제적 부조, 일상생활의 친화 관계 등으로 나누어 볼 수 있는데 분가한 형제나 당내집단 내에서는 다소 활발하지만, 일반 종족원에 대한 협동 기능은 매우 저조하였다. 다만 종손과 문장에 대해서는 일반 종족원보다 많은 지원이 이루어지고 있었다 (최재석 1960).

이런 점에서 종족집단의 생활 협동 기능은 당위적 선언에 그치고 실제로는 매우 미약한 기능으로 볼 수 있다.

3. 사회적 위세의 표시 기능

종족집단은 조상의 혈통을 계승한 집단일 뿐만 아니라 조상의 사회적 지위를 계승한 집단으로 의식하여 조상의 업적이나 지위를 통해서 자신이나 종족집단의 사회적 위세를 과시하고자 한다. 초면 인사에 성과 본을 확인하고 조상 중의 유명한 인물을 자랑하거나 유명한 인물을 중심으로 파를 형성하는 것은 사회적 위세를 과시하고자 하는 욕구의 표현이라 할 수 있다.

종족집단의 사회적 위세는 기록문서, 물적 시설, 행위 범절로 표현한다. 한국인들이 소중하게 간직하는 족보·문집·교지 등은 사회적 위세를 표시하는 기록문서이고, 묘지·재실·정려각·신도비 등은 사회적 위세를 표시하는 물적 시설이며, 일상생활에서 유교적 행위 범절에 충실하며 제사와 장례를 성대하게 거행하고 지체를 따져 혼인하고자 하는 것은 사회적 위세를 과시하고자 하는 행동양식이다. 종족원 중에 반윤리적 행위를 하는 자가 있으면 문중에서 제재를 가하기도 하고, 의례의 간소화를 내심 원하면서도 쉽게 행동으로 옮기지 못하는 것도 종족집단의 사회적 위세에 관련된다고 의식하기 때문으로 볼 수 있다.

이런 점에서 최재석은 사회적 위세 표시의 기능을 종족집단의 가장 본질적인 기능으로 간주하였다(최재석 1960).

IV. 주요 용어의 검토

1. 종족(宗族)과 동족(同族)

한국의 부계 혈연집단을 '동족(同族)'으로 지칭한 이는 젠쇼 에이스케(善生永助)이다. 젠쇼는 『朝鮮の聚落』을 조사하면서 수집한 자료들을 정리하여 1934년에 '著名なる同族部落', '特色ある同族部落(1)', '慶州地方の同族部落' 등을 연이어 발표하여 한국의 부계 혈연집단을 '동족'으로 표기하였다.

젠쇼 이전에 이각종(李覺鍾 1931)과 아키바 다카시(秋葉 隆 1932)가 동성부락(同姓部落)이라는 용어를 사용하여 한국의 종족마을을 연구한 논문을 발표한 바가 있지만, 젠쇼 이후에는 대부분의 학자들이 한국의 종족집단을 '동족(同族)'이라 부르게 되었고, 이러한 경향은 광복 이후에도 지속되었다.

'동족(同族)'은 '이에(家, いえ)'의 연합체를 이르는 일본 용어이다. 조선총독부가 일본과 상이한 조선의 관습과 사회제도에 관한 자료를 광범하게 수집·조사할 때 여기에 참여한 일인 학자들이 조선의 부계 혈연집단을 일본의 '도조쿠(同族, とうぞく)'와 유사한 것으로 간주하여 '同族

集團' 또는 '同族部落'으로 표기하게 된 것이다.

그러나 한국의 '종족'과 일본의 '도조쿠'는 근본적으로 구조가 다르다. 한국의 종족이 비혈연자의 참여를 절대로 허용하지 않고 성의 변경이 불가한 데 비해서, 일본의 도조쿠는 사위나 장기 봉공인 등 비혈연자의 참여가 폭넓게 허용되고 있고, 성의 변경이 비교적 자유롭다. 또 한국의 종족집단이 종가(宗家)와 지가(支家) 사이의 철저한 혈연관계를 바탕으로 형성되는 데 비해, 일본의 도조쿠(同族)는 본가(本家)와 분가(分家) 사이에 형성된 경제적 상호의존관계(주종관계)를 바탕으로 결합한다는 점에서 혈연집단이라기보다는 인지적 계보관계(認知的 系譜關係)라는 성격이 강하여 양자 사이에는 현격한 차이가 있는 것이다(최재석 1964 1965).

이러한 차이점에 유의하여 김택규는 한국의 부계 혈연집단을 '동족'으로 지칭하는 것은 적절치 않다는 점을 지적하고 중국의 종쭈(宗族), 일본의 도조쿠(同族)에 대응하는 용어로 '씨족(氏族)'과 '동성(同姓)'을 제안한 바가 있다. 시조 이래의 모든 자손을 포괄하는 전국적인 범위의 동성동본집단을 '씨족(氏族)'으로 하고, 씨족 내에서 일정한 지역적 기반을 가지고 활동하는 '파(派)'를 '동성집단(同姓集團)'으로 부르자는 것이다(김택규 1975 1979 1981). 그러나 김택규의 이러한 제안은 학계에서 널리 수용되지 못하였다. 씨족이 clan의 번역어로 널리 사용되고 있고, 동성은 동성이본까지 포함되는 것으로 혼동될 가능성이 있다는(김일철 외 1998:35) 우려 때문인 듯하다. '씨족'이라는 용어는 『동족부락의 생활구조연구』(1964)의 수정판을 『씨족부락의 구조연구』(1979)로 개제하면서 한 차례 사용하였을 뿐이고, '동성'이라는 용어도 소수의 학자들이 사용하는 데 그치고 말았다.

김두헌은 중국의 종법제를 논의하면서, 그 범위를 명확하게 설정하지는 않았지만, 종족을 '공동 조상의 제사를 받들며 상호 부조하여 항상 친목을 도모하는 긴밀한 혈족단체'라 정의하였다(김두헌 1969:89). 특정한 현조(顯祖)의 제사를 봉행하기 위해 결성한 조직을 종중이라 하고, 종중과 종족을 거의 동의어로 간주하는 것으로 보아 김두헌의 종족 개념은 동성동본 전체를 지칭하기보다는 파(派)를 염두에 둔 정의가 아닌가 한다. 이광규도 이러한 김두헌의 개념 정의에 동의하고 있다(이광규 1990:45).

동족에 대한 대체 용어의 문제는 김필동이 『종족마을의 전통과 변화』의 서론에서 기존의 '동족부락', '동족촌', '씨족부락', '동성촌락' 대신에 '종족마을'을 제안하면서 새롭게 제기되었다. 김필동은 "종족은 중국에서 유래한 것이고, 또한 중국의 종쭈와 한국의 종족에는 차이가 있다는 점에서 문제가 없는 것은 아니지만, 필요한 경우에 그 차이점을 부연해서 설명한다면 문제가 될 것이 없을 것으로 보며, 한국의 종족집단은 일본의 도조쿠보다는 중국의 종쭈에 가까울 뿐만 아니라, 조선의 친족제도가 중국식 종법의 영향을 강하게 받았고, 또 실제로 조선시대에 종족을 조직화한 집단을 '종중(宗中)'이라 흔히 표현해 왔으며, 족보에서 '종족'이란 표현을 사용하는 사례도 발견되기 때문에 우리의 어법에도 가까운 것이라 생각한다"고 피력하였다(김일철 외 1998:33~36). 김주희도 『조선왕조실록』에 실린 40여 건의 종족 관련 담론을 검토하고 종족은 주로 동성친(부계친)을 의미하는 용어였음을 밝히고 있다(김주희 2004).

김필동의 문제 제기 이후 '동족'이란 용어 대신에 '종족'이란 용어를 사용하는 연구자들이 점차 늘어나고 있다. 이 책에서도 기존 문헌을 인용할 때를 제외하고는 한국의 부계 혈연집단을 '종족'으로 통일해서 사용하고자 한다.4)

---

4) 동성동본집단 전체를 '종족'이라 할 것인지, 동성동본 내부의 하위 집단인 '파'나 '지파'를 '종족'이라 할 것인지는 여전히 토론의 여지를 남기고 있다. 또 한국의 종족집단을 영어로 번역할 때 'clan'이라 할지 'lineage'라 할지, 아니면 동성동본집단은 'clan'이라 하고 '파'나 '지파'는 'lineage'라 할지도 논의가 필요한 과제이다.

2. 친척(親戚)과 친족(親族)

혈연이나 혼인으로 맺어진 가까운 사람들의 관계는 인간의 사회생활에서 가장 기본이 되는 중요한 관계로서 그 관계의 선이 친가, 외가, 처가(시가)의 세 갈래로 나누어진다. 이 세 갈래의 사람들은 자신이나 배우자와 혈연적으로 가까운 거리에 있는 사람들이고, 일상생활에서 긴밀하게 접촉하는 사람들이기 때문에 각각 그 관계를 일컫는 용어를 구분하여 의미를 분명히 할 필요가 있고, 이 세 갈래의 관계를 모두 포괄하는 용어 또한 필요한 것이다. 그래서 외가 쪽의 가까운 사람들을 외척(外戚)이라 하고, 혼인으로 맺어진 처가와 시가의 가까운 사람들을 인척(姻戚)이라 하여 관계의 선을 구분하고 그 의미를 명료하게 밝히고 있다.

그런데 외가와 처가(시가) 쪽 사람들을 일컫는 용어는 분명하게 구분해서 사용하는 데 비해 친가 쪽 사람들을 일컫는 용어와 세 갈래의 관계를 아우르는 용어에 대해서는 상당한 혼란이 있는 것으로 보인다. 바로 친척(親戚)이란 용어와 친족(親族)이란 용어의 개념에 대한 혼란이다. 친가의 사람들을 '친척'이라 하고, 친가·외가·처가 사람들을 아우르는 용어를 '친족'이라 하는가 하면, 친가의 사람들을 '친족'이라 하고, 세 갈래를 아우르는 용어는 '친척'이라 하기도 한다. 또 일각에서는 친척과 친족을 같은 의미를 갖는 동의어로 사용하기도 한다. 이러한 용어의 혼란은 언중의 의사소통과 사회생활에 장애를 유발하고, 연구자들 사이에도 개념의 혼란을 불러올 수 있으므로 용어의 의미를 명확하게 정리할 필요가 있다.

언중의 일상생활에서 사용하는 용어의 의미는 국어사전에서 찾아볼 수 있다. 현행 국어사전에서는, 사전마다 표현에 약간의 차이가 있기는 하지만, '친족'과 '척족'과 '친척'의 의미를 다음과 같이 명료하게 구분하여 정의하고 있다.

> 친족 : 성과 본을 같이하는 가까운 일가를 이르는 말
> 척족 : 성과 본이 다른 친척. 어머니 쪽의 외척과 배우자 쪽의 인척을 일
>   컫는 말.
> 친척 : 성과 본이 같은 동성친(친족)과 성과 본이 다른 이성친(척족)을 아
>   우르는 말.

　현재 시점에서 사용하는 '친족'과 '친척'의 개념을 국어사전의 용어 규정에서 찾아볼 수 있다면 과거 조선시대의 용례는 조선왕조실록에서 찾아볼 수 있다. 조선왕조실록에는 '친척'이 약 600여 회, '친족'이 약 150여 회 언급되고 있는데 그중에서 족적 관계가 명확하거나 추정이 가능한 용례를 살펴보면 '친족'은 친가의 동성친(부계친)을 지칭하는 용어로 사용되고 이성친을 지칭하는 용례는 거의 찾아볼 수 없다. 이에 비해 '친척'은 친가, 외가, 처가(시가)를 아우르는 용어로 두루 사용되고 있었다.

　국어사전의 용어 정의와 조선왕조실록의 용례를 바탕으로 '친척', '친족', '척족', '외척', '인척'이란 용어의 갈래를 정리하면 다음과 같이 요약할 수 있다.

친척(親戚)		
친족(親族)	척족(戚族)	
	외척(外戚)	인척(姻戚)

　이처럼 친족은 가까운 친가 사람들을 지칭하고, 척족은 외척과 인척을 일컫는 말이며, 친척은 친족과 척족(외척과 인척)을 두루 포함하는 용어임이 분명함에도 우리 사회의 법조계와 사회학, 인류학 등의 학계에서는 친족이란 용어를 친척과 척족(외척과 인척)을 포함하는 용어로 널리 사용하여 개념의 혼란을 야기하고 있다.

이러한 용어의 혼란은 일본 민법을 모방하여 제정한 '조선민사령'(1912)이 반포되면서부터 비롯되었다. 부변과 모변을 별로 구별하지 않는 일본 사회에서는 혈연이나 혼인으로 맺어진 사람들이나 그들의 관계를 '친족' 또는 '친족관계'라고 불렀다. 이 '친족'이란 용어가 일본 민법에서 법률적 효력이 미치는 일정 범위의 혈족(부변과 모변)과 인척을 지칭하는 법률 용어로 사용하였고, 일제강점기에 조선총독부가 〈조선민사령〉을 제정하면서 일본 민법에서 사용하는 '친족'이란 용어를 그대로 차용한 것이다. 정부수립 후 우리 〈민법〉(1960)을 제정할 때도 이러한 용어의 혼란을 극복하지 못하고 〈조선민사령〉의 용례를 그대로 답습하여 오늘날까지 친족이란 용어는 혈연과 혼인으로 맺어진 친가·외가·처가(시가)의 일정 범위의 사람을 아우르는 법률 용어로 사용되고 있다.

사회학이나 인류학에서는 '친족(親族)'이라는 용어를 영어의 'kin' 혹은 'kinship'에 대응하는 개념으로 두루 사용하고 있다. kinship은 '혈연이나 혼인으로 결합된 사람들 또는 그들의 관계'를 의미하는 것으로 혈연으로 맺어진 친가와 외가의 사람들, 혼인으로 맺어진 처가(시가)의 사람들을 모두 포함한다. 이는 '친족'을 부계친으로 한정한 국어사전이나 조선왕조실록의 용례와 배치되는 것으로, 이 역시 일본의 학계에서 번역해 사용하는 용어를 그대로 차용한 데서 연유된 것으로 보인다.

이러한 개념의 혼란을 피하고 용어의 잘못된 사용을 바로잡기 위한 문제의 제기가 없었던 것은 아니다. 이광규는 '친족'을 부계친만을 지칭하는 용어로 한정하고, '친척'을 친족과 외척, 인척을 포함하는 용어로 규정한 바가 있지만(이광규 1971 1984 1987), 이 논지를 지속하지 못하고 이후의 모든 논저에서 친족을 부계친뿐만 아니라 외척과 인척까지 포함하는 용어로 두루 사용하였다.

서울대학교 비교문화연구소에서는 2001년에 〈친척과 혈통의 통문화론〉이라는 주제 아래 학술 심포지움을 개최하였는데, 대주제뿐만 아니

라 이날 발표된 12편의 논문 중 6편의 논문 제목에 '친척'이라는 용어를
사용하였다. 종래의 관행에 따른다면 친족으로 표기했을 것이지만 모두
'친척'으로 바꾸어 사용한 것은 연구소 내부에서 이에 대한 상당한 공감
이 형성되었던 것으로 보인다.

사회언어학에서는 일정한 족적 관계에 있는 사람을 직접 부르거나(호
칭) 제삼자에게 그 관계를 지시하는 용어(지칭), 즉 'kinship term'을 '친
족용어', '친족호칭', '친족명칭' 등으로 번역해서 사용하였으나, 왕한석
을 비롯한 몇몇 연구자들은 2000년 이후에 '친족' 대신에 '친척'이란 용
어를 사용하고 있다.

이처럼 친가, 외가, 처가(시가)를 아우르는 kinship의 대응어로 '친족'
이란 용어 대신에 '친척'이란 용어로 대체하고자 하는 시도가 있었지만
오랜 관행의 벽을 깨지 못하고 여전히 '친족'이란 용어가 널리 사용되고
있다.

이 책에서는 가까운 부계친을 지칭할 때는 '친족', 외가 쪽의 가까운
혈족은 '외척', 배우자의 가까운 혈족은 '인척', 친족과 척족을 아우를 때
는 '친척'으로 표기하고자 한다. 혈연적으로 먼 거리에 있는 부계 쪽 사
람들은 '종족'이라 표현하면 무난할 것으로 본다. 다만 기존 문헌을 인용
할 때는 원문대로 표기한다.[5]

3. 部落

한국의 농촌사회에서 여러 가구가 모여 사는 주거의 집락을 '마을'이
라 부르고, 한자로 기록할 때는 동(洞)이나 촌(村) 또는 촌락(村落)이라
표기했다. 그러나 일제강점기 이후에 마을, 동, 촌, 촌락이라는 용어 대
신에 '부락(部落)'이라는 용어가 스며들어 '자연부락', '행정부락', '동족

---

5) 친척과 친족의 개념에 대한 구체적인 내용은 이창기(2018) 참조.

부락', '모범부락', '부락민', '부락제' 등으로 널리 사용되었다.

그런데 이 '부락'이라는 용어는 전통적인 한국 사회에서는 평범한 농민들이 모여 사는 마을을 지칭하는 용어가 아니었다. 한국 사회에서 평범한 농민들이 모여 사는 마을을 '부락'이라 부르게 된 것은 일제강점기 이후의 일이다.

일본에서 사용하는 '부라쿠'(部落, ぶらく)라는 용어는, 일반 농민들의 거주지역을 의미하기도 하지만, 사회적으로 심한 차별대우를 받아 온 특수 신분층의 사람들이 집단으로 거주하는 지역을 의미하는 용어로 널리 사용되었다. 부락에 거주하는 부락민들은 사회적으로 천시되는 특정한 일을 담당하였다. 이들은 가축을 도축하는 도살업이나 가죽제품을 만들어 판매하는 피혁가공업에 주로 종사하였지만, 이외에도 죄수의 처형, 감옥 청소와 옥사자 시체 처리, 범죄자 체포와 화재의 진압에 동원되기도 하였다. 이러한 일들은 부정(不淨)하고 비천한 일로 간주되어 예다(穢多, 오염된 사람), 비인(非人, 사람 같지 않은 사람) 등으로 불렸으며, 제도적으로나 사회적으로 극심한 차별을 받았다. 그런 점에서 일본의 부락민은 조선시대의 백정과 매우 유사한 특징을 지니고 있으며, 그들이 거주하는 부락은 조선시대의 백정촌, 재인촌에 비견할 만하다(김중섭 2014).

일본에서 부락민에 대한 사회적 차별이 제도화된 것은 16세기 말 도쿠가와 막부시대에 신분제를 강화하면서 비롯된 것으로 보이지만 신분제가 철폐된 현대 사회에서도 혼인이나 취업을 비롯한 일상생활의 사회관계에서 부락민들에 대한 차별이 사라지지 않고 있으며, 이와 관련된 사건들이 심심찮게 발생하여 여전히 일본 사회의 심각한 사회문제로 남아있다(최관 2000:332~334; 김중섭 2014; 김태영 2021:363~370).

일제강점기에 한국 사회를 조사 연구한 일인 학자들은 식민지 조선의 마을을 격하하여 일본에서 천민 신분층의 거주지역을 일컫는 '부락'이라는 차별적 용어를 모든 마을에 적용하여 표기한 것으로 보인다. 이러한 차별적 용어를 일본인 관변 학자들뿐만 아니라 한국인 학자들도 비판적 의식 없이 그 용례를 그대로 수용하여 오늘에 이르게 되었다.

그러나 일제강점기 이전의 한국 사회에서는 평범한 농민들이 모여 사는 마을을 '부락'이라 부르지 않았다. 조선시대의 기록을 살펴보면 '부락'이라는 용어는 소위 야인(野人)으로 불리던 북방 이민족들이 사는 마을이나 그 무리들을 일컫는 용어로 사용되었다. 이러한 '부락'의 용례는 『조선왕조실록』에서 확인할 수 있다.

『조선왕조실록』의 원문에는 총 400여 건의 '부락(部落)'이라는 용어가 수록되어 있는데 거의 대부분이 북방 이민족 지역의 마을이나 그 무리를 지칭하고 있다. 우리 농민들이 거주하는 마을을 지칭할 때는 동(洞), 촌(村), 촌락(村落) 등으로 표기하고, 부락(部落)이라는 용어는 일절 사용하지 않았다. 그래서 북방 이민족 문제가 중요한 국정 과제로 부각되었던 세종조(62건), 성종조(52건), 중종조(66건), 선조조(수정 선조실록 포함, 91건)에 집중해서 나타나고 있다. 효종 이후에는 10건 이내로 급감하고 있다. 조선왕조실록에서 사용된 '부락'이라는 용어의 대표적 용례를 살펴보면 다음과 같다.

> "올량합6)은 부락이 심히 많아서, 혹은 반항하는 자도 있고, 혹은 신복하는 자도 있다"兀良哈部落甚多, 或有梗化者, 或有臣服者)
>
> 〈세종 4년 12월 21일, 2번째 기사〉

> "파저강7) 야인들이 몰래 북변에 들어와서 인민을 살상하고 약탈하므로 할 수 없이 장수를 보내서 토벌하고 부락을 소탕하였다"波猪江野人等潛入北鄙殺掠人民, 勢不得已, 命將致討掃蕩部落)
>
> 〈세종 15년 5월 11일, 4번째 기사〉

---

6) 올량합(兀良哈)은 두만강 유역에 살던 여진족의 한 부류.

7) 파저강(波猪江)은 압록강의 중국 쪽 지류인 혼강(渾江)의 명나라 때 지명.

"(야인들이) 만포 건너편으로부터 압록강 머리까지 부락을 이루어 줄지어 산다고 하니---군사를 일으켜 쫓아내지 않으면 올해에 한 부락을 이루고 내년에 또 한 부락을 더하여 저놈들 형세가 점점 강해져서 우환이 마침내 심해질 것이다"(自滿浦越邊至鴨綠江頭成部落列居---不擧兵驅逐則今年成一部落又明年一部落彼勢漸强患終不淺)

〈중종 18년 9월 20일, 2번째기사〉

"여연과 무창의 땅은 곧 우리 선세의 땅인데---(근래에 야인들이) 밭을 갈고 가축을 기르며 부락을 모아 떼지어 산다고 하니---마땅히 군사로 쫓아내야 한다"(閭延茂昌之原 乃是我國先世之地---耕田畜牧招集部落而群居---便當驅逐以干戈)

〈중종 18년 11월 9일, 4번째 기사〉

"몽고는--- 성곽도 없고 궁실도 없이 물과 초지를 따라 짐승처럼 모이거나 흩어지는데 근일에는 그들의 부락이 점차 강대해져서 제어하기 어렵다"(蒙古---無城郭無宮室 逐水草鳥聚獸散 而近日部落漸强大難制)

〈정조 4년 11월 27일, 1번째 기사〉

이처럼 『조선왕조실록』에 등장하는 '부락(部落)'이라는 용어는 거의 전부가 북방 야인들이 거주하는 마을이나 그 무리를 일컫는 용어로 사용되고 있었다. 아주 드물게 내국인이 거주하는 마을을 '부락'이라 기록한 사례가 몇 건 발견되고 있으나 이 경우에도 역모를 꾸미거나 도둑질을 모의하는 불순한 자들이 모여 있는 마을 또는 그 무리를 지칭하는 용어로 사용되었다. 조선 초(1454년)에 간행된 『고려사』에 등장하는 40여 건의 '부락' 용례도 전부 북방 야인들의 거주나 그 무리들을 지칭하고 있었다.

이처럼 일제강점기 이전에 우리 사회에서 사용된 '부락'이라는 용어는 일반 백성들이 거주하는 지역을 말하는 것이 아니라 사회적으로 소외된 특수 신분층의 거주지역, 특히 북방 이민족의 마을이나 귀화한 북방 이주민들이 거주하는 마을을 지칭하는 용어로 한정되어 사용되었다.

사정이 이러함에도 일제강점기에 한국 사회를 조사 연구한 일인 학자들은 식민지 조선의 모든 마을을 격하하여 '부락'이라는 차별적 용어로 표기하였고, 이러한 차별적 용어가 일본인 관변 학자들뿐만 아니라 한국인 학자들도 비판적 의식 없이 그 용례를 그대로 수용했던 것으로 보인다.

최근에 와서 일제에 의해 차별적으로 사용되었던 '부락'이라는 용어에 대한 비판의식이 확산되어서 사용 빈도가 점차 줄어들고 있는 것은 그나마 다행한 일이다. 종래 자연촌락을 '○○부락'이라 소개하던 것을 최근에는 대개 '○○마을'로 표기하고 있고, 학자들도 '부락'이라는 용어 대신에 '마을'이나 '촌락'으로 사용하는 예가 늘어나고 있다. 전경수는 일찍이 '부락이라는 용어가 일본어의 맥락에서는 일종의 천민들이 사는 마을을 통칭'하고 있어서 한국의 마을을 '부락'이라 칭하는 것은 적절하지 않다는 점을 지적한 바가 있는데(전경수 1992), 김혜숙과 이창기도 전경수의 이 지적을 수용하여 '부락내혼'이란 용어 대신에 '촌락내혼'이란 용어를 사용하고 있다(김혜숙 1993:163; 이창기 1999:267~269. 307~309).

이 책에서도 '부락' 대신에 '마을'을 사용하고, 한자로 표기할 때는 동(洞), 촌(村), 촌락(村落)으로 표기하기로 한다.

참고문헌(제1장)

김광억(1992), 「중국의 친족제도와 종족조직」, 역사학회 편, 『한국친족제도연구』, 일조각.

김두헌(1969), 『한국가족제도연구』, 서울대출판부.

김미영(2014), 「종가문화의 현재적 의미와 과제」, 『안동학』 13, 한국국학진흥원.

김일철 외(1998), 『종족마을의 전통과 변화』, 백산서당.

김주희(2004), 「친족 개념과 친족제의 성격」, 최홍기 외 『조선 전기 가부장제와 여성』, 아카넷.

김중섭(2014), 한국의 백정과 일본의 피차별 부락민의 비교연구, 『현상과인식』 통권122.

김태영(2021), 『일본의 문화』, 신아사.

김택규(1964), 『동족부락의 생활구조 연구』, 청구대출판부.

    (1975), 「한국 혈연관습에 관한 일 고찰(1)」, 『동양문화』 16, 영남대동양문화연구소.

    (1979), 『씨족부락의 구조연구』, 일조각.

    (1981), 「한일 양국의 이른바 '동족부락'에 관한 비교 시고」, 『한일관계연구소기요』 10·11합집, 영남대한일관계연구소.

김혜숙(1993), 「제주도 가정의 혼인연구」, 성신여대박사학위논문.

이각종(1931), 「部落의 社會的 研究: 就中 同姓部落에 就하야」, 『新民』 64.

이광규(1971), 「한국의 친족명칭」, 『연구논총』 1, 서울대사범대교육회.

    (1984), 『사회구조론』, 일조각.

    (1987), 『문화인류학』, 일조각.

    (1990), 『한국의 가족과 종족』, 민음사.

이창기(1991), 「한국 동족집단의 구성원리: 형성요인을 중심으로」, 『농촌사회』 창간호, 한국농촌사회학회.

    (1999), 『제주도의 인구와 가족』, 영남대학교출판부.

    (2018), 「친척과 친족의 개념」, 『민족문화논총』 70, 영남대학교민족문화연구소.

전경수(1992),「제주 연구와 용어의 식민지화」,『제주도언어민속논총』, 현용준
　　　박사화갑기념논총간행위원회, 1992.
최　관(2000),『일본 문화의 이해』, 학문사.
최재석(1960),「동족집단의 결합범위」,『이대문화논총』 1, 이화여대.
　　　(1964),「한·중·일 동양 삼국의 동족비교」,『한국사회학』 1, 한국사회학회.
　　　(1965),「동족집단」,『농촌사회학』, 한국농촌사회학회(편).

아키바 다카시(秋葉隆 1932),「朝鮮の同姓部落に就いて」,『季刊社會學』 4, 日
　　　本社會學會.
젠쇼 에이스케(善生永助 1934),「著名なる同族部落」,『調査月報』, 1934.1.
　　　(1934),「慶州地方の同族部落」,『朝鮮』, 1934.1.
　　　(1934),「特色ある同族部落(1)」,『調査月報』, 1934.12.

제2장

한국 종족집단의 연구사(1930~2020)*
-사회인류학적 연구를 중심으로-

* 이 장에서 인용주는 내주로 정리하고 참고문헌은 권말의 〈한국 종족집단 문헌목록〉으로 대신한다. 설명주나 권말 문헌목록에 수록되지 않은 문헌은 각주로 정리한다.

I. 서론

　조선 중기 이후 종법이 널리 보급되고 부계혈연의식이 강화되면서 종족집단은 한국인의 일상생활에서 중요한 의미를 지니게 되었다. 적장자에 의한 가계계승이 중시되고, 조상을 숭배하는 의식과 조상을 공유하고 있다는 동조의식이 강화되며, 혈통뿐만 아니라 조상의 사회적 지위를 세습하였다고 의식하여 종족집단은 신분적 우월감과 혈연적 배타성을 바탕으로 강력한 배타적족결합을 이루게 되었다(이창기 1991).

　조상숭배의식이 강화됨에 따라 여러 자녀들이 조상제사를 나누어 모시던 윤회봉사가 점차 사라지고 장남봉사가 보편화되었으며, 재산상속도 여러 자녀가 고르게 분급 받던 균분상속에서 장남이 우대되고 딸이 제외되는 차등상속으로 변화되었다. 딸이 재산상속에서 제외됨으로써 처가에서 오랜 기간 거주하던 서류부가(壻留婦家)의 기간이 현저하게 단축되어 혼인한 아들들은 부모의 집 주변에서 분가·독립하여 소위 집성촌(종족마을)을 발달시켰다.

　이러한 가족제도의 변화는 사대봉사의 원칙에 따라 고조부의 제사를 함께 모시는 당내집단을 규모가 큰 하나의 가족으로 의식하여 특별한 유대감을 가지게 하였고, 당내집단이 결합하여 종족마을을 중심으로 강력한 문중조직을 구축하였다.

　개인이나 개별 가족은 종족집단으로부터 독립하지 못하고 일상생활과 각종 의례에서 종족집단의 강력한 영향력 아래 놓이게 되었다. 개인과 개별 가족은 종족집단을 통해서 보다 넓은 사회와 연결되고, 종족집단을 통해서 자신의 사회적 지위가 평가되었다. 이로써 종족집단은 한국

인의 일상생활에서 강한 구속력을 지닌 규제집단이 되었으며, 가치평가
와 행위규범의 기준을 제공하는 중요한 준거집단으로 기능하였다.

이처럼 한국인의 일상생활에 주요한 영향을 미치는 종족집단에 대해
서 학문적으로 관심을 가지게 된 것은 근대학문이 도입된 이후 1930년
대에 이르러서이다. 이때부터 1945년 광복에 이르기까지 한국 종족집단
의 연구에 참여한 학자들로는 이각종(李覺鍾), 김두헌(金斗憲), 신진균
(申鎭均)을 비롯하여 아키바 다카시(秋葉 隆), 젠쇼 에이스케(善生永助),
시가타 히로시(四方 博), 스즈키 에이타로(鈴木榮太郞) 등을 들 수 있다.

광복 이후에는 사회경제적인 혼란으로 인하여 한동안 학문의 전 영역
에서 연구 활동이 매우 저조하였다. 일제하에서 활동했던 몇몇 학자들이
그동안 발표한 논문을 묶어 단행본으로 출간한 국학 분야의 몇 권의 저
술이 눈에 뜨일 뿐 새로운 연구 활동은 거의 이루어지지 못하였다. 한국
종족집단에 관한 연구도 이 시기에는 전혀 이루어지지 않았다.

한국 종족집단에 대한 학문적 관심이 다시 등장하게 된 것은 전쟁이
끝나고 우리 사회가 점차 안정을 찾아가기 시작하는 1960년대에 들어서
이다. 이 시기의 한국 종족집단에 관한 실증적 연구는 1960년 최재석의
「동족집단의 결합범위」에서 시작되었다고 할 수 있다. 최재석은 이 논문
이 발표된 이후 1980년대 후반에 이르기까지 종족집단에 관한 여러 편
의 논문을 꾸준히 발표하여 한국 종족집단의 구조를 밝히는데 크게 기여
하였다. 최재석의 「동족집단의 결합범위」 이후 최근에 이르기까지 여러
학자들이 종족연구에 참여하여 적지 않은 논저가 발표되었다.

한국종족집단에 관한 연구 동향에 대해서는 몇몇 학자들의 논저 속에
단편적으로 언급된 적이 있으나 전체적인 흐름을 조감하지는 못하였다.
한국종족집단의 연구사를 간략하게 정리한 것으로는 이광규(1990)와 김
일철 외(1998)를 들 수 있다.

이광규는 1990년에 간행한 『한국의 가족과 종족』에서 「친족연구사」

라는 소절을 설정하여 종족집단뿐만 아니라 성씨제도, 족보, 상속과 양
자제도, 관혼상제를 포함한 가족 및 친척제도 전반에 걸쳐서 현상적 연
구, 역사적 연구, 실증적 연구로 나누어 그간의 연구 내용을 정리하였다.
문헌 소개에 그치지 않고 중요 논저의 내용도 간략하게 소개하여 이 분
야의 연구 흐름을 조감하는 데 큰 도움을 주었다.

김일철 외 6인이 공저하여 1998년에 간행한『종족마을의 전통과 변
화』에서는 김필동이 집필한 제1장에서「종족마을의 개념과 연구사의 검
토」라는 소절을 설정하여 종족마을과 종족집단에 관한 연구의 흐름을
간략하게 정리한 바가 있다.

연구사의 정리는 연구 영역을 세분하여 구체적인 주제별로 정리할 수
도 있고, 연구가 이루어진 시기별로 정리할 수도 있으나 한국 종족집단
에 관한 연구는 아직 하위 주제별 연구가 충분히 축적되지 못한 듯하여
이 논문에서는 1930년대 이후 최근까지 이루어진 한국 종족집단에 관한
연구 경향을 일제강점기, 1960년대와 1970년대, 1980년대와 1990년대,
2000년 이후로 연구 시기를 나누어 시대별로 정리해 보고자 한다.

이 연구를 위한 문헌자료는 조강희(1988a)와 장용걸(1989)이 정리한
종족 관련 문헌목록과 이광규의 저서(1990)와 김일철 외의 저서(1998)에
수록된 문헌목록, 각종 논저에 인용된 참고문헌을 종합하고, 국내학술지
원문제공서비스인 'RISS' 'DBpia' 'KISS' 등의 문헌DB에서 '동족' '종
족' '씨족' '동성' '친족' '문중' '종중' '가문'을 주제어로 검색하여 자료
를 보완하였다. 나름대로 정성을 다하여 자료를 수합하려고 노력하였으
나 검색과정에서 누락된 자료 또한 적지 않을 것으로 짐작된다. 그러나
종족집단에 관한 연구 동향의 큰 흐름을 파악하는 데는 무리가 없을 것
으로 생각한다.

한국의 종족집단은 성씨제도, 상속제도, 신분제도, 혼인과 제사 의례,
향촌사회의 권력구조 등 다양한 제도 및 관습과 깊이 연관되어 있어서

그 연구의 폭이 매우 넓다. 그러므로 이들을 모두 포함해서 연구 경향을 조명하는 것은 다루어야 할 범위가 방대하여 한 편의 논문으로 다루기에는 너무 벅찬 과제일 뿐만 아니라 자칫 논의의 초점이 흐려질 위험이 있다. 종족과 관련된 이들 각종 제도와 관습들에 관한 연구 경향은 각기 독립된 주제로서 깊이 있게 다루어야 할 필요가 있다. 그래서 이 자리에서는 종족집단과 관련된 각종 제도와 관습을 주제로 분석한 논저를 제외하고, 종족마을과 종족집단의 구조와 기능에 초점을 맞춘 사회인류학적인 연구 경향을 중심으로 정리하기로 한다.

한국의 종족집단은 조선 중기 이후 조직화되고 그 활동이 활발하게 전개되었기 때문에 역사적 고찰도 중요한 연구 주제가 되고 있으며, 1980년 이후 조선시대를 중심으로 종족마을이나 문중조직의 형성과정에 관한 논저가 적지 않게 발표되었다. 종족집단에 관한 역사적 연구에는 사회학이나 인류학자들뿐만 아니라 역사학자들도 많은 관심을 가지고 참여하였다.

법학이나 지리학 분야에서도 종족집단 관련 연구가 적지 않다. 법학 분야에서는 법률적 권한이 미치는 친족(친척)의 범위나 종중분쟁과 관련된 연구가 많이 이루어졌으며, 지리학 분야에서는 종족마을이나 종택의 입지와 경관 및 세거지 이동과 관련된 연구에 많은 관심을 보이고 있다.

이러한 역사적 연구나 법학적 연구, 지리학적 연구 또한 독립된 주제로 깊이 있게 다루어야 할 필요가 있기 때문에 이 논문에서는 일단 제외하고 종족집단의 현상적 연구에 한정하여 논의를 진행하고자 한다.

해방 이후 한국 종족집단의 특성을 해외에 소개하거나 외국인이 한국 종족집단에 관심을 가지고 해외에서 논저를 발표한 사례도 적지 않은 것으로 보이지만 해외에서 발표된 이들 논저에 대해서는 필자의 자료수집 능력에 한계가 있어서 일단 이 논문에서는 국내에서 한국어로 발표된 한국인 학자들의 논저를 중심으로 논의하고자 한다.

II. 일제강점기의 한국 종족마을 연구(1930~1945)

일제강점기에는 한국인 학자로서 이각종, 김두헌, 신진균이 종족마을에 대한 논문을 각기 한 편씩 발표하였지만, 일본과 상이한 조선의 관습과 사회제도에 관한 자료를 수집하는 과정에서 조선의 성씨제도와 종족마을에 대한 자료를 조사하여 보고한 일본인 관변학자들의 조사보고서가 많이 발표되었다. 그중에서도 종족마을에 관한 10여 편의 논저를 발표한 젠쇼 에이스케(善生永助)의 활동이 주목된다.

한국의 종족집단에 대한 최초의 학술논문은 1931년에 이각종(李覺鍾)이 발표한 「部落의 社會的 硏究: 就中 同姓部落에 就하야」이다. 논문의 주 제목에 종족을 연구 대상으로 명기하지 않고 부제에 '동성부락'이란 용어를 사용하여 오랫동안 알려지지 않고 묻혀 있다가 1930년대의 한국 사회학 동향을 정리한 최재석의 논문[1]에 의해 그 내용이 알려지게 되었다.

이각종은 '동성부락(혈족부락)'을 "동성의 일족이 집단적으로 거주하여 부락을 형성한 것"으로 정의하고 삼국시대와 고려시대를 거치면서 성이 보급되는 과정과 문헌 기록에 나타난 성의 종류(490姓) 및 각 성별 관향수(김씨 498貫, 이씨 365貫, 박씨 309貫 등)를 소개하고 있다. 문헌 기록을 중심으로 정리하였기 때문에 이미 존재하지 않는 성씨와 관향도 다수 포함된 것으로 보이고, 거주하고 있는 지역이나 대표적인 집성촌을 본관으로 파악하여 성씨나 본관의 수가 많이 부풀려진 것으로 보이지만, 성의 종류와 관향수를 구체적으로 밝힌 최초의 기록이 아닌가 한다.

이각종은 이 논문에서 종손(宗孫), 문장(門長), 유사(有司) 등 종족집단의 주요 인물의 역할, 문중재산과 제사의 종류, 종족집단의 기능을 소

---

1) 최재석, 「1930년대의 한국사회학」, 『민족문화연구』 12, 고려대민족문화연구소, 1977.

개하고 종족집단이 안고 있는 문제점까지 요약하여 한국 종족집단의 특
성을 이해하고 연구하는 토대를 구축하였다.

이 논문은 필자 스스로 "학술적 연구나 실지 조사기가 아니라 실무자
들이 참고하도록 하기 위하여 집필한 것"이라고 기술한 바와 같이 특정
한 종족집단이나 종족마을을 조사하여 분석한 논문이 아니라 자신의 생
활 경험과 직관을 바탕으로 정리한 '종족마을 연구 서설'의 성격을 띠고
있지만, 종족집단의 조직과 기능에 대한 그의 소묘는 이후 전개된 종족
집단 연구에 암시하는 바가 크다. 특히 일제강점기에 종족집단에 관한
여러 편의 조사보고서를 발표한 일본인 학자 젠쇼 에이스케의 연구에 기
본틀을 제공한 것으로 볼 수 있다. 여기에 대해서 최재석은 다음과 같이
평가하고 있다.

> "일본인 善生永助의 주저 『조선의 성씨와 동족부락』(1943)의 핵심부인 제
> 5장 '동족부락의 구성'과 제6장 '동족부락의 기능'의 서술 부분은 이각종의
> '족제의 개요'와 '동성부락의 특징'의 내용과 거의 동일한 것이다. 이렇게 볼
> 때 善生永助는 이각종의 것을 기준으로 하여 그것을 확대 보충한 것이라 할
> 수 있을 것이다."[2]

이각종에 이어 김두헌(金斗憲)도 1934년에 「朝鮮の同族部落に就いて」
를 발표하였다. 그는 전라남도 장흥군과 영암군의 3개 마을을 직접 조사
하고, 그 외 한국가족제도 연구과정에서 수집한 자료와 조선총독부에서
간행한 자료집 등의 각종 문헌을 바탕으로 종족마을의 개념, 종족마을의
유형 분류, 종족마을 형성의 역사, 종족마을의 특징, 종족마을의 변화 등
을 정리하였다. 그는 '종족마을이란 동일한 성씨와 본관을 가진 일족이
누대에 걸쳐 한 마을에 집단으로 거주하고 있는 경우'라고 정의하면서
종족마을을 성씨 구성에 따라 대족 일문이 집단으로 거주하고 여기에 인

---

2) 최재석, 앞의 논문.

척관계나 주종관계에 있는 소수의 이성족이 함께 거주하는 마을, 여러
성족이 지연적 유대에 의하여 함께 거주하고 있으나 한 성씨가 다수를
점하고 있는 마을, 2~3개의 성족이 한 마을을 점유하여 대립적으로 병존
하는 마을의 세 유형으로 분류하였다(김두헌 1934).

김두헌은 조선총독부에서 간행한 『朝鮮の聚落(前篇)』(1933a), 『朝鮮
の姓』(1934)에서 소개한 마을의 자료들이 마을의 전체 가구수와 종족의
가구수를 혼동하였으며, 세거한 마을명을 본관명으로 파악하여 본관수
가 엄청나게 과다 집계되었고, 종족 성원들이 다수 거주하는 인접한 마
을이 행정구역의 분리로 별개의 지역으로 집계되는 등 오류가 적지 않음
을 지적하고 자료의 활용에 주의를 환기시키고 있다.

김두헌은 이 논문을 확대 보완하여 해방 후에 간행한 『조선가족제도
연구』(1949)에 제2장(종족) 제1절 「종족의 구조와 기능」, 제2절 「동족지
연공동체」로 수록하였다.[3]

이각종과 김두헌 외에 한국 종족집단에 관한 논문을 발표한 학자로는
신진균(申鎭均)이 있다. 신진균은 1940년대 초반에 활발한 연구 활동을
전개하였으나 해방 후 월북함으로써 학계에서는 거의 잊혀져 있다가 한
국의 초기 사회학을 정리한 최재석에 의해 그의 학술 활동이 간략하게
소개되었고[4], 김필동이 그의 생애와 학문적 업적을 두 편의 논문으로 정
리하여 발표함으로써 학계에 널리 알려지게 되었다[5]. 신진균은 일본사
회학회에서 세 차례(1940, 1941, 1942)에 걸쳐 조선의 촌락과 종족집단
에 관한 연구논문을 발표하였는데, 그중에서도 1942년에 발표한 「朝鮮

---

3) 이 저서는 1969년에 『한국가족제도연구』(서울대학교출판부)란 제호로 개정판이
    출간되었다.
4) 최재석, 앞의 논문.
5) 김필동, 「일제 말기 한 젊은 사회학자의 초상: 신진균론(1)」, 『한국사회학』 51-1,
    한국사회학회, 2017; 김필동, 「강단 사회학자에서 맑스-레닌주의 이론가로: 신진균
    론(2)」, 『사회와 역사』 118, 한국사회사학회, 2018.

の村落に於ける宗族結合の一事例」는 안동군 도산면의 진보이씨 온계파 종족집단을 중심으로 종중 조직과 기관 및 종족 활동을 소상하게 보고하고 있다(김필동 2017).

이각종의 논문이 발표된 이듬해에 아키바 다카시(秋葉 隆)가 「朝鮮の同姓部落に就いて」(1932)를 발표하였다. 이 논문은 충청남도 보령군 주산면의 4개마을(금암리, 황율리, 야룡리, 주야리)에 집단 거주하는 풍천 임씨 종족집단에 관한 문서 조사와 일부 현지 조사에 바탕을 두고 작성한 간단한 조사보고였다. 이후 10여 년이 지난 1944년에 「同族部落とは何か」라는 논문을 2회에 나누어 발표하였다. 이 논문은 경기도 포천군에 소재한 직동1구와 직동2구의 6개 취락에 거주하는 종족별 호구를 소개하고, 밀양박씨를 중심으로 그들의 생활상을 간략하게 소개하고 있는데 깊이 있는 분석에 이르지는 못하고 간단한 실태 보고에 그치고 있다.

한국의 종족마을에 대한 보다 집중적인 조사보고는 젠쇼 에이스케(善生永助)에 의해 이루어졌다. 젠쇼는 1923년부터 1935년까지 조선총독부 촉탁으로 근무하면서 조선의 농촌사회에 대한 여러 편의 조사보고서를 집필하였는데, 이 과정에서 종족마을에 주목하여 1934년에 발표한 「著名なる同族部落」을 필두로 1940년까지 「慶州地方の同族部落」(1934), 「特色ある同族部落(1)」(1934), 「特色ある同族部落(2)」(1935), 「朝鮮の同族集團分布狀態」(1935), 「朝鮮に於ける同族部落の構成」(1935), 「朝鮮の同族部落」(1935), 「朝鮮に於ける同族部落の分布」(1940), 朝鮮に於ける同族部落の構造 1·2·3」(1940)을 연이어 발표하고, 그 결과를 묶어 『朝鮮の聚落(後篇:同族部落)』(1935), 『朝鮮の姓氏と同族部落』(東京:刀江書院, 1943)을 간행하였으며, 태평양전쟁 종전 후에도 「朝鮮の大家族制と同族部落」(1949)을 발표하였다.

조선의 부계혈연집단을 '同族'으로 처음 명명한 이도 젠쇼였다. 1931년에 발표한 이각종의 논문이나 1932년에 발표한 아키바의 논문에서는

'同姓部落'이란 용어를 사용하였으나 젠쇼는 1934년의 첫 보고서에서부터 일본의 '도조쿠(どうぞ, 同族)'란 용어를 차용하여 '同族部落'이란 용어를 사용하였다. 이후 일본인 학자들은 물론 한국인 학자들도 이 용례를 그대로 답습하게 되었으며, 광복 이후 오늘에 이르기까지 이어지고 있다.

젠쇼의 저작에는 식민지 관료로서의 시각이 저변에 깔려 있고, 구조 분석이나 이론 정립보다는 자료수집에 충실한 한계가 있지만, 자료를 소개하기 전에 서술한 기술(記述) 부분에서는 한국 종족집단의 내부구조에 대한 예리한 관찰이 돋보이기도 한다. 그가 수집 정리한 전국적인 범위에 걸친 방대한 자료는 이후 많은 학자들이 즐겨 인용할 정도로 한국 종족집단 연구에 적지 않은 기여를 한 것으로 평가할 수 있다.

그러나 비전문가인 행정관리를 동원하여 전국적인 범위에 걸쳐 자료를 수집하는 과정에서 마을의 설촌 시기와 종족마을의 형성 시기를 혼동하거나, 마을 주민의 전체 호수와 종족 호수의 혼동, 본관과 세거지 마을의 혼동, 생활공동체로서의 자연촌락과 행정적인 편의를 위해 인위적으로 구획한 행정리의 미구분, 비전문가인 행정관리의 자의적 해석과 평가 등 부정확한 내용이 적지 않게 포함되어 있어서 자료의 활용에는 세심한 주의가 필요한 것으로 지적되고 있다(金斗憲 1934, 이광규 1990:24, 김일철 외 1998:37~38).

아키바와 젠쇼 이후에도 시가타 히로시(四方 博)와 스즈키 에이타로(鈴木榮太郎)가 종족마을에 대한 답사기를 발표하였다. 시가타는 김두헌과 젠쇼의 논저에 소개된 기존의 자료들을 재정리하여 1937년에 「朝鮮に於ける大家族制と同族部落」을 발표하였고, 스즈키는 1944년에 간행한 『朝鮮農村踏査記』에서 원주군 지정면 간현리의 한산이씨, 제천군 금성면 구룡리의 의흥박씨, 영주군 순흥면 동호리의 의성김씨 종족집단을 간단하게 소개하였다.

이상에서 살펴본 바와 같이 일제강점기에 발표된 한국 종족집단 관련 연구는, 몇몇 조선인 학자들이 관심을 가지고 참여하기는 하였지만, 일본과 상이한 조선의 관습과 사회제도에 관한 자료를 수집·조사하는 일본인 관변학자들을 중심으로 이루어졌으며, 종족집단의 구조나 기능에 대한 깊이 있는 분석에까지 이르지는 못하고 '동족부락'이라는 이름으로 조선의 성씨제도와 종족마을의 실태를 소개하는 조사보고서의 성격을 띠고 있다.

III. 1960년대와 1970년대의 종족집단 연구 (1960~1979)

광복 이후에는 한동안 한국 종족집단에 관한 연구가 전혀 이루어지지 않았다. 다만 김두헌이 일제강점기에 발표한 논문들을 확대 보완하여 간행한 『조선가족제도연구』(1949)에 제2장(종족) 제1절 「종족의 구조와 기능」, 제2절 「동족지연공동체」가 수록된 것이 유일한 업적으로 기록되고 있다. 이 두 편의 글은 폭넓은 문헌자료를 섭렵하여 한국의 종족집단과 관련된 제 용어의 개념과 그 역사를 정리해 줌으로써 1960년대 이후 종족집단 연구에 크게 기여하였다.

한국 종족집단에 대한 학문적 관심이 다시 등장하게 된 것은 1960년대에 들어서이다. 1960년에 발표된 최재석의 「동족집단의 결합범위」가 광복 후 한국 종족집단에 관한 실증적 연구의 출발이라 할 수 있다. 최재석은 이 논문에서 한국의 종족집단은 대체로 고조부 중심의 당내집단, 입촌조 중심의 마을 단위 종족집단(종족마을), 수 개 종족마을을 포괄하는 입향조 중심의 지역단위 종족집단, 파조를 중심으로 하는 파 단위의

종족집단, 시조의 모든 자손을 포괄하는 전국 단위의 동성동본 집단 등
다섯 단계의 동심원적 구조를 이루고 있으며, 가문에 따라 한두 단계가
축소되거나 추가될 수 있음을 밝혔다. 종족마을을 중심으로 종족집단을
관찰하던 종전의 시각을 크게 확대하고 구체화하였다. 이어서 1966년에
발표한 「동족집단의 조직과 기능」에서 종족집단의 조직과 기능을 제사
행사의 조직과 기능, 경제적 협동의 조직과 기능, 사회적 지위 표시의
조직과 기능으로 나누어 분석하고, 생활의 협동 기능은 매우 취약하며
사회적 지위 표시의 기능이 종족집단의 중심 기능이 되고 있음을 밝혔
다. 이 두 편의 논문 외에도 최재석은 「한국인의 친족호칭과 친족조직」
(1963), 「韓國農村に於ける 親族の範圍」(1963), 「한·중·일 동양 삼국의
동족 비교」(1964), 「동족집단」(1965), 「동족집단 조직체의 형성에 관한
고찰」(1968), 「일제하의 족보와 동족집단」(1969a), 「한국의 친족집단과
류큐의 친족집단」(1969b)을 발표하여 한국 종족집단의 구조와 특성을
밝히는데 크게 기여하였다.[6]

　1960년대에 눈에 뜨이는 저술로는 김택규의 『동족부락의 생활구조
연구』(1964)이다. 아세아재단의 재정 지원을 받아 풍산류씨 집성촌인 안
동 하회마을의 가족관계, 혼인관계, 동족결합, 신분제도, 경제구조, 민간
신앙을 조사하여 보고한 민족지적 종합보고서이다. 종족집단에 관한 연
구가 막 시작되던 시기에 간행된 이 저술은 이후의 종족집단 연구에 큰
자극제가 되었다.[7]

　최재석과 김택규 이외에 1960년대에 종족집단을 구체적으로 분석한

---

6) 「한국인의 친족호칭과 친족조직」과 「韓國農村に於ける 親族の範圍」는 『한국가족
　연구』(1966a, 민중서관)에, 「동족집단의 결합범위」, 「동족집단의 조직과 기능」,
　「한·중·일 동양 삼국의 동족 비교」는 『한국농촌사회연구』(1975, 일지사)에 수록
　하였다.
7) 이 저서는 두 편의 부론을 추가하여 1979년에 『씨족부락의 구조연구』(일조각)란
　제목으로 개정판이 출간되었다.

논저는 보이지 않지만, 농촌사회를 조사하여 보고한 몇몇 저술 속에 종족집단에 관한 내용을 소절로 소개하고 있는 모습이 눈에 뜨인다. 이만갑의 『한국농촌의 사회구조』(1960), 고황경·이만갑·이효재·이해영의 『한국농촌가족의 연구』(1963), 양회수의 『한국농촌의 촌락구조』(1967)에서 종족집단에 관한 내용을 한두 장으로 설정하여 마을 단위의 종족 활동을 소개하고 있다.

1970년대에 들어서는 종족집단에 관심을 가진 학자들의 저변이 다소 확대되어 최신덕·김채윤, 최재석, 여중철, 김택규, 이광규, 최홍기 등이 종족집단 연구에 참여하였다. 연구 주제도 점차 구체화 되는 모습이 나타난다.

최신덕·김채윤(1972)은 하동군의 한 마을(효리)을 조사한 종합 조사 보고서를 발표하면서 하동정씨의 종족조직과 서원 활동을 소개하였다. 최재석은 「농촌의 반상관계와 그 변동과정」(1972)을 통해서 두 성씨가 지배적인 양동을 대상으로 일상생활의 집단참여와 협동친화관계가 성씨별, 신분(반상)별로 구획되어 있음을 보고하였다. 여중철은 「동족집단의 제 기능」(1974)에서 종족집단의 기능을 정치적 기능, 사회경제적 기능, 교육적 기능, 제사의 기능으로 정리하였다. 이어서 발표한 「동족부락의 통혼권에 관한 연구」(1975)에서는 양동마을을 중심으로 지역적 통혼권, 혈연적 통혼권, 계층적 통혼권, 직업적 통혼권, 종교적 통혼권으로 나누어 분석하고, 「한국 농촌의 지역적 통혼권」(1978)에서 지역적 통혼권에 관한 연구를 종합 정리하면서 종족마을과 각성마을의 통혼권을 비교하여 분석하였다. 『동족부락의 생활구조 연구』(1964)를 저술한 바 있는 김택규는 「한국의 동족공동체: 이른바 '동족·동족부락'에 관한 관견」(1979)을 통하여 한국의 종족집단과 종족마을을 개관하였다. 이 논문은 1975년에 일본에서 발표한 것[8]을 국역한 것인데, 종족마을을 일본의 '동족부

---

8) 김택규, 「韓國の同族共同體」, 『講座 家族』 6卷2章, 東京 弘文堂, 1975

락(dozoku buraku)'과 구별하여 '동성부락(同姓部落)이라고 부르는 것이 실태에 좀 더 가까울 것이라는 의견을 제시하여 주목된다. 이광규는 종족집단의 기초가 되는 당내집단에서 행하는 제사 관행을 정리하여 「친족집단과 조상숭배」(1977)를 발표하였고, 최홍기는 「한국의 전통적 친족제도의 조직과 그 기능에 관한 일 고찰」(1977)을 발표하여 전통 사회의 종족집단의 특성과 그 기능을 개관하였다. 김택규·여중철은 「부락 구성과 새마을 운동: 동족부락과 각성부락의 비교연구」(1979)을 발표하였다. 강신표·주남철·여중철·장철수는 경상북도의 지원을 받아 『양동마을 조사보고서』(1979a)와 『하회마을 조사보고서』(1979b)를 간행하였다.

1977년 10월 7일에 영남대학교에서 개최된 한국문화인류학회 전국대회에서는 이광규의 「친족체계와 친족조직」, 유명기의 「문중의 형성과정에 대한 고찰」, 이문웅의 「공산체제 하에서의 친족조직: 북한의 경우」가 발표되었는데 그 내용을 간략하게 요약하여 『한국문화인류학』 제9집(1977)에 수록하였다.

1960년대와 1970년대 연구에서 하나 특기할 사항은 종족집단이 석사학위논문의 주제로 등장하기 시작하였다는 점이다. 1967년에 김주숙의 「동족부락에 관한 연구」(이화여대)가 발표되고, 1970년에는 여영부의 「한국 동족집단 갈등에 관한 연구」(고려대), 1975년에는 여중철의 「동족부락의 통혼권에 관한 연구」(서울대), 1976년에는 이창기의 「동족집단의 변화에 관한 연구」(고려대), 1977년에는 유명기의 「동족집단의 구조에 관한 연구」(서울대)가 발표되었다. 김주숙의 논문은 이화여대사회학과의 『사회학연구』 제6집에, 여영부의 논문은 고려대사회학과의 『사회학논집』 제2집에, 여중철의 논문은 『인류학논집』 제1집에, 이창기의 논문은 『한국사회학』 제11집과 『한국학보』 제21집에, 유명기의 논문은 『인류학논집』 제3집에 각각 수록되었다. 이 다섯 편의 석사학위논문은 1980년 이후 석·박사 학위 논문이 양산되는 바탕이 되었다.

이 시기에 외국인으로서 한국 종족집단을 주제로 작성한 박사학위논문이 두 편 발표되었다. 서강대학에서 오랫동안 교수로 봉직한 Biernatzki는 1967년에 Saint Louis 대학에서 'Varieties of Korean Lineage Structure'로 박사학위를 받았고, 일본 도호쿠대학 교수를 역임한 시마무츠히코(嶋 陸奧彦)는 1979년에 캐나다 Toronto 대학에서 'Kinship and Economic Organization in a Korean Village'로 박사학위를 받았다.

IV. 1980년대와 1990년대의 종족집단 연구 (1980~1999)

1980년대와 1990년대에는 1960년대와 1970년대에 비해 연구자가 더욱 증가하고 연구의 주제가 더욱 다양해지는 모습을 보여주고 있다. 이 시기에 종족집단 연구에서 나타나는 주요한 특징은 크게 네 가지로 요약할 수 있다.

첫째, 산업화 도시화 과정에서 나타나는 종족집단의 변화에 관한 관심이 크게 부각되고 있다는 점이다. 1960년대 이후 도시화가 빠른 속도로 진행되면서 농촌인구가 대량으로 이출되어 종래 종족마을을 중심으로 견고한 결합력을 보여주던 종족집단의 조직과 기능이 크게 변화하고 있다는 점을 반영하고 있다.

이창기는 「동족집단의 기능변화에 관한 연구」(1977)와 「동족조직의 변화에 관한 연구」(1980)에서 종손과 문장의 권위가 약화되고 있고, 전통적인 인물 중심의 문중운영 방식에서 위원회와 같은 조직을 중심으로 문중을 운영하는 경향이 나타나고 있음을 지적하였다. 최재석은 「산업화와 문중조직」(1983)과 「이촌과 문중조직의 변화」(1987)를 통해서 당내집단의 소멸과 도시 중심의 당내집단 재조직화, 제사 기능의 간소화 양상을 소개하였다. 조강희는 「도시화 과정의 동성집단 연구」(1988b), 「문중조직의 연속과 변화」(1989), 「사회변화와 종손의 역할」(1998)을 연속으로 발표하여 종족집단의 조직과 기능의 변화를 조명하고 있다. 특히 「도시화 과정의 동성집단 연구」는 대도시 주변의 한미한 종족집단이 도시 확장에 따른 개발이익을 기반으로 종족 활동이 활성화되는 과정을 추적하여 현대사회에서는 재정 능력이 종족 활동에 매우 중요한 기능을 하고 있음을 보여주고 있다.

김일철 외 6인의 공동 저술인 『종족마을의 전통과 변화』(1998)는 의령남씨 집성촌인 충남 당진군 대호지면 도이리를 집중적으로 조사한 종합보고서로서 김택규의 『동족부락의 생활구조연구』(1964) 이후 최대의 수확이라 평가할 만하다. 이창기는 서평 논문에서 '특정 종족집단이나 하나의 마을에 국한 시켰던 종래의 좁은 시각에서 벗어나 보다 넓은 지역사회, 더 나아가서는 한국 사회 전반의 변화 속에서 종족집단과 종족마을의 변화를 조감함으로써 연구의 시각을 크게 확대하였고, 새로운 연구 방법을 개척하고 내용을 심화하는 알찬 수확을 거두었다'고 평가하였다(이창기 1999). 특히 김필동은 이 저술에서 「종족마을의 형성과 전개」 (제2장)와 「종족조직의 변화」(제10장)를 통해 도이리 의령남씨 문중의 형성과정과 종족활동을 집중적으로 분석하였다.

도시화가 빠른 속도로 진행되고 농촌인구가 대거 도시로 이동함에 따라 도시지역을 중심으로 새로운 조직체가 결성되는 것도 종족집단 변화의 중요한 한 측면이다. 최재석은 1968년에 발표한 「동족집단 조직체의 형성에 관한 고찰」에서 온양방씨와 대구서씨의 종족조직체 결성과정과 사업내용을 보고한 바가 있지만, 이광규는 「도시 친족조직의 연구」 (1980)를 통해서 서울지역의 57개 종친회의 조직과 사업내용을 소개하고 있다. 조직체의 명칭에 대종회, 종친회, 화수회, 친목회 등이 두루 사용된 것으로 보아 계보조직(흔히 대종회라 부른다)과 지역조직(흔히 화수회라 부른다)을 구분하지 않은 한계가 있지만, 도시지역의 종족 활동에 대한 중요한 자료로 평가된다.

1980년대 이후 종족집단 연구에서 나타나는 두 번째 특징은 종족집단의 체계에 대한 이론적 논의가 나타나기 시작하였다는 점이다. 1980년 이전까지는 종족집단의 현상을 파악하는 기술적(記述的) 연구에 집중하였다면, 1980년 이후에는, 비록 초보적인 단계이기는 하지만, 종족집단의 구성 체계에 대한 경험적 일반화나 종족체계를 전체 사회의 문화체계와 관련 지워서 설명하려는 시도가 나타나고 있다. 이러한 시도는 여중철, 김주희, 이광규, 이창기, 김광억의 연구에서 찾아볼 수 있다.

여중철은 「취락구조와 신분구조」(1980)에서 양동마을의 인구구조, 혼인관계, 가옥구조, 지주소작관계, 반상의식을 분석하여 종족마을과 신분구조의 관계를 조명하였다.

김주희는 「한국의 동족부락: Controlled Comparison」(1985)에서 세 종족집단을 대상으로 입향시기와 입향동기, 조상의 업적, 토지소유관계, 수리시설, 주민의 직업구성을 비교하여 분석한 결과 경제적 여건(토지소유)이 종족 결합력의 차이를 가져온 주요한 요인임을 지적하고 있다. 이어서 김주희는 「친족과 신분제: 심리인류학적 접근」(1988)에서 조선 후기 신분제가 동요될 때 인간의 심리적 욕구를 충족시켜줄 대체 이차집단으로서 부계 혈연집단이 발달하게 되었다는 가설을 바탕으로 도시를 중심으로 발달하는 화수회가 급격한 사회변동의 과정에서 전통적 종족조직을 대체할 새로운 이차집단들 중의 하나라는 견해를 피력하여 사회변동과 종족집단의 변화에 대해서 논의해야 할 화두를 제시하고 있다.

이광규의 「한국의 종족체계와 종족이념」(1988)과 최백의 「한국 친족조직에 있어서의 문화체계와 사회체계」(1988)에서도 종족집단을 보다 넓은 사회문화현상 속에서 설명하려는 시도가 엿보인다. 이어서 이광규는 「한국문화의 종족체계와 공동체체계」(1889)에서 한국 농촌사회에서 사회관계의 두 축을 이루는 혈연으로 결합한 종족체계와 지연으로 결합한 공동체체계를 대비시켜 각각의 특성을 비교하고 있다.

김광억은 「문화공동체와 지방정치: 씨족의 구조를 중심으로」(1994)에서 안동지역의 토성인 안동김씨를 중심으로 이들이 어떻게 지역사회의 정치구조와 문화에 지배적인 영향력을 행사하는가를 탐색하고 있다.

이창기는 「한국 동족집단의 구성원리: 형성요인을 중심으로」(1991)에서 종족집단의 구성원을 심리적으로 결속시키는 종족의식으로서 가계계승의식, 조상숭배의식, 동조의식(同祖意識), 배타적족결합의식을, 왕성한 조직활동을 위한 현실적 조건으로서 조상의 위세, 성원의 수와 밀도, 성원의 사회경제적 지위, 문중재산을 제시하여 종족집단 분석을 위한 준거틀을 제공하였다.

셋째는 종족집단 연구의 시야를 확대하여 중국 및 일본의 종족집단을 조명하는 논문이 여러 편 발표되고 있다는 점이다. 이미 1960년대에 최재석이 「한·중·일 동양 삼국의 동족 비교」(1964)와 「한국의 친족집단과 류큐의 친족집단」(1969b)을 발표하여 한국 종족집단을 중국, 일본, 오키나와와 비교를 시도한 이후 비교 연구가 전혀 나타나지 않다가 1980년 이후에 일본의 이에(家)와 중국의 종쭈(宗族)를 한국 종족집단과 비교하는 비교문화적 분석이 시도되고 있다.9)

이 시기에 나타난 비교문화적 논문으로는 김택규의 「한일 양국의 이른바 '동족부락'에 관한 비교 시고」(1981), 김광억의 「조상숭배와 사회조직의 원리: 한국과 중국의 비교」(1986), 김용환의 「한중 씨족집단의 경제적 비교」(1992), 김성철의 「종족과 사회: 한국과 중국의 비교」

---

9) 단순한 비교를 넘어서서 유교문화를 공유하고 역사 문화적으로 긴밀한 관계를 맺어왔던 중국, 일본, 오키나와의 부계혈연집단의 특성을 직접 소개하는 논문도 1980년 이후 여러 편이 발표되었으나 한국 종족집단의 연구 동향을 정리하는 이 논문에서는 자세한 소개를 생략한다.

(1997), 손승영의 「가족과 친족의 한일 비교」(1998), 김미영의 「한일 친족의 비교연구」(1999)를 들 수 있다. 특히 김택규는 100여 쪽에 걸친 장문의 이 논문을 통해서 개념과 용어의 문제, 동성부락(종족마을)의 성립 과정, 신분형성, 혈연관계, 지연집단적 성격, 경제적 기반 등 광범한 비교를 시도하여 한·일 종족집단의 비교 연구에 중요한 발판을 제공하고 있다.[10] 이어서 김택규는 「동아시아 제민족의 족체계」(1993)를 발표하여 일본뿐만 아니라 오키나와(沖繩=琉球)와 만족(滿族)에까지 비교의 범위를 넓히고 있다.[11] 제사 의례에 관심이 깊은 임돈희와 Janelli는 「한국·중국·일본의 가족, 종족 그리고 조상 제례의 비교 연구」(1999)에서 한국의 가족제도와 종족집단의 특성을 간략하게 소개하고 세 나라의 조상 제례를 비교하였다.

네 번째 특징은 학위 논문이 대폭 늘어났다는 점이다. 1960년대와 1970년대에 네 편의 석사학위 논문이 발표되었는데 1980년대와 1990년대에는 국내에서 8편의 석사학위논문과 2편의 박사학위 논문이 발표되었고, 해외에서도 3편의 박사학위논문이 발표되었다. 종족집단 연구에 관한 관심이 늘어나고 신진 연구 인력의 저변이 확대되었음을 보여주고 있다.

이 시기에 발표된 석사학위논문으로는 박정진의 「도시화에 따른 대도시 근교 씨족집단의 사회경제적 변화 연구」(1980. 영남대), 이현숙의 「제사를 통한 당내친의 협동에 관한 연구」(1983. 영남대), 이영숙의 「도

---

10) 김택규는 이 논문을 일본어로 번역하여 江守五夫·崔龍基 편, 『韓國兩班同族制の 硏究』(東京 第一書房, 1982)에 수록하고, 원문을 자신의 저서 『한·일 비교문화론』 (문덕사, 1993)에 「'동족부락'의 비교연구」란 제목으로 재수록하였다.

11) 이 논문은 1990년에 일본에서 발표한 「東アシア諸地域の族體系につい」(『朝鮮學報』 134, 1990)를 번역하여 『한·일 비교문화론』(문덕사, 1993)에 수록하고, 최인학 외 『비교민속학과 비교문화』(민속원, 1999)에 「씨족·종족·동족 그리고 문중: 동아시아 제민족의 족체계」란 제목으로 재수록하였다.

시 화수회의 조직과 기능 연구」(1984. 영남대), 권희진의 「동족 관념의
의미에 관한 연구」(1988. 서울대), 박자영의 「문중 조직의 성격과 그 변
화에 관한 연구」(1991. 서울대), 김순모의 「나라골12) 팔종가의 연대에
관한 연구」(1993. 안동대), 박광석의 「진도지역 문중 조직 연구」(1997.
영남대) 등이 있고, 박사학위논문으로는 조강희의 「영남지방 양반 가문
의 혼인에 관한 연구」(1986. 영남대)13)와 박영길의 「한국의 근대화와 씨
족마을의 구조 변동」(1994a. 부산대)이 있다. 조강희는 박사학위논문이
발표되기 전에 진성이씨 퇴계파 종손을 중심으로 「영남지방의 혼반 연
구」(1984)를 발표한 바가 있고, 박영길은 이 박사학위논문의 일부를 「한
국 근대화와 씨족마을의 계층구조 변동」(1984b)으로 발표하였다. 해외
에서 발표된 박사학위 논문으로는 송선희의 'Kinship and Lineage in
Korean Village Society'(Indiana University, 1982)와 최백의 「韓國兩班社
會と門中の構造」(日本 東洋大, 1984), 김용환의 'A Study of Korean
Lineage Organization from a Regional Perspective: A Comparison with
the Chinese System'(Rutgers University, 1989)을 들 수 있다. 최백은 이
논문의 요지를 「문중에 관한 사회학적 고찰: 특히 안동군 임하면 천전동
의성김씨를 중심으로」(1985)로 발표하였다.

이상 네 가지 특징을 중심으로 1980년대와 1990년대의 종족집단 연
구를 개관해 보았다. 이외에도 여러 학자들이 한국 종족집단에 관한 논
저를 발표하였다.

최협은 종족마을과 비종족마을의 비교에 관심을 가지고 「동족부락과
비동족부락의 사회구조적 특성: 전남 강진군의 2개 부락 비교 연구」
(1982)와 「동족부락과 비동족부락의 한 비교: 전남 광양지역 사회인류학

---

12) '나라골'은 영덕군 창수면 인량마을로 여덟 가문의 종가가 터를 잡은 곳으로 유명
하다.
13) 조강희의 이 논문은 그의 사후 『영남지방 양반가문의 혼인관계』(2006, 경인문화
사)로 출간되었다.

적 조사보고서」(1983)를 발표하였고, 조옥라는 「농촌마을에서 가족, 문중 그리고 지역조직」(1988)에서 안동, 정읍, 평창의 현지 조사 자료를 바탕으로 집(家)과 가문(門中)의 의미가 어떻게 달리 나타나고 있는지 비교하였다.

여중철과 이창기는 양동마을의 종합 연구에 참여하여 종족마을의 사회조직과 주민생활을 정리한 「양동의 동족조직과 일상생활」(여중철 1990)과 「양동의 사회생활」(이창기 1990)을 발표하였다. 이어서 여중철은 양동마을에서 나타나는 반상간, 문중간, 지주소작간 갈등을 정리하여 「동족부락의 제 갈등」(여중철 1992)을 발표하였다. 오랫동안 제주도 연구를 진행해 온 김창민은 「범주로서의 친족: 제주도의 궨당14)」(1992)을 발표하여 제주도의 독특한 친척관계에 주목하고 있다.

특히 이광규는 1980년대까지 진행된 한국의 가족과 종족집단에 관한 연구를 종합하여 『한국의 가족과 종족』(1990)을 간행하였는데 제2편(종족)에서 당내, 문중, 동족부락, 종족체계, 종족제도의 변천, 현대 종족과 종친회 등 6개의 장으로 정리하고 있다.

V. 2000년 이후의 종족집단 연구(2000~2020)

2000년 이후에도 종족집단 연구는 꾸준히 이어지고 있다. 김미영, 김창민, 김필동, 박찬승, 이창기, 이창언, 한도현 등 약 20명의 연구자들이 40여 편의 논문을 발표하였다. 이 시기에 나타난 연구의 중요한 특징은 연구자들에 따라서 연구의 대상을 특정 지역이나 특정 주제에 집중시키는 경향이 두드러진다는 점이다. 이러한 경향은 종족집단의 연구를 좀

---

14) '궨당'은 친척에 해당하는 제주도 방언이다.

더 구체화하고 심화하는 과정으로 이해할 수 있을 것이다.

김미영은 안동지역의 종가 문화에 관심을 가지고 「혈통과 사회적 위세에 따른 종가의 위상: 안동지역 사례를 중심으로」(2005a), 「동성마을과 각성마을의 '결속과 연대' 원리」(2010)를 발표하고, 2008년에 『가족과 친족의 민속학』(민속원)을 출간하였다. 이어서 「종가 문화의 현재적 의미와 과제」(2014), 「종가 문화의 전승 기반과 변화 양상」(2017), 「현대사회 문중의 의미와 역할」(2021)을 발표하고 '종가'나 '현조(顯祖)'의 개념이 지역이나 문중에 따라서 편차가 매우 크다는 점을 지적하면서 종족 결속의 구심적 역할을 하는 종가, 종손, 종부의 존재 양상과 변화를 조감하였다.

제주도의 '궨당'에 대한 개념 정립을 시도한 바 있는 김창민(1992)은 전남의 도서 지역으로 관심을 넓혀 「시제를 통해 본 문중과 친족계: 진도 세등리의 사례」(2001a), 「흑산도의 친척: '큰집'과 '내롱15)'을 중심으로」(2001b), 「비금도의 친족조직과 친족원리」(2002)를 발표하고, 이어서 영암군의 한 마을을 조사하여 「영보의 친족조직과 친족집단 간 관계」(2003)를 발표하였다. 이러한 연구를 바탕으로 「마을과 친족 그리고 문화: 친족 연구의 관점과 방법론」(2005)과 「마을조직과 친족조직에 나타난 혈연성과 지연성」(2006), 「마을의 사회조직과 통합성」(2011)을 통해서 마을을 구성하는 두 가지 중요한 원리인 혈연성과 지연성이 상호보완적으로 밀접하게 연관되어 있음을 밝히고, 친족조직과 종족마을 연구에서 혈연성을 강조하고 마을조직과 각성마을 연구에서 지연성을 강조하는 이분법적 시각의 극복을 시도하고 있다.

1998년에 간행한 『종족마을의 전통과 변화』(백산서당)에서 제2장 「종족마을의 형성과 전개」와 제10장 「종족조직의 변화」를 집필한 바 있는 김필동은 그 후속 논문으로 「한국 종족집단의 형성과 변동: 충청남도

---

15) '내롱'은 시제를 함께 지내는 제사공동체를 이르는 현지 방언이다.

당진군의 한 종족마을의 사례」(2000)를 발표하고, 충남대학교 충청문화
연구소가 진행한 〈충남지역마을연구〉 프로젝트에 책임연구원으로 참여
하여 「민촌적 배경을 갖는 종족마을의 종족집단과 그 변화」(2006), 「일
제의 창씨개명 정책과 족보: 지역 종족집단의 대응전략」(2010)을 발표하
여 충남지역 종족집단 연구에 꾸준한 관심을 보였다.

이창기는 「대도시 부계혈연집단의 조직: 벽진이씨 대종회와 대구화수
회의 사례」(2004)를 통해서 계보조직(대종회)과 지역조직(화수회)을 대
비하여 그 특성을 밝히고, 이어서 영해지역의 저명 반촌을 집중해서 조
사하여 「삼성(三姓) 종족마을의 혼인연대: 영해 원구리의 사례」(2006a),
「종족구성과 마을조직: 영해지역 세 반촌의 사례」(2006b), 「영해지역 반
촌·농촌·어촌의 통혼권 비교」(2009), 「영해 원구리 영양남씨의 문중조
직과 종족활동」(2011), 「영해 도곡리 무안박씨의 문중조직과 종족활동」
(2014)을 발표하였다. 영해지역을 대상으로 한 이 논문들은『영해지역의
반촌과 어촌』(2015)에 수록하였다. 이어서 발표한 「친척과 친족의 개념」
(2018)에서 친족은 성과 본을 같이하는 부계혈연집단으로, 친척은 친족
과 인척을 포괄하는 의미로 정리하고, 종족집단에 관한 학문적 연구가
시작된 1930년부터 2015년까지의 연구 성과를 「한국 종족집단의 연구
사 개관: 1930~2015」(2020)으로 정리하였다.

이창언은 대도시 근교에 자리 잡은 종족집단의 정착과정과 종족활동
에 관심을 가지고 「청주정씨의 경산 정착과 종족활동의 변화」(2005),
「밀양박씨 송정파의 울산 정착과 종족활동의 전개」(2007), 「도시화와
종족활동의 지속과 변화: 경산현 지역의 종족집단을 중심으로」(2013),
「종족촌락 해체 이후의 종족활동; 장수황씨 면와공파를 중심으로」(2014)
를 발표하였다.

한국현대사를 전공한 역사학자인 박찬승은 「한국전쟁과 진도 동족마
을 세등리의 비극」(2000a), 「근현대 사회변동과 진도 동족마을 주민의

대응」(2000b), 「20세기 전반 동성마을 영보의 정치사회적 동향」(2003), 「종족마을 간의 신분갈등과 한국전쟁: 부여군 두 마을의 사례」(2006), 「한국전쟁기 종족마을 주민들의 좌우 분화: 금산군 부리면의 사례」(2008) 를 통해 격변기 종족마을이 처한 갈등적 상황과 그에 대한 종족집단의 대응에 주목하고 있다.[16] 윤형숙의 「한국전쟁과 지역민의 대응: 전남의 한 동족마을의 사례를 중심으로」(2002)도 비슷한 시각이라 할 수 있다.

2000년 이후에도 한국 종족집단을 동아시아의 여러 사회와 비교하는 비교문화적 연구가 이어지고 있다. 김미영은 「한국과 중국의 종족 관행에 대한 비교 고찰」(2005b)을, 송석원은 「동족집단의 형성 기반에 대한 한·일 비교연구: 경제적·지리적 기반을 중심으로」(2006)를 발표하였다. 한도현은 「한국과 베트남의 종족마을의 구조와 변동에 대한 비교사회학적 연구」(2005)와 「한국과 베트남의 두 종족마을의 종족의식 비교 연구」 (2007)를 발표하여 베트남의 종족마을에 대한 연구를 개척하였다.

이상에 소개한 연구자들 이외에도 이 기간에 여러 연구자들이 종족집단에 관한 논문을 발표하였다.

김광억은 「국가와 사회, 그리고 문화: 가족과 종족 연구를 위한 한국 인류학의 패러다임 모색」(2002)을 통해서 종족을 국가 권력과 사회적 전통이 경합하고 타협하는 역동적 공간으로 볼 필요가 있다는 점을 강조하였고, 김성철은 「당내는 집단인가 범주인가: 토착 친척현상의 개념」 (2004)에서 당내를 규범이나 제도적 측면에서 집단으로 간주하는 견해와 현실 세계의 친척현상에 주목하여 범주로 간주하는 견해를 검토하고 당내를 고조부와 자신을 양 준거점으로 하는 규범적 범주로 볼 것을 제안하였다.

김보경은 「문중공동체의 이념과 유교적 사회자본」(2005)에서 문중공동체에 내재된 유교적 이념의 실천적 측면들을 발굴하여 유교적 사회자

---

16) 박찬승은 이 논문을 묶어 『마을로 간 한국전쟁』(돌베개, 2010)으로 출간하였다.

본으로 전환하는 것이 가능할 것인지 타진하고 있다.

박정석의 「마을 내 동족집단 간 혼인과 계조직」(2005)은 마을 내의 두 종족집단이 중첩된 혼인을 통해 경쟁과 갈등을 완화하는 기능을 하고 있음을 보여주고 있다.

이상률의 「1930년대 경북지역 동족마을의 사회경제 환경」(2007)은 『朝鮮の聚落(중편·후편)』에 수록된 경상북도의 40개 종족마을과 43개 모범마을의 자료를 이용하여 종족마을의 사회 경제적 조건이 어떠한지를 분석하였다.

이연숙의 「양반마을의 문중의례와 종족의식」(2007)은 민속마을로 지정된 아산시 송악면 외암리의 예안이씨 문중을 대상으로 문중의례의 지속과 변화 양상, 그리고 그 기저에 깔린 종족의식을 살피고 있다.

진명숙·이정덕은 한 농부의 일기와 종중 회계 자료를 바탕으로 농촌마을에서의 문중재산과 종계의 운영양상을 살펴본 「1970~1980년대 농촌 마을에서의 종재(宗財)와 종계(宗契)의 정치사회적 의미」(2016)를 발표하였고, 변광석은 「도시 동족마을의 실태와 산업화 시기 마을 개발사업」(2017)에서 마을 개발사업 과정에서 나타난 종족집단의 역할과 그 변화를 추적하였다.

2000년 이후 종족집단 관련 단행본 저서로서는 오영교의 『강원의 동족부락』(2004), 조강희의 『영남지방 양반가문의 혼인관계』(2006), 최홍기의 『한국 가족 및 친족제도의 이해: 전통과 현대의 변화』(2006) 등이 있다. 이 저서들은 역사적인 시각으로 종족집단을 조명하면서 현대사회에까지 논의를 연장하고 있다. 오영교의 『강원의 동족부락』은 강원도 영서 남부에 소재한 원주와 횡성지역의 대표적인 종족마을을 조사해서 종족마을의 형성과정과 종족활동을 정리하였다. 종족집단의 활동이 활발하지 않은 것으로 알려진 강원도 지역에 대한 현장연구로서 의의가 크다. 조강희의 『영남지방 양반가문의 혼인관계』는 1986년에 발표한 박사학위 논문을 저자의 사후에 두 편의 보론을 보태서 출간한 것이다. 경상 남북도에 산재한 75개 마을을 답사하여 주요 문중의 혼맥을 조선시대의 현조로부터 근현대에 이르기까지 집중해서 추적한 역작이다. 최홍기의 『한국 가족 및 친족제도의 이해』는 전통사회의 가족 및 친족제도를 역사적 시각으로 조명하면서 현대사회에서의 변화를 함께 정리하고 있다.

이 시기에 하나 특기할 것은 한국 가족과 친족 연구에 많은 업적을 남긴 이광규(1932~2013)의 사후에 제자들과 후학들이 그를 추모하는 논문집 『한국 가족과 친족의 인류학』(정향진 편저, 2018)을 간행한 것이다. 이 논문집에는 이광규의 연구업적을 정리한 김성철의 「송현 이광규의 한국 가족친족론」, 로저 자넬리·임돈희의 「이광규 교수의 한국 친족의 표준화 연구」를 비롯하여 김은희의 「한국의 부계친족집단과 친족이론」, 권헌익의 「분단시대 한국 친족연구」 등 가족과 친족에 관한 10편의 글이 수록되었다.

2000년 이후에 발표된 석·박사 학위논문으로는 이대화의 「20세기 김천지역 연안이씨 종중의 지속과 변화」(2009, 한국학중앙연구원 박사학위논문)과 허선미의 「하회 풍산류씨 문중조직의 변화와 현대적 적응」(2010, 안동대 석사학위논문)이 확인되고 있다. 이대화는 김천시 구성면 상좌원리의 연안이씨 문중을 대상으로 20세기 초반의 역사적 격동기를 거치면서 연안이씨 문중이 어떻게 적응하고 유지하였으며, 1970년대에 문중 활동이 어떻게 변화하고 있는지 추적하였다. 허선미는 풍산류씨의 하회 정착 과정과 문중 조직의 변화, 특히 현대사회에서 문중 조직이 어떻게 적응해가고 있는지 탐색하고 있다. 해외에서 발표된 학위논문으로는 충남 당진군의 도이리를 연구대상으로 한 임재규의 논문 「宗族マウルの基層構造に關する研究」(2001, 일본 와세다대학 박사학위논문)와 서원제(書院祭)를 중심으로 이루어지는 문중과 문중의 관계를 다룬 김상규의 논문 「韓國の門中と地域社會」(2001, 일본 고베대학 박사학위논문)가

있다. 김상규는 이 논문의 일부를 「서원제를 통해서 본 전략적·조작적 부계친족집단」(2003)으로 발표하였다.

VI. 평가와 과제

한국 종족집단에 관한 학문적 관심은 1930년대부터 나타나고 있으나 종족집단의 구조와 기능에 대한 사회인류학 분야의 실증적 연구는 1960년 이후에 주로 이루어졌으며, 1960년부터 2020년까지 약 50명의 연구자들이 140여 편의 논저를 발표하였다.

이 기간에 연구자들이 관심을 가지고 연구한 내용들을 조감해 보면 문중 조직과 종족 활동의 양상을 소개하고 그들의 변화를 추적하는 기술적(記述的) 연구가 중심을 이루고 있고, 1980년 이후에는 점차 관심 영역을 확대하여 지역사회 및 한국 사회 전체의 사회문화적 체계와 종족집단의 관계를 탐색하거나 일본과 중국의 종족집단과 한국의 종족집단을 비교하는 연구에도 적지 않은 관심을 기울여 왔다. 이러한 연구들이 한국 종족집단의 특성을 밝히는데 크게 기여하였다. 그러나 연구 내용을 좀 더 구체적으로 살펴보면 한국 종족집단의 특성을 명료하게 규명하는데 미흡한 부분도 적지 않게 발견된다. 지난 반세기 동안의 연구에 대한 평가와 함께 앞으로의 연구를 위한 과제를 정리함으로써 결론에 대신하고자 한다.

첫째, 문중을 주요 연구 대상으로 설정하여 문중 조직의 구성과 종족 활동의 실상을 밝히는데 많은 성과를 이루었으나 연구 대상을 구성하는 하위영역에 관한 심층 연구는 다소 미흡하다는 점을 지적하지 않을 수 없다. 종족집단이 형성되고 지속적인 활동을 전개하기 위해서는 성원 상호 간에 '우리'라는 공동체의식 즉 종족의식이 형성되어야 하지만 종족의식의 구체적 내용을 이루고 있는 가계계승의식, 조상숭배의식, 동조의식, 배타적족결합의식 등에 대한 구체적이고 심층적인 분석은 별로 이루어지지 않았다. 또한 종족 활동의 구심적 역할을 하는 종손이나 문장의 역할, 종족 활동의 물적 토대가 되는 문중재산의 형성과정이나 운용 방법에 대한 분석도 단편적인 기술에 그치고 있다. 한국의 종족집단이 당내, 종족마을, 지역, 파, 동성동본으로 중첩적인 동심원 구조를 이루고 있다고 지적되고 있으나 지금까지의 연구는 마을 단위의 종족집단 연구에 집중되어 있고, 당내집단이나 지역 단위, 파 단위의 종족집단을 집중적으로 분석하거나 이들의 상호관계를 규명하는 데는 관심이 저조하였다. 연구 주제를 보다 세분해서 이들 하위영역에 관한 연구가 축적이 될 때 한국 종족집단의 특성이 더욱 뚜렷하게 밝혀질 수 있을 것으로 생각한다.

둘째, 한국의 종족집단이 역사적으로 보면 18세기 이후에 조직화 되고 활동이 활발해진 것으로 지적되고 있지만 모든 지역, 모든 계층에서 보편적으로 활성화된 것이 아니라 지역이나 계층에 따라 종족의식의 내용이나 문중 활동의 양상에 많은 차이가 있는 것으로 보인다. 그럼에도 지금까지의 연구는 지역적으로는 경상북도와 전라남도에 집중되어 있고, 계층적으로는 명문 양반 가문을 중심으로 이루어진 경향이 있다. 최근 충청남도 지역에 관한 연구가 늘어나기는 하였지만, 서울·경기지역, 충북·전북지역, 강원지역에 관한 연구는 매우 희소하고, 민촌이나 평범한 가문의 종족 활동에 관한 관심도 상대적으로 저조하였다. 연구 대상의 편중은 비교 연구를 어렵게 하고, 연구 결과를 일반화하는 데 장애 요소가 될 수 있다. 이러한 현상은 물론 종족 활동이 활발하고 자료가 풍부한 대상을 우선으로 선택한 결과로 보이지만 한국 종족집단의 특성을 전체적으로 조감하기 위해서는 다양한 지역, 다양한 계층의 종족 활동에 관한 연구 성과가 고르게 축적되어야 할 필요가 있다.

셋째, 한국인의 일상생활에 큰 영향을 미치고 있는 종족집단은 그 자체로서도 중요한 연구의 대상이 될 수 있지만 좀 더 시야를 넓혀서 종족집단을 둘러싸고 있는 사회문화체계와의 관계에 대해서도 진지하게 논의할 필요가 있다. 이미 1980년 이후에 신분구조, 경제적 여건, 문화체계와 사회체계, 공동체체계와 지방정치 등과 관련한 논의가 있었고, 2000년 이후에도 혈연을 바탕으로 한 종족조직과 지연을 바탕으로 한 마을공동체의 상보적 관계에 대한 논의로 이어지고 있지만 대체로 원론적인 논의에 그치고 깊이 있는 분석에까지 이르지는 못한 아쉬움이 있다.

넷째, 급속한 사회변화에 따라 문중 조직과 종족 활동의 양상도 빠른 속도로 변화하고 있다. 종족집단의 변화는 일제강점기 이후 끊임없이 지속되고 있지만 최근에 변화의 속도가 더욱 빨라지고 있는 것으로 보인다. 도시화로 인한 종족 성원들의 주거지 확산은 당내집단과 종족마을 중심의 활동을 위축시키고, 핵가족 중심의 가족생활은 양변적 친척관계를 확산시키고 있으며, 급격한 출산율의 저하는 조상숭배의식 및 가계계승의식을 약화시켜서 장차 문중 조직의 구성을 어렵게 할 가능성이 있다. 반면에 일부 문중에서는 문중서원과 재실을 복원하거나 조상의 문집을 번역해서 출간하는 등 조상의 공덕을 널리 알리기 위한 사업을 활발하게 전개하고 있고, 도시지역을 중심으로 화수회의 활동이 활성화되는 모습도 관찰되고 있다. 그럼에도 최근의 연구에서 종족집단의 변화에 관한 관심은 별로 나타나지 않고 있다. 사회변화에 종족집단이 어떻게 적응하고 있으며, 장차 어떻게 변화되어 갈 것인지 지속적인 추적이 필요한 시기이다.

제3장

종법의 수용과 종족집단의 조직화*

* 이 글은 영남대학교민족문화연구소와 산동대학교문사철연구원이 공동으로 주최하여 〈다문화교류시대의 문화전통: 해석과 재구성〉이라는 주제로 중국 산동대학에서 개최한 국제학술회의(2010. 10. 16~19.)에서 발표하고, 『민족문화논총』 제46집(영남대민족문화연구소, 2010)에 게재한 것을 수정 보완한 것이다.

Ⅰ. 머리말

가족제도는 변화하는 과정에 있다. 다만 변화의 속도가 완만하여 당시대를 살고 있는 사람들은 그 변화를 피부로 느끼지 못할 뿐이다. 그러나 긴 시간의 흐름 위에서 통시적(通時的)으로 관찰하면 가족을 둘러싸고 있는 주변 환경의 변화에 따라 끊임없이 변화하고 있음을 감지할 수 있다. 한국의 가족제도도 오랜 역사적 과정을 거치면서 적지 않게 변화되어왔다.

한국의 가족은 유교문화를 대표하는 한국, 중국, 일본 등 동양 3국 중에서 부계 혈연의식이 가장 강하고, 부계 혈연집단이 가장 잘 조직되어 있는 것으로 알려져 있다. 그러나 한국의 가족제도에서 부계 혈연의식이 강화되고, 부계 혈연집단이 강한 결속력을 가지게 된 것은 역사적으로 그렇게 오래된 것은 아니다. 많은 학자들은 대체로 17C 중엽부터 18C 중엽에 이르는 시기에 한국 가족제도가 크게 변모하였고, 이 변화 과정에서 부계 혈연의식이 더욱 강화되고, 부계 혈연집단이 공고해진 것으로 보고 있다.

한국 가족제도가 17세기 중엽부터 커다란 변화를 겪게 되는 배경에는 여러 가지 요인들이 복합적으로 작용하고 있는 것으로 보인다. 학자들은 신분제도의 해체, 토지의 영세화, 상공업의 발달, 정치의 불안정 등이 가족제도의 변화에 직간접으로 영향을 미치고 있음을 지적하고 있다. 이러한 여러 요인들 중에서도 성리학을 중심으로 하는 유교문화의 보급과 종법제도의 정착이 가장 근본적이고도 중요한 영향을 미친 것으로 이해하고 있다.

이 장에서는 성리학이 보급되고 종법제도가 우리 사회에 정착하면서 가족제도가 어떻게 변화하고 있는지 살펴보고자 한다. 가족제도의 변화는 여러 각도에서 살펴볼 수 있겠지만, 이 자리에서는 부계 혈연집단의 조직화에 초점을 맞추어 여러 학자들의 견해를 종합해서 정리해 보기로 한다.

II. 종법 도입 이전의 한국 가족제도: 부계 혈연집단의 미조직화

고려 말에 성리학이 도입되기 이전, 즉 삼국시대나 고려시대의 한국 가족제도에 관한 연구는 성리학이 도입된 이후 즉 조선시대에 비해 연구가 상대적으로 빈약하다. 연구를 뒷받침할 수 있는 자료의 부족이 주된 요인인 것으로 보인다. 특히 삼국시대의 가족제도에 대해서는 신라의 왕위계승을 통해서 부계 가족제도의 정착 여부를 논하는 소수의 연구를 제외하면 연구업적이 매우 희소하여 가족제도의 전체상을 조감하는 데 많은 어려움이 있다.

고려시대의 가족제도에 관한 연구도 자료가 빈곤하여 연구가 미진하기는 삼국시대의 연구와 크게 다르지 않다. 고려시대의 가족 연구는『고려사(高麗史)』,『고려사절요(高麗史節要)』등의 사서와 묘지명 등의 금석문 자료에 크게 의존하고 있는데, 활용이 가능한 자료가 많지 않고 표현이 애매한 부분이 많아 같은 자료를 두고도 학자들 간에 해석을 달리하는 경우도 적지 않다. 사서에 기록되어 있는 내용 또한 실제의 관행과 상이한 법제들을 많이 포함하고 있어서 당시의 사회상을 재구성하는 데 어려움을 주고 있다. 이런 점들 때문에 고려시대의 가족제도를 소상하게

밝히는 것은 현재로서 한계가 있지만 그럼에도 불구하고 부계 혈연집단
의 조직화라는 큰 틀 위에서 본다면 어느 정도 윤곽이 파악되고 있다고
할 수 있다.

고려시대의 가족제도에 관한 학자들의 연구 결과를 조감해 보면, 고
려시대에도 이미 부계가족의 특성이 정착되어 있다고 보는 견해도 있지
만, 대체로 고려시대에는 부계 혈연의식이 매우 약하고, 따라서 부계 혈
연집단이 조직화하지 못한 상태로 보는 시각이 우세한 것으로 보인다.

가족제도는 여러 측면에서 살펴볼 수 있지만, 부계 혈연집단의 조직
화 정도를 파악하는 데는 혼인제도와 상속제도가 중요한 단서를 제공할
수 있다. 이 자리에서는 혼인제도와 상속제도를 중심으로 고려시대의 가
족제도를 살펴보고자 한다.

1. 동성혼(同姓婚)과 근친혼

고려시대 혼인제도의 가장 두드러진 특징은 씨족내혼(동성혼 또는 동
성동본혼)과 근친혼이 빈번하게 이루어졌으며, 이러한 혼인 관행이 사회
적으로도 거부감 없이 수용되고 있었다는 점이다.

고려 초기 왕실의 혼인을 살펴보면 많은 왕녀(공주)들이 외부로 출가
하지 않고 왕실 내부의 남성과 혼인하고 있으며, 이복남매 간의 혼인도
여러 건이 발견되고 있다. 이광규의 분석에 의하면 고려시대 전 기간을
통하여 왕과 왕자가 동성혼인을 한 사례는 63건에 이르고, 그중에서 47
건은 10촌 이내의 근친 간에 이루어진 혼인이었으며, 이복남매 간의 혼
인도 10건이나 발견된다. 다만 후대로 내려올수록 혈연의 거리가 점차
멀어지는 경향이 있을 뿐이다(이광규 1977:55~57).

왕실에서 근친혼을 하는 것은 혈통의 순수성을 보존하고, 권력의 분
산을 막기 위해서 정략적으로 행하는 특수한 모습이라고 할 수도 있지만

고려시대에는 왕실뿐만 아니라 민간에서도 동성혼과 근친혼이 널리 행해지고 있었던 것으로 보인다(최재석 1983:215~217).

고려사회에서 왕실 외에서도 동성혼 및 근친혼이 많이 행해졌다는 정황은 근친 간의 혼인을 금하는 왕명이 고려 중기 이후 말기에 이르기까지 꾸준히 반포되고 있다는 사실로 미루어 짐작할 수 있다. 고려에서 근친 간의 혼인을 규제하기 시작한 것은 문종 12년(1058)부터였다. 이때 왕은 4촌(堂姉妹) 간에 혼인하여 출생한 소생에게는 관직에 나아가는 것을 금하라고 명하였다.1) 이후 4촌 혹은 5촌을 범위로 하는 근친금혼의 왕명이 고려 말에 이르기까지 10여 차례나 반복되고 있다. 이처럼 근친 금혼령이 반복되고 있다는 것은 근친 간의 혼인이 쉽게 근절되지 않았음을 반증하는 것이다(최재석 1983:213~214). 조선 초기(1476)에 간행된 안동권씨의 족보(『成化譜』)에도 고려시대에 같은 권씨끼리 혼인한 사례가 매우 많이 기록되어 있다. 고려 26대 충선왕 복위년(1308)에는 원의 압력에 의해 근친뿐만 아니라 동성(同姓) 간의 혼인 자체를 금하고, 왕실의 남성은 종친(宗親)으로서 동성(同姓)에 장가드는 자는 황제의 명령을 위배(違背)한 자로써 처리할 것이니 마땅히 여러 대를 내려오면서 재상을 지낸 집안의 딸을 아내로 삼을 것이며, 재상의 아들은 왕족의 딸과 혼인하는 것을 허락한다고 하였다.2) 그러나 충선왕의 이 조치도 실효를 거두지 못한 것으로 보인다. 왕명을 반포한 충선왕 자신도 11촌 고모를 왕비로 맞이하였고, 공민왕도 동성녀를 왕비로 맞이하는 등 동성금혼 이후에도 동성혼은 쉽게 근절되지 않은 것으로 보인다(이광규 1977:55~57. 최재석 1983:213~215).

고려시대에 동성 간이나 근친 간에 혼인이 많이 행해지고 있는 것은

---

1) 『高麗史』, 「志」 卷29, 選擧/銓注/限職(文宗 12年 5月條), "嫁大功親所産 禁仕路"
2) 『高麗史』 「世家」 卷33(忠宣王 復位年 11月條, "自今, 若宗親娶同姓者, 以違背聖旨論, 宜娶累世宰相之女爲室, 宰相之男可聽娶宗世之女. … 文武兩班之家, 不得娶同姓"

신라의 혼인 풍습을 계승한 것으로 보이지만 부계 혈연을 중심으로 하는
씨족외혼 의식이 형성되지 않았다는 것을 보여주는 중요한 증거이며, 이
러한 혼인제도 아래에서는 부계친만의 결속이 강화될 수는 없는 것이다.
동성불혼의 원칙은 조선 초기를 지나서 우리 사회에 정착되었다.

2. 혼인 거주율

혼인 후 부부가 어디에서 생활하는가 하는 거주율(居住律)도 부계 혈
연집단의 결속 정도를 가늠할 수 있는 중요한 지표가 될 수 있지만 고려
시대의 혼인 거주율을 살펴볼 수 있는 자료는 극히 희소하다. 그러나
『高麗史』, 『高麗史節要』 등의 사서나 『東國李相國集』 등에 나타나 있는
단편적인 기록을 보면 혼인한 딸과 사위가 처부모와 함께 사는 가족이
적지 않았음을 엿볼 수 있고, 고려 말의 호적(국보 제131호)에도 혼인한
딸 내외와 함께 사는 사례가 여럿 나타나고 있다(최재석 1983:209~211).
또 외조부모와 처부모의 복제(服制)를 논하는 조선 초기의 실록에 '고려
의 옛 풍속에 혼인 의례는 남자가 여자 집에 장가가서 아들과 손자를
낳고, 이들은 외가에서 장성하니 외조부모의 은혜가 매우 크다'[3]라는 기
록이나, '우리나라의 풍속은 중국과 달라서 친영지례(親迎之禮)를 행하
지 않으므로 외가에서 양육되고, 처가에서 장성하니 그 은혜가 매우 크
다'[4]라는 기록 등은 고려시대에 서류부가혼(壻留婦家婚)이 널리 행해지
고 있었음을 전하는 것이다. 혼인 후 처가에서 오랜 기간 생활하고, 자녀
를 낳아 장성할 때까지 처가에서 양육한다면 친가나 친가의 부계 혈연집
단과 강하게 결속하기는 어려웠을 것이다.

---

3) 『太宗實錄』太宗 15年 正月 15日 條, "前朝舊俗, 婚姻之禮, 男歸女家, 生子及孫,
長於外家, 故以外親爲恩重"
4) 『世宗實錄』世宗 12年 6月 1日 條, "本國之俗, 與中朝異, 不行親迎之禮, 故或乳養
於外家, 或長於妻父母家, 恩義甚篤"

서류부가의 혼속은 조선 초기까지도 여전히 이어져 오다가 조선 중기를 지나면서 그 기간이 점차 단축되고 있다.

3. 부녀의 재가와 처첩

부계의 가계계승 의식이 강하고, 부계 혈연집단이 조직화된 사회에서는 가부장의 권위가 강화되어 가족 성원들이 가부장에게 예속되기 때문에 개인의 자율적 활동은 많은 제약을 받지 않을 수 없다. 혼인에서도 혼인 당사자에게 배우자 선택권이 주어지지 않고 가장이나 친족집단이 선택권을 갖는 중매혼이 지배적인 형태로 나타난다. 특히 혼입한 여성은 시댁의 친족집단에 강하게 통합될 것이 기대되며, 남녀의 사회적 격리의식이 매우 철저하여 이성 교제나 이혼, 재혼이 통제되는 경향을 보여준다.

그러나 고려사회에서는 이성 교제가 비교적 자유로웠던 것으로 보이며, 재가에 대한 사회적 규제도 매우 약했던 것으로 보인다. 물론 고려시대에도 과부의 수절을 표창하거나, 신분이 높은 자의 아내가 재혼할 때 이를 규제하고자 하는 시도가 없었던 것은 아니지만, 그러한 규제는 매우 소극적이고 간접적인 방법에 그쳤다. 묘지명이나 사서의 기록을 보면 신분 지위가 높은 자들도 과부를 아내로 맞이하는 사례가 여러 곳에서 발견되고, 전 남편의 자식을 데리고 재가하는 것도 자연스러웠던 것으로 보인다. 배우자 선택에 매우 엄격했을 왕실에서도 과부를 왕비나 후비로 맞아들이는 사례가 나타난다. 성종(6대)의 왕비 문덕왕후 유씨(文德王后 劉氏)는 종실 홍덕원군(弘德院君)에게 출가하였으나 남편 사후 성종의 왕비가 되었고, 충선왕(26대)의 후실 순비 허씨(順妃 許氏)는 평양공 현(平陽公 眩)의 아내로 3남 4녀의 어머니였는데 남편 사망 후 충선왕의 후비가 되었다(최재석 1983:231~235).

또 고려시대는 다처가 허용되는 사회였다. 왕실에서도 복수의 왕비를 맞이한 왕이 많았고, 민간에서도 처가 복수인 가정이 적지 않았으며, 다처들 사이에 신분적 차이도 거의 없었던 것으로 보인다. 처 이외에 첩을 둔 가정도 많았으며 첩과 첩의 자녀들도 신분적 차별을 별로 받지 않았다(최재석 1983:221~230.)

이러한 고려시대의 혼인제도는 부녀의 재가를 금지하고, 일부일처제에 철저하며, 서얼을 차별하는 조선시대의 양상과 매우 다른 모습이다.

4. 가계계승과 제사상속

가계계승을 판별하는 기준은 사회에 따라서 상이한 모습을 보여준다. 호주제도가 정착되어서 호주나 가장의 존재가 명료하게 드러나는 사회에서는 호주의 계승이 가계계승을 보여주는 가장 확실한 기준이 될 수 있을 것이다. 그러나 전통사회에서 호주제도가 공식적이거나 가시적으로 확립되어 있는 경우는 매우 드물다. 다만 왕실에서는 왕위의 계승을 통해서 계보의 수수관계를 명료하게 확인할 수 있다. 이 왕위계승은 일반 백성들의 가계계승과 동일하게 볼 수는 없지만, 그 사회의 하나의 전범으로서 민가의 가계계승에도 큰 영향을 미쳤을 것으로 짐작된다.

고려 왕조의 왕위계승은 장자계승의 원칙을 기본으로 하고 있지만 이러한 장자계승의 원칙이 철저하게 지켜지지는 못하였다. 왕위계승의 기본원칙을 밝힌 태조 왕건의 『훈요십조(訓要十條)』에 의하면 '적자에게 왕위를 계승시키는 것이 비록 떳떳한 법이라고 하지마는 ……만일 장자가 불초하거든 차자에게 물려 줄 것이며, 차자 또한 불초하면 그 형제 중에서 여러 사람들에게 신망이 있는 자로써 정통을 잇게 하라'5)고 하여 장자 이외의 아들들도 왕위를 계승할 수 있는 길을 열어두고 있다.

5) 『高麗史』, 「世家」卷2 (太祖 26年 夏4月條), "傳國以嫡雖曰常禮然 … 若元子不肖 與其次子 又不肖 與其兄弟之衆 所推戴者 俾承大統"

실제 왕위계승에서도 2~3명의 왕자가 왕위를 계승하는 예가 여러 차례 나타나고 있다. 왕위계승에서 장자계승의 원칙이 있었다고 하더라도 그다지 철저하지는 못하였던 것임을 알 수 있다.

민가에서는 왕위계승과 같은 명료한 계승 장치가 없기 때문에 제사의 계승을 통해서 가계의 계승을 살펴볼 수 있다. 고려시대의 제사상속의 원칙을 규정한 『高麗史節要』에 의하면 제사계승의 순위를 적자→적손→동모제→서손→여손으로 규정하고 있다.6) 여기서 고려의 제사상속이 적장자계승을 원칙으로 하고 있지만 적자나 적손이 없을 때는 동모제(同母弟)가 계승할 수 있게 허용함으로써 적장자계승의 원칙에 철저하지 못하였고, 특히 여손의 계승을 허용하여 부계·남계의 원칙에도 융통성이 있었음을 보여주고 있다. 여손이 제사를 계승할 수 있게 됨에 따라 고려에서는 가계의 계승을 위한 양자제도가 존재할 필요가 없게 된다.

5. 재산상속

상속의 대상이 되는 재산은 노비와 토지로 대별할 수 있다.

고려시대의 노비상속에 대해서는 일본인 학자 하타다(旗田 巍 1957)가 자녀 간 균분상속이었음을 밝힌 이래 대체로 정설로 받아들여지고 있다. 그러나 토지의 상속에 대해서는 학자들 간에 다소 이론이 있어서 적장자 단독상속으로 보는 견해와 자녀 균분상속으로 보는 견해로 양분되어 있다. 적장자 단독상속설의 대표적 학자는 일본인 하타다(1957)로서 전정(田丁)의 계승순위를 밝힌 정종 12년(1046)의 규정7)과 '문서가 없는 부모 재산(無文契父母田)'의 처분에 관한 예종 17년(1122)의 규정8)을 근

---

6) 『高麗史節要』卷4 (靖宗 12年 2月條), "凡人民依律文 立嗣以嫡 嫡子有故立嫡孫 無嫡孫立同母弟 無同母弟立庶孫 無男孫者亦許女孫"

7) 『高麗史』, 「志」卷38, 刑法1 戶婚條. "諸田丁連立 無嫡子則嫡孫 無嫡孫則同母弟 無同母弟則庶孫 無男孫則女孫".

거로 제시하고 있다.

이러한 견해에 대하여 강진철은 전정은 국가의 역을 담당한 자에게 그 역의 대가로 국가에서 지급한 토지이기 때문에 관리의 편의를 위해 국가가 만들어 낸 법제적인 조치로 보았으며(강진철 1980:77), 최재석은 당률의 봉작상속인 순위 규정을 단순히 모방한 것으로서 실제의 상속 관행과는 전혀 다른 것으로 간주하고 있다(최재석 1983:354). '無文契者 嫡長爲先決給'이라는 문구에 대해서도 최재석은 표현이 너무 간결하고 추상적이며 여러 가지 해석이 가능하여서 상속제도 연구의 결정적 자료가 되기에는 적절치 못하다는 점을 지적하고, 적장자에게 모두 상속시킨다는 것이 아니라 의견이 조정될 때까지 적장자에게 관리권을 일단 위임하는 조처로 해석할 수 있다는 가능성을 열어두고 있다(최재석 1984).

재산의 균분상속을 주장하는 학자들은 재산분쟁 소송과 판결 내용, 열전(列傳)에 소개된 상속사례 등을 근거로 제시하고 있다(최재석 1983: 281~284. 문숙자 2004:48~52). 부모 사후 남매간의 유산소송 건에 대해 고종 때의 경상도 안찰사 손변(孫抃)이 균분토록 판결한 사례[9], 충렬왕 때의 라유(羅裕)가 어머니가 주는 노비 40구를 1남 5녀에게 평균 분급하기를 권하여 어머니가 이에 따랐다는 사례[10], 고려 말 정도전(鄭道傳)이 부모 사후 형제간에 재산을 분할할 때 강장한 노비는 남동생과 여동생에게 주고 자기는 노약한 노비만을 취하였다는 사례[11] 등은 당시 재산을 평균 분급하는 관행이 널리 행해지고 있었다는 정황을 보여준다.

그러나 여기서 단독상속이냐 균분상속이냐 하는 문제 못지않게 여손의 참여 여부도 주목된다. 앞에서 살펴본 바와 같이 제사상속에서 남손

---

8) 『高麗史』, 「志」 卷39, 刑法2 訴訟條 "凡父祖田 無文契者 嫡長爲先決給".
9) 『高麗史』卷102 列傳 卷105 孫抃傳.
10) 『高麗史』卷104 列傳 卷17 羅裕傳.
11) 『高麗史』卷119 列傳 卷32 鄭道傳傳.

이 없을 경우에 여손이 제사를 계승하였는데, 재산상속에서도 법제에서나 실제에서나 여손이 결코 소외되지 않고 있다. 법제에서는 남손이 없을 때 여손이 상속하도록 규정하고 있으나, 실제에서는 남자 형제가 있더라도 자매가 함께 상속하고 있었다(최재석 1983:281~284).

고려의 이러한 상속 관행은 조선 전기의 남녀균분 상속 관행으로 연결되고 있다.

6. 여손의 음직상속(蔭職相續)

여손의 상속권은 비단 제사나 재산상속에서뿐만 아니라 음직상속에서도 마찬가지로 나타나고 있다[12]. 왕이나 왕의 형제의 자손은 내외 현손의 현손까지 음직을 받고 있으며, 공신이나 고위관직자도, 직위에 따라 다소의 차이가 있기는 하지만, 친아들(直子)은 물론이고 내외손, 사위, 조카와 생질, 수양자 등이 음직을 받을 수 있었다. 직계의 고조부, 5대조, 7대조로부터 음직을 받기도 하고, 외가의 외조부나 외고조부, 아버지의 외고조부로부터 음직을 받은 사례도 있었다(최재석 1983:330~342). 여손이 비록 우선순위에서 다소 뒤진다고 하더라도 제사나 재산상속, 음직상속에서 제외되지 아니하고 수득할 수 있었다고 하는 것은 여손도 친손에 버금가는 지위를 확보하고 있었으며, 부계친만이 배타적으로 결합하는 사회가 결코 아니었음을 보여주는 것이다.

이상에서 살펴본 바와 같이 고려시대의 가족제도는 부계를 기본으로 하고 있지만 부계의 혈연의식이 강하지 못하였고, 부계 친족집단이 조직

---

12) 蔭職은 국가에 공이 많은 사람의 음덕으로 그 자손이 관직에 나아가는 것을 말한다. 왕실의 자손들에게 주어지는 음직을 祖宗苗裔蔭職(苗蔭)이라 하고, 功臣의 자손에게 주어지는 음직은 功蔭, 문무관리의 자손에게 주어지는 음직을 門蔭이라 한다.

화 되지도 않은 사회였다. 동성혼 내지 근친혼이 행해지고 있었고, 혼인 후 남자가 장기간 처가에서 생활하는 서류부가혼이 널리 행해졌으며, 부녀자의 재가가 크게 제약받지 않았다. 여손이 제사를 계승할 수 있었기 때문에 봉제사와 가계계승을 위한 양자가 존재하지 않으며, 재산상속과 음직상속에서도 여손은 친손에 버금가는 지위를 지니고 있었다. 이러한 구조 아래에서는 부계친만의 혈연의식이 강하게 나타날 수도 없고, 부계 친족집단이 조직화 되어 그들만의 활동을 전개하는 것도 불가능한 사회였다. 고려시대의 가족제도에서 나타나는 이러한 비부계적 특성은, 후기로 내려올수록 점차 약화 되기는 하지만, 조선시대 전기까지도 기본적인 성격은 크게 변하지 않고 지속되고 있다.

III. 성리학의 도입과 종법제도의 정착

1. 성리학의 기본성격과 종법제도

중국의 남송 대에 주자(朱子, 1130~1200)에 의해 집대성된 성리학은 고려말 안향(安珦, 1243~1306)에 의해 한국 사회에 소개된다. 당시 고려 사회는 원나라의 간섭에 의한 자주성의 약화, 불교의 쇠락과 세속화, 권문세가의 권력 독점, 왜구의 침입 등 안팎으로 위기를 맞고 있었다. 이러한 시기에 새로 도입된 성리학은 중앙정계로부터 소외된 신진사대부층을 중심으로 빠르게 확산하였고, 이들의 사회개혁 의지를 선도하는 중심 이념이 되었다. 이들에 의해 새로이 개창된 조선에서는 성리학을 국가경영과 사회구성 및 인간생활의 기본원리로 삼게 되었다.

주자의 성리학은 천인합일설(天人合一說)을 기반으로 하여 우주의 운행원리, 사회의 구성원리, 인간의 행동원리, 삶의 목표와 구도의 방법 등

궁극적인 문제들에 대해 체계적인 해답을 얻고자 한다. 자연현상, 사회현상, 인간현상의 근본 이치를 동일하게 파악하여 사욕을 버리고 자연의 이치 즉 천리(天理)에 따를 것을 강조한다. 성리학의 기본이념인 도(道)와 의(義)와 명분(名分)은 천리를 구현하기 위한 실천 덕목이다. 이러한 성리학의 세계관이 인간의 행위와 사회의 질서에 적용되어 의리명분론과 정통주의를 낳게 된다. 정통주의는 올바른 것의 정당한 계승이라는 윤리적이고 도덕적인 신념이 바탕이 되고 있다. 올바르지 못한 것, 정당하지 않은 방법으로 계승하는 것은 사악으로 철저하게 배척된다. 정치에서는 왕통의 계승이 정당해야 하고, 종교에서는 법통의 수수가 신성시되어야 한다. 마찬가지로 개인의 생활과 가족 및 친족 구조에서도 정당한 계승의 원리에 어긋남이 없어야 한다.

성리학의 도입과 함께 종법제도도 고려사회에 전래되었다. 종법은 올바른 계승의 절차와 방법을 규정한 규범체계라 할 수 있으며, 그 구체적인 실천지침이 삼강오륜과 가례로 나타난다(지두환 1994:8~11).

종법은 기원전 14세기경 상대(商代) 후기(殷)에 이미 초보적인 모습을 보이고 있지만 완전하고 체계적인 제도는 서주(西周) 초기에 만들어진 것으로 알려져 있다. 광대한 점령지를 효과적으로 통치하기 위해서 왕실의 가족원이나 공신들을 제후로 임명하여 분할통치하게 하는 과정에서 성립된 것으로, 분봉입종(分封立宗)의 방식을 체계화하고 분봉된 가족 사이는 물론 가족 내부의 질서를 확립하기 위해서 만들어진 규범의 체계이다(서양걸 2000:130~135, 201). 즉 제후의 적장자는 제후를 계승하고, 적장자 이외의 별자(別子)들은 분립하여 백세불천(百世不遷)의 대종(大宗)을 이루어 그 시조가 된다. 대종에서 갈라져 나온 방계의 자손들 가계는 모두 오세즉천(五世則遷)의 소종(小宗)으로 삼는다. 종자와 종부에게는 여러 가지 특권을 부여하여 대종이 절대의 권위를 가지고 소종을 통섭하게 하였던 것이다(이영춘 1995:25~27).

이러한 고전적 종법제도는 봉건제도가 붕괴하기 시작하는 춘추전국 시대를 거치면서 점차 쇠퇴하게 된다. 각지의 제후들이 발흥하여 각축하게 되고, 진한(秦漢) 이후 군현제도가 확립됨에 따라 대종의 신분적 지위와 경제적 기초가 약화되어 경종수족(敬宗收族)의 기능을 원활하게 수행하기 어렵게 되었기 때문이다(김두헌 1969:87).

춘추전국시대 이후 쇠퇴하였던 종법제도는 남송의 주자(朱子)에 의해 의리명분론과 정통주의에 입각한 성리학이 집대성되면서 가례를 중심으로 부활하여 중국 사대부 계층에서 통용되는 가정의례 내지 친족제도로서 정착하게 되었고, 고려말 성리학의 전래와 더불어 우리나라에도 큰 영향을 미치게 된다(이영춘 1995:32~36).

종법제도의 중심사상은 크게 세 가지로 요약할 수 있다(서양걸 2000: 202~204).

첫째는 부자계승(父子繼承)의 원칙이다. 이는 형제 사이의 친친관계(親親關係)가 부자 사이의 존존관계(尊尊關係)를 능가하지 못하도록 하는 원칙이다. 형제간의 계승이나 숙질간의 계승을 거부하는 것이다.

둘째는 가족 내 재산과 권력의 장자계승(長子繼承)의 원칙이다. 이는 형제들 사이의 관계를 유지하는 사상적 기초로서, 같은 어머니의 소생이라 하더라도 귀천의 등급을 구분하여 그들 사이의 지배와 피지배 관계를 확립하기 위한 것이다.

셋째는 적자계승(嫡子繼承)의 원칙이다. 이는 적서(嫡庶) 사이의 불평등을 규정하는 것이다. 같은 아버지의 자식이라 하더라도 어머니의 신분에 따라 각기 귀천이 나누어지며 천한 자(서자)는 귀한 자(적자)에게 복종하여야 하는 것이다.

이상의 세 원칙은 종법사상의 중심을 이루는 내용이자 종법제도를 운용하는 기본원칙으로서, 한마디로 요약하면 '적장자계승의 원칙'이라 할 수 있다.

이러한 정통주의와 종법질서의 강조는 종지(宗支)를 분명히 하고 위계서차를 엄격히 따지는 가족문화를 형성하게 된다. 조선 사회에서는 정통주의와 종법질서를 핵심으로 하는 이러한 성리학적 세계관이 종교화되어 그 태생지인 중국보다도 더욱 철저한 신성불가침의 규범체계로 자리 잡게 된다.

2. 종법제도의 수용과 정착

성리학이 고려 말에 도입되어 조선에 와서 국가의 지배원리가 되고 있지만, 초기에는 극소수의 지식인과 일부 지배층에서만 수용되고 있을 뿐 널리 확산되지 못하였고, 정치체계와 가족생활을 비롯한 현실 세계에서 정통주의와 종법제도가 구현되는 데는 많은 저항과 난관이 도사리고 있었다.

우선 왕권의 정당성부터가 커다란 저항에 직면하게 된다. 이성계의 조선 개국에 대한 정당성이 도전에 직면하여 많은 지식인들이 초야에 묻혀버렸고, 국가의 대통을 잇는 왕위계승이 적장자 계승의 대의를 지키지 못하여 여러 차례의 정변을 겪게 된다. 태조 이성계는 둘째 처의 소생인 막내 방석(芳碩)을 왕세자로 책봉하였으며, 왕자의 난을 거쳐 정종이 즉위하였으나 뒤이어 제5자인 태종이 왕위를 계승하였다. 태종 또한 적장자를 세자로 책봉하였으나 왕위를 계승시키지 못하고 제3자인 세종으로 왕위가 이어졌다. 세종 이후 문종과 단종으로 이어지는 왕위계승에서 잠시 적장자 원칙이 실현되는가 하였으나 단종의 숙부인 세조에 의해 왕위가 찬탈되고, 예종과 성종도 적장자로서 왕위를 계승한 것이 아니었다. 왕위계승에서 정통계승이 실현되지 못하는 이러한 현상은 당시에는 아직 정통주의에 입각한 종법제도가 제대로 정착되지 못했음을 보여주는 것이며, 종법제도의 도입과 시행을 주창할 정치문화적 토양도 성숙되지 못하였음을 짐작케 한다. 가족제도에서도 종법질서의 수용은 쉬운 일이 아니었다. 정치의 주체는 바뀌었지만, 생활문화는 여전히 고려시대의 관습이 지속되고 있었기 때문이다.

종법제도는 중국 유교문화의 소산으로서 우리나라에서도 유교의 전래와 더불어 도입되어 삼국시대나 고려시대에 이미 종법적 정신이 전파되었다고 보는 이들도 있지만(김두헌 1969:88; 이영춘 1995:37~53). 적장자 계승의 원칙이 구체화 된 것은 고려 말 공양왕 2년에 반포된 「士大夫家祭儀」에서부터 시작되었다(지두환 1994:20). 그러나 조선 초기는 물론 조선 중기에 이르기까지 재산의 균분상속, 제사의 윤회봉사와 외손봉사가 널리 행해지고 있었던 것으로 미루어 보아 적장자 봉사의 원칙은 조선 사회에 아직 정착되지 않았던 것으로 보인다(최재석 1983:525~541).

제사의 적장자 계승을 확립하는 데 문제가 되는 주된 논점은 적장자에게 제사를 계승할 후사가 없을 때 누가 제사를 계승하여야 하는가 하는 문제이다.

고려 말의 「士大夫家祭儀」에서는 적장자 계승의 원칙을 천명하고 있지만, 적장자손이 무후하면 차적자손 중 장자가 주관한다고 하여[13] 형망제급(兄亡弟及)의 원칙을 인정하고 있고, 1469년에 완간된 『경국대전』에서도 적장자가 무후하면 중자가 봉제사한다는 형망제급의 원칙을 수용하고 있다.[14] 형망제급은 적장자가 후사 없이 사망했을 때 동생이 형을 대신하여 승중자(承重子)가 되는 것을 말한다. 이렇게 되면, 동일한 세대에 복수의 위패가 가묘에 안치될 수 없기 때문에, 장차 적장자의 위패는 가묘에서 퇴출되어야 하고, 종부 또한 그 지위를 박탈당하게 된다. 형과 형수의 위패를 밀어내고 동생 내외의 위패가 그 자리를 차지하는

---

13) 『高麗史』, 「志」 17卷, 禮/吉禮小祀/大夫士庶人祭禮條, "嫡長子孫主祭, …嫡長子孫無後, 次嫡子孫之長者主祭"

14) 『經國大典』 卷3, 禮典/奉祀條. "若嫡長子無後則衆子, 衆子無後則妾子奉祀"

이러한 형망제급의 관행은 의리명분과 정통주의에 입각한 성리학적 종법제에서는 수용하기 어려운 것이었다.

형망제급의 수용여부와 더불어 제사계승에서 또 하나의 논란이 되는 것은 첩자(妾子)의 제사계승에 관한 문제였다. 다처가 인정되고 첩에 대한 신분적 차별이 비교적 적었던 고려시대에는 적처에 아들이 없을 때는 첩자나 딸이 제사를 계승할 수 있었다. 『경국대전』에도 적처에 아들이 없으면 첩자가 봉사한다고 규정하여 서얼봉사(庶孽奉祀)를 허용하고 있고(각주14 참조), 실제로 서얼이 재산을 상속하고 제사를 계승하는 사례가 적지 않았다.[15] 그러나 조선 초기를 지나 일처제가 확립되고 적서의 차별이 뚜렷해지면서 첩자의 제사 계승 문제는 신분제와 결부되어 심각한 문제가 되었다. 첩의 자식인 서얼이 승중봉사(承重奉祀)하게 되면 신분적으로 비천한 첩자를 종자(宗子)로 받들어야 하므로 귀천이 뒤바뀌게 된다는 것이다. 처첩과 적서를 차별하는 신분제 아래에서는 서얼봉사 역시 수용하기 어려운 일이었다.

이처럼 조선 초기에는 고려시대부터 이어져 온 형망제급과 서얼봉사의 관습이 적장자 계승을 원칙으로 하는 종법과 충돌하고 있었고, 이에 대한 논의는 세종조에서부터 성종조를 지나 중종조에 이르기까지 계속 이어지고 있다(지두환 1994:19~45).

형망제급이나 첩자승중의 문제를 해결하기 위해서는 양자제도의 도입이 필수적이다. 그러나 당시에는 아직 입양의 관행이 널리 확산하지 못하여 외손봉사도 적지 않게 행해지고 있었다. 『경국대전』에도 '만약 적장자가 무후하면 중자가, 중자도 무후하면 첩자가 봉사한다'고 규정하고, '적처와 첩에 모두 아들이 없을 때에만 관에 신고한 후 동종지자를 세워 후사자로 한다'[16]고 규정하여 형망제급과 첩자승중도 허용하고 있

---

15) 모의 신분에 따라 양첩 자녀는 서자(庶子), 천첩 자녀는 얼자(孽子)라 하고 이를 통칭하여 서얼(庶孽)이라 한다.

었다.

형망제급과 서얼봉사에 대한 논의가 지속되고 있고, 양자제도가 확립되지 못한 이러한 여러 정황들은 당시 종법제에 대한 이해가 깊지 못하였고 널리 보급되지 않았음을 보여주는 것이다.

정통주의에 입각한 종법제도에 대해서 본격적인 이해가 시작된 것은 사림파의 등장과 밀접히 관련된다. 의리와 명분을 중시하고 정통주의에 바탕을 둔 도학정치를 표방하는 사림파가 정치 일선에 나서면서 국가체제와 가족질서를 종법제도에 맞추어 개혁하려는 노력이 적극적으로 추진된다. 이러한 시도는 왕위계승과 국가의례(예를 들면 왕실의 복제) 등 정치적으로 민감한 문제들과 결부되기 때문에 정치적 이해에 따라 여러 차례의 사화와 정변의 요인이 되기도 하지만 성리학이 조선 사회에 뿌리를 내리는 조선 중기에 종법제도도 정착되기에 이른다.

IV. 조선 중기 한국 가족제도의 변화

조선 중기에 성리학이 널리 보급되어 그 실천이 심화되고 종법제도가 정착되면서 가족생활과 친족제도도 크게 변모하게 된다. 삼강오륜의 요체가 되는 효사상이 지고의 가치를 지니게 되고 조상숭배와 제사의 중요성이 더욱 강조된다. 가정 내에서는 가부장권이 강화되고, 동일 조상으로부터 유래하는 부계 혈연집단이 조직화 되어 문중조직을 발달시키게 된다. 부계의 적통계승원칙의 확립은 제사와 재산상속의 관행을 근본적으로 변화시켰으며, 보학이 발달하고 계보를 명료하게 정리한 족보의 발간이 활발해졌다. 이에 따라 서류부가의 기간이 단축되고 양자제도가 보

---

16) 『經國大典』卷3, 禮典/立後條. "嫡妻俱無子 告官 立同宗支子爲後"

편화되었다. 이러한 변화는 사안에 따라 변화하는 시기에 다소의 차이는 있지만 대체로 17세기 중엽부터 18세기 중엽에 이르는 한 세기 동안 집중적으로 진행된다. 이 시기에 이루어진 변화를 기존의 연구 결과를 종합하여 정리해 본다(최재석 1983; 최재석·이창기 2001).

1. 제사상속의 변화 – 윤회봉사에서 장남봉사로

적장자 계승을 원칙으로 하는 종법의 보급은 가계계승 의식과 조상숭배 의식을 강화하였고, 조상 제사를 봉행하는 방식에도 큰 변화를 가져왔다. 17C 중엽까지는, 조상제사를 장남이 전담하는 가정도 많이 존재하지만, 여러 자녀들이 조상제사의 부담을 나누어 맡는 윤회봉사(輪回奉祀)도 양반 사대부가에서 널리 행해지고 있었다. 조상제사를 윤행하는 방법에는 여러 가지가 있다. 부·모·조부·조모 등 조상 별로 나누기도 하고, 설·한식·단오·유두·추석 등의 중요 명절에 행하는 차례(茶禮)를 나누어 봉행하기도 하였다. 제사의 분할이 여의치 않을 때는 해마다 돌아가며 윤번제로 봉행할 수도 있다. 제사를 윤행하드라도 제사봉행의 장소는 대개 조상이 평소에 거처하던 가옥(장자의 집)에서 거행했던 것으로 보인다. 조상제사를 윤행할 경우에 그 조상을 위한 봉사조 재산의 관리권은 제사를 담당하는 자손에게 귀속된다.

윤회봉사는 17C 중엽부터 점차 장남봉사로 바뀌기 시작하여 18C 이후에는 완전히 장남봉사로 굳어지게 된다. 제사가 장남에게 고정됨으로써 봉사조재산도 장남에게 고정되고, 점차 봉사조재산과 상속재산의 구분이 모호해져 장남이 많은 재산을 상속하는 것으로 고착되었다.

윤행하던 제사가 이처럼 장남에게 고정되는 것은 종법의 적통주의가 확산된 결과로 볼 수 있으며, 조상숭배와 제사를 중시하는 의식이 강화되어 제사를 결하거나 소홀히 하는 일 없이 안정적으로 봉행하기 위한

목적도 중요한 요인으로 보인다. 재산상속 문서인 분재기에 장남봉사로
전환하는 이유를 '제사를 결하기 쉽다'라거나 '여식이 멀리 있어 때맞춰
제수를 비송하기 어려워 우리 집에서는 장남이 제사를 전담하기로 한다'
라는 등의 기록이 많이 나타나는 것은 이를 반증하는 것이다.

　조선 중기 이후 조상제사가 장남봉사로 바뀌었지만, 제주도를 비롯한
일부 도서지역과 해안지역, 또는 산간지역에서는 현재에도 윤회봉사의
흔적이 제사 분할의 관행으로 남아 있다.(여중철 1980; 김미영 1999; 이
창기 1991 2002)

　조상제사를 중시하는 의식의 변화는 제사의 대상이 되는 조상의 범위
가 확대되는 경향에서도 찾아볼 수 있다. 『경국대전』에는 문무관 6품 이
상은 3대, 7품 이하는 2대, 서인은 부모만 봉사하도록 규정하고 있다.[17]
분재기에 나타난 기록에서도 대체로 조선 초기에는 제사의 대상이 부모
와 조부모의 양대에 한정되었던 것으로 보이며, 외손봉사의 사례도 많이
나타나고 있다. 그러나 후기로 내려올수록 제사의 대상이 4대(고조부모)
까지 확대되고, 양자가 증가함에 따라 외손봉사도 거의 사라지게 된다.

2. 재산상속의 변화
― 남녀균분상속에서 장남우대차등상속으로

　17C 중엽 이전까지의 재산상속의 형태를 살펴보면 조상제사를 위한
봉사조재산을 별도로 설정해 놓고, 일반 상속재산은 남녀나 장남·차남
의 구분 없이 모든 자녀들에게 재산을 꼭 같이 나누어주는 균분상속에
매우 철저하였다. 노비와 토지가 중요한 상속 대상물이지만 가옥이나 택
지를 비롯한 모든 가재도구가 분재의 대상이 된다. 재산을 상속할 때는
부변전래재산, 모변전래재산, 본인 매득재산 등 재산취득의 과정에 따라

---

17) 『經國大典』 禮典 奉祀條 "文武官六品以上祭三代 七品以下祭二代 庶人則只祭考妣".

구분해서 나누어 준다. 여자도 친정 부모로부터 재산을 상속하였기 때문에 그 재산에 대한 연고권을 분명히 하기 위함이다. 또 윤회봉사가 행해지기 때문에 조상제사를 위한 봉사조재산은 상속재산과 별도로 마련해 두어서 제사를 담당하는 자식이 관리권을 갖도록 한다.

이러한 균분상속의 관행은 고려시대와 조선시대 중기까지 이어져 왔으나 17C 중엽부터 점차 줄어들기 시작하여 18C 중엽 이후에는 장남을 우대하고 여자를 제외하는 차등상속의 형태로 완전히 바뀌게 된다(문숙자 2004:107~131). 이러한 재산상속의 변화는 조상숭배의식이 강화되고, 조상제사를 중시하며, 제사가 장남에게 고정되는 일련의 변화와 밀접히 관련되어 있으며, 부계·직계·장남의 원리에 입각한 가계계승 원칙을 확립하는 핵심적 요소가 된다.

3. 양자제도의 확대

앞에서 언급한 바와 같이 고려시대에는 양자가 거의 보이지 않는다. 부계의 가계계승의식이 형성되지 않았고, 아들이 없더라도 여손이 제사를 담당할 수 있었기 때문에 양자의 필요성이 없었던 것이다. 조선시대에도 『계후등록(繼後騰錄)』[18]이나 『국조방목(國朝榜目)』[19]의 기록을 보면 1500년 이전에는 양자가 거의 보이지 않는다. 그러나 1500년 이후에 양자가 나타나기 시작하여 1500년에서 1650년 사이에 과거급제자의 5% 미만이던 양자가 1750년 이후에는 10% 이상으로 증가하고 있다. 후기로 올수록 양자가 급증하는 양상을 보이고 있는 것이다. 양자는 가계계승을 중요시하는 의식이 반영된 것이며, 형망제급의 원칙을 부정하고, 서얼의 가계계승을 차단하여 적통으로 가계를 계승시키기 위한 종법제

---

18) 예조에서 양자신고를 받아 등록한 문서.
19) 과거급제자의 명부.

도가 정착되었음을 보여주는 것이다. 부계의 양자가 10% 이상이나 된다는 것은 아들 없는 집에서는 거의 양자를 들이고 있다는 것을 의미하고, 부계·직계·장남의 원칙에 입각한 가계계승의식이 그만큼 강화되었음을 보여주는 것이다.

그리고 조선 중기까지는 양자를 결정할 때 모변친족대표(양모의 친정 문중대표)가 부변친족대표와 동등한 자격으로 양자 결정에 참여하였다. 양자는 양모가 친정 부모에게서 상속받은 재산을 물려받을 상속인이 되기 때문에 그 재산의 이동에 모변친족이 관여할 권리가 있음을 인정하는 것이다. 그러나 재산상속에서 여식이 배제되는 조선 중기 이후에는 입양에 대한 모변친족대표의 관여가 배제되고 부변친족이 일방적으로 입양을 결정하고 있다. 가계계승에 외척이나 처족의 영향력이 사라진 것이다.

4. 족보발간의 성행

족보는 고려시대 후기에도 존재하였던 것으로 보이나 당시의 족보는 비교적 좁은 범위의 직계 조상을 기록한 가첩(家牒)이나 가승(家乘)의 형태였을 것으로 추측된다. 전국적인 범위에 걸쳐 시조의 모든 자손을 망라해서 기록하는 족보는 조선시대에 들어와서 간행되기 시작한다. 이 족보의 출현 시기와 체제는 부계 친족의식과 부계 친족집단의 조직화 양상을 엿볼 수 있는 중요한 자료이다.

조선 사회에 족보가 처음 등장한 것은 1423년에 간행된 문화류씨의 『영락보(永樂譜)』로 알려져 있으며, 남양홍씨(1454)나, 안동권씨(1476), 전의이씨(1476), 여흥민씨(1478), 창녕성씨(1493) 등이 15세기에 족보를 간행한 것으로 전하고 있다. 그러나 1400년대에 간행된 이러한 족보들은 대체로 도보(圖譜)였을 것으로 보이며, 체제를 제대로 갖춘 족보는 16세기에 들어와서 간행되기 시작하였다. 체제를 갖춘 족보 중에서 가장 오래된 것은 1562년에 간행된 『문화류씨가정보(文化柳氏嘉靖譜)』이다. 16C부터 등장하기 시작한 이러한 족보는 점차 증가하기 시작하여 18C 이후에 발간이 급증한다.

그런데 초기에 발간된 족보에는 외손(外孫)을 대대로 빠짐없이 수록하여 특정 조상의 모든 자손을 등재하고 있었다. 그 대표적인 사례가 1476년에 간행된 『安東權氏成化譜)』와 1562년에 간행된 문화류씨의 『가정보』이다. 이외에도 15C, 16C에 발간된 족보들은 대체로 내외손을 모두 수록하였을 것으로 보인다. 그러나 17C 이후 외손의 수록 범위가 점차 축소되어 3대 혹은 2대만 수록하다가 조선 말기 이후에는 사위만 등재하고 그 자손들은 전혀 기록하지 않는다. 후기에 오면서 족보발간이 급격하게 증가하고 족보에서 외손을 제외하는 현상은 부계 친족의 결속이 강화되고 있음을 나타내는 중요한 단서가 된다.

5. 혼인제도의 변화

신라시대나 고려시대에 많이 행해졌던 동성동본 간의 혼인은 조선시대 초기까지도, 그 빈도가 현저하게 줄어들기는 하였지만, 완전히 근절되지는 못한 것으로 짐작된다. 1476년에 간행된 안동권씨의 족보인 『성화보(成化譜)』를 비롯하여 15~16세기에 간행된 족보에 고려시대 조상들의 동성동본혼인 사례를 숨기지 않고 그대로 기록하고 있고, 영양남씨 난고문중에 소장된 『남종통기(南宗通記)』(1668)의 「보중취동성변문(譜中娶同姓辨文)」에 '동성 간의 혼인은 신라와 고려를 거치면서 왕족뿐만 아니라 일반 백성들까지도 널리 행하였던 오래된 풍속이므로 옛 조상들이 동성혼인을 한 것은 허물할 것이 아니다'라고 한 것으로 보아 이때까지도 동성동본혼인에 대한 금기 의식도 그렇게 철저하지 않았던 것으로 보인다. 동성동본혼이 허용되고, 동성동본금혼의식이 철저하지 않다는 것은 부계친족집단이 강하게 결속되지 않았음을 보여주는 것이다. 그러나 조선 중기 이후에는 동성동본혼인이 거의 사라지고, 동성동본금혼의식이 확고한 사회적 규범으로 정착하게 되었다.

남자가 결혼하여 처가에서 장기간 체류하는 서류부가의 혼속은 고구려의 서옥제(壻屋制)에서부터 최근의 전통 혼례에까지 그 맥이 이어지고 있는 한국 고유의 혼인 풍습이다(박혜인 1988). 고려시대는 물론 조선시대에도 남자가 혼인하여 처가에 거주하는 서류부가의 기간이 매우 길게 나타나고 있다. 수년에서부터 십수 년, 경우에 따라서는 이십 년이 훨씬 넘는 긴 세월 동안 처가에 거주하면서 자녀를 출산하고 양육한다. 끝내 친가로 돌아오지 않고 처가 지역에서 영구히 정착하는 사례도 매우 흔하다. 서류부가의 기간이 이처럼 길었다는 것은 처가와의 관계가 매우 긴밀했다는 것을 반영하는 것이며, 부계 친족만의 강한 결속이 이루어지지 못하였음을 나타내는 증거이다.

이 서류부가혼은 종법 질서를 정착시키는 데 장애가 된다고 하여 비판하는 자가 적지 않았다. 조정에서도 중국과의 외교적 마찰을 피하기 위해 중국식의 친영제를 도입하고자 시도하기도 하였지만, 오랜 관습을 바꾸기는 쉽지 않았던 것으로 보인다. 그러나 딸들도 아들과 똑같이 재산을 물려받는 균분상속제도에 의해 뒷받침되었던 서류부가혼은 딸들이 재산상속에서 제외되면서 서류부가의 기간이 점차 짧아져 조선조 말이나 일제강점기에는 만 2년 혹은 수개월 정도로 단축되었다.

6. 종족마을의 형성과 문중조직의 발달

서류부가의 기간이 길고, 남자가 혼인 후 처가 지역에 정착하는 경우가 많게 되면 가까운 부계 혈족이 한 마을에서 집단으로 거주하는 종족마을이 형성되기는 어려운 일이다. 아들들이 혼인 후 마을을 떠나 각자의 처가 지역으로 흩어지게 되고, 마을에는 딸들과 혼인한 다수의 사위들이 거주하게 되기 때문에 자연히 마을은 여러 성씨를 가진 자들이 혼재하는 각성마을이 될 수밖에 없다.

그러나 여성이 재산상속에서 제외되고, 서류부가의 기간이 단축되면서 혼인한 아들들이 분가하여 부모가 거주하는 마을에 정착하는 사례가 늘어나게 된다. 반면에 처가에서 장기간 거주하거나 영구히 정착하던 사위들은 친가로 돌아가게 된다. 이렇게 몇 세대가 지나게 되면 마을은 점차 특정한 성씨의 자손들만이 집단 거주하는 종족마을(집성촌)로 발전하게 된다.

이렇게 본다면 종족마을은 종법제도가 정착되고 여성이 상속에서 제외되는 17C 이후에 형성되고 발전한 것으로 보아야 할 것이다(최재석 1976; 이해준 1996:254~299). 17C 초반에 작성된 경상도 『산음호적』이나 17C 말에 작성된 『대구호적』에서 종족마을의 흔적이 발견되지 않는 데서도 확인되고 있다. 『朝鮮の聚落(後篇)』(1935)을 조사 집필한 젠쇼(善生永助)는 저명 종족마을 1,685개 중 약 절반에 해당하는 853개 마을이 300년 이상의 역사를 지니고 있고, 이 중에서 207개 마을은 500년 이상의 역사를 가진 것으로 보고하고 있으나(조선총독부 1935:216~218), 이는 마을의 설촌 시기와 종족마을의 형성 시기를 혼동한 데서 연유한 것으로 보인다. 젠쇼의 조사가 비전문가인 행정관리를 동원하여 자료를 수집함으로써 부정확한 내용이 적지 않게 포함되었다는 점은 이미 여러 연구자들이 지적한 바 있다(김두헌 1934; 이광규 1990:24; 김일철 외 1998:37~38).

부계의 적통으로 가계를 계승하는 종법제도가 정착되고 조상숭배의식이 강화되면서 누대에 걸친 조상의 제사를 지내고 그들의 묘소를 관리하기 위해서는 이를 주관하기 위한 항시적인 조직이 필요하다. 특정 조상의 모든 자손들을 망라하는 대규모 족보를 주기적으로 간행하기 위해

서도 조직은 필요하다. 4대조까지는 장남(종손)이 제사를 담당하지만 5
대조 이상 수많은 조상의 제사를 종손이나 종가의 힘만으로 감당하기는
불가능한 일이다. 유명한 조상의 비석을 건립하고 문집을 간행하여 가문
의 신분적 지위를 대외에 과시하기 위한 조상 현창 사업에도 많은 인력
과 재정이 동원되어야 한다. 이러한 필요에서 부계 혈연집단이 체계적으
로 결합한 문중조직이 등장하게 되고, 이 문중조직은 종족촌락을 중심으
로 성장 발전하게 된다. 산업화하고 도시화 된 현대사회에서도 문중조직
은 한국 사회의 중요한 사회조직으로 여전히 강한 활동력을 보여주고 있
다(이창기 2004).

V. 조선 후기 한국 가족제도의 특징

성리학이 보급되고 종법제도가 정착되면서 한국의 가족은 적장자에
의해 가계가 계승되는 가부장적 가족제도를 확립하였다.

가족은 혼인을 통해서 창설되고 부부 중 어느 일방이 사망함으로써
해체되는 일련의 연속적인 과정을 거친다. 이러한 과정을 가족주기(family
cycle 혹은 life cycle)라 한다. 자녀가 결혼하여 부모 가족과 독립된 생활
을 영위하는 서구의 핵가족에서는 가족주기가 매우 단순하게 나타난다.
그러나 서구의 핵가족과는 달리 장남이 부모 가족과 동거하는 한국의 전
통적인 가족에서는 가족의 형성·확대·축소·소멸의 단계가 분명하지 않
고, 일단 창설된 가족은 장남에서 장남으로 이어지면서 영구히 존속한
다. 분가 독립하여 하나의 가족을 창설한 차남 이하도 일가의 창설은 그
자신의 당대에만 한정될 뿐, 자녀가 결혼하게 되면 가계 계승의 원칙에
의해 장남 가족과 마찬가지로 영구히 이어지게 된다. 이런 점에서 한국

의 집은 〈먼 조상에서부터 자손만대에 이르는 부계의 초시간적인 제도
체〉(최재석 1966:653)라 규정할 수 있다.

일단 창설된 가족은 해체되지 않고 성원만 끊임없이 교체하면서 영구
히 존속되기 때문에 한국의 가족은 가계의 계승을 가장 중요한 가치로
의식하고, 가계의 계승을 위하여 최선을 다해 노력할 도덕적 의무를 지
닌다. 한국 가족에서 가계계승은 부계의 원리, 직계의 원리, 장남의 원리
에 의해 수행되며, 이러한 가계계승의 원리가 가족관계, 가족제도 및 친
족제도를 규정하는 기본원리가 된다. 이러한 원리에 배치되는 이념, 가
치, 의식, 행위는 한국의 전통 가족에서는 철저히 배격되는 것이다. 여기
에서 한국 가족의 특징적인 모습이 나타난다.

조선 중기 이후 한국인들의 가족생활 및 친족생활에서 나타나는 중요
한 특징들을 정리해 보면 대체로 다음과 같다(최재석 1966:653~666; 최
재석·이창기 2001).

1) 집[家]은 사회의 단위이며 개인에 우선하는 제도체이다. 그러므로 대외
   적 관계에서 개인은 어느 집의 일원으로서만 인정을 받으며, 개인의 자
   율적 활동은 가계의 계승과 유지 발전을 위하여 엄격히 통제된다. 개인
   의 이해와 집의 이해가 충돌할 때는 개인의 이익을 포기하지 않으면 안
   된다.
2) 집에는 반드시 강력한 권위를 가진 가장(家長)이 존재하여 가족원을 통
   제한다. 가장은 현실적으로 가계를 계승한 자이며, 앞으로 가계계승의
   막중한 임무를 수행할 역할 담당자이기 때문에 가족원들로부터 특별히
   우대되고 가족원은 여기에 예속된다. 가장은 집 발전의 중심인물인 동
   시에 외부 사회에 대하여 집을 대표한다.
3) 가계계승에 직접적으로 참여하는 남자가 우대되고 부녀자의 지위는 상
   대적으로 낮다. 남존여비의 관행은 여기에서 비롯된다. 그러나 한국의
   전통사회에서 부녀자의 지위가 남자에 비해서 낮았던 것은 사실이지만
   결코 남성에게 예속되어 있었던 것은 아니었던 것으로 보인다. 일제강
   점기를 거치면서 과장된 면이 적지 않다.

4) 아들 중에서도 일차적 가계계승권자인 장남이 특별히 우대된다. 부모의 기대나 양육과정에서의 배려에 차이가 있고, 재산상속과 가족 및 친족 생활의 역할 분담에서 장남은 다른 아들들보다 우월한 지위를 갖는다.

5) 혼인이나 부부관계에서 가계계승을 위한 아들의 획득이 대단히 중요한 의미를 지니기 때문에 친자관계가 부부관계보다 우위에 선다. 이와 같이 한국의 가족에는 가계계승의 원리에 따라 가족성원 간에 신분상하의 차이가 엄존한다.

6) 이러한 가족구조는 세대간의 갈등, 형제간의 갈등, 개인과 가족집단 사이의 갈등, 부부간의 애정 부재, 고부간의 갈등, 시누이-올케 사이의 불화 등을 심화시키기도 한다.

7) 그러나 다른 한편으로 한국 가족은 가장의 권위를 중심으로 가족 성원들이 잘 통합되어 있고, 역할의 분화가 명확하게 이루어지는 일면도 있다. 가족 내에서 이루어지는 역할 분담의 내용을 살펴보면 대체로 부모 세대는 권위적 기능을 담당하고 자식 세대는 도구적 기능을 담당한다. 남녀 성별에 따라서는 남자가 바깥일을, 여자가 집안일을 담당하는 것으로 규범화되어 있다. 그리고 아버지는 규범적 사회화의 기능을 수행하고 어머니는 정서적 사회화의 기능을 맡아 함으로써 자녀교육에 양 측면을 적절하게 조화시키고 있다.

8) 가계계승의식은 과거의 조상을 중시하는 조상숭배의식을 낳는다. 죽은 조상은 자손의 길흉화복에 영향을 미치는 신으로서의 위치를 점유하며, 자손들은 제사와 묘소관리를 신성한 과업으로 간주하고, 조상의 업적을 기리는 비석의 건립, 재실의 건축, 문집발간 등에 정성을 다한다.

9) 조상을 공동으로 하는 부계의 친족들이 결합하여 종족집단을 형성하고, 문중조직을 발달시킨다. 개별가족은 종족집단으로부터 분화되지 못한다. 종족집단을 보다 큰 가족으로 의식하여 가족의 구성원리를 여기에까지 확대함으로써 개별가족은 직접 간접으로 그 영향을 받으며, 독립성이 매우 미약하다.

10) 친족(특히 근친)간의 유대와 결속을 강조하고, 일상생활에서 가까운 친족에 대한 의례적 행위를 규범적으로 강제하여 의무화시킨다. 혈연의 원근(촌수)과 위계(항렬)에 따라 관계의 밀도 및 행위양식(언어, 호칭, 부조, 상복제 등)이 상이하여 친족 생활에 긴장을 증가시킨다. 친족간의 강한 의존성은 기대 수준을 상승시켜 갈등의 요인이 되기도 한다.

11) 혼인을 통해서 친척관계가 확대되지만 처족, 외척, 사돈댁과의 관계는
부계친에 비해 긴밀하지 못하고 결속력이 매우 약하다.

성리학이 보급되고 종법제도가 정착된 조선 중기 이후 한국의 전통사
회에서 나타난 이러한 가족 및 친족제도의 특징은 한마디로 부계 중심의
가계계승과 부계 친족집단의 조직화로 요약할 수 있다.

VI. 맺는 말

가족은 사회를 구성하는 기본단위이다. 그러므로 가족의 구성원리는
사회로 확산하여 인간관계와 집단구성의 기본원리로 기능한다. 동시에
가족을 둘러싸고 있는 주변 환경이 가족에 영향을 미쳐서 가족의식과 가
족관계 및 가족구조가 변화하기도 한다. 그런 면에서 가족은 어떤 하나
의 요인에 의해서 변화하는 것은 아니다.

조선 중기의 한국 가족도 성리학의 보급과 종법제도의 정착이라는 하
나의 요인에 의해서만 변화한 것은 아니다.

17C까지 양반들은 풍부한 노비노동력을 바탕으로 황무지를 개간하거
나 별업(別業)을 개척하여 농경지를 계속 확장할 수 있었다. 균분상속제
도 하에서도 누대에 걸쳐 대토지를 유지할 수 있었던 것은 이러한 여건
이 뒷받침하고 있었기 때문에 가능한 것이었다. 그러나 17C를 넘어서면
서 이러한 개간사업은 한계를 노출하게 된다. 개간이 가능한 황무지가
현저하게 줄어들었고, 신분제도의 해체과정에서 개간을 뒷받침할 노비
노동력도 격감하게 되었다. 균분상속제도를 지속한다면 농경지의 영세
화는 피할 수 없는 일이었다. 토지재산의 영세화는 가계를 계승한 적장
자가 품위를 유지하면서 봉제사와 접빈객을 비롯한 중요한 문중 사업을

수행하는 데 많은 어려움을 준다. 이러한 시기에 정통주의를 강조하는 종법제도가 보급되어 적장자를 중심으로 하는 가부장적 가족제도가 빠르게 정착되었다고 볼 수 있다.

또한 조선 중기 이후 붕당정치가 확대되는 과정에서 혈연을 중심으로 정치세력을 결집하려는 노력도 부계 혈연집단의 결속을 강화한 요인으로 볼 수도 있다. 거듭되는 사화와 정변을 겪으면서 '믿을 것은 핏줄밖에 없다'라는 신념이 부계 혈연집단의 조직화를 더욱 촉진한 것이다.

17C 이후 한국 가족에서 부계 혈연집단이 조직화 되고 공고한 결합력을 가지게 된 데에는 농경지의 영세화, 신분제도의 해체과정에서 나타나는 노비노동력의 격감, 붕당정치의 확대 등 사회경제적 여건의 변화에 크게 영향을 받고 있지만, 그 바탕에는 정통주의에 입각한 성리학의 보급과 종법제도의 정착이 가장 직접적인 요인으로 작용하고 있다고 볼 수 있다.

참고문헌(3장)

『경국대전』
『고려사』
『고려사절요』
『조선왕조실록』

강진철(1980), 『고려토지제도사연구』, 고려대학교출판부.
김두헌(1934), 「朝鮮の同族部落に就いて」, 『靑丘學叢』 18, 청구학회.
　　　(1949), 『조선가족제도연구』, 을유문화사.
　　　(1969), 『한국가족제도연구』, 서울대학교출판부.
김미영(1999), 「'제사 모셔가기'에 나타난 유교 이념과 양반 지향성」, 『민속학
　　　연구』 9, 안동대민속학연구소.
김일철 외(1998), 『종족마을의 전통과 변화』, 백산서당.
문숙자(2004), 『조선시대 재산상속과 가족』, 경인문화사,
박혜인(1988), 『한국의 전통혼례연구』, 고려대민족문화연구소.
서양걸(2000), 윤재석 옮김, 『중국가족제도사』, 아카넷.
여중철(1980), 「제사 분할상속에 관한 일 고찰」, 『인류학연구』 1, 영남대문화인
　　　류학연구회.
이광규(1977), 『한국가족의 사적 연구』, 일지사.
　　　(1990), 『한국의 가족과 종족』, 민음사.
이영춘(1995), 「종법의 원리와 한국사회에서의 전통」『가족과 법제의 사회사』
　　　(한국사회사학회논문집, 46집), 한국사회사학회.
이창기(1991), 「제주도의 제사분할」, 『한국의 사회와 역사』(최재석교수 정년퇴
　　　임기념논총), 일지사.
　　　(2002), 「동해안 어촌마을의 제사분할」, 『사회와 역사』 62, 한국사회사
　　　학회.
　　　(2004), 「대도시지역 부계혈연집단의 조직」『민족문화논총』29, 영남대학
　　　교 민족문화연구소.

이해준(1996), 『조선시기 촌락사회사』, 민족문화사.

조선총독부(1935), 『朝鮮の聚落』(後篇)

지두환(1994), 『조선전기 의례연구』, 서울대학교출판부.

최재석(1966), 『한국가족연구』, 민중서관. (개정판, 『한국가족연구』, 1982, 일지사)

　　　(1976), 「동족부락」 『한국사』 13, 국사편찬위원회.

　　　(1983), 『한국가족제도사연구』, 일지사.

　　　(1984), 「고려시대 부모전의 자녀균분상속 재론」, 『한국사연구』 44, 한
　　　국사연구회.

최재석·이창기(2001), 「친족제도」, 『한국민속의 세계(1)』(생활환경·사회생활),
　　　고려대학교 민족문화연구원.

하타다 다카시(旗田巍 1957), 「高麗時代における土地の嫡長子相續と奴婢の
　　　均分相續」, 『東洋文化』 22.

제4장

한국종족집단의 구성원리

-형성요인을 중심으로-

I. 머리말

한국의 종족집단에 대해서는 1930년대부터 지금까지 여러 학자들에 의해서 많은 연구가 이루어졌다.

일제강점기에는 한국인 학자로서 이각종, 김두헌, 신진균이 각각 한 편씩의 논문을 발표하였고, 일본인 학자로는 아키바 다카시(秋葉 隆), 젠 쇼 에이스케(善生永助), 시가타 히로시(四方 博), 스즈키 에이타로(鈴木 榮太郞) 등 총독부 관변 학자들이 많은 조사보고서를 발표하였다.

해방 후에는 1960년에 발표한 최재석의 논문 「동족집단의 결합범위」 를 필두로 사회학, 인류학, 역사학 분야에서 많은 연구가 진행되었다.[1]

그러나 1990년 현재까지 발표된 연구들은 주로 사례조사에 의해서 종 족집단과 종족마을의 현황을 탐색하고 구조를 분석하는 기술적(記述的) 연구에 집중되어 있다. 종족집단의 구성원리를 체계적으로 설명하거나 다른 사회의 부계 혈연집단과 비교함으로써 한국종족집단의 성격을 보 다 분명하게 밝혀주기 위한 설명적(說明的) 연구는 많지 않다. 그동안 사 례조사를 통해서 밝혀진 사실들을 일반화시키고 추상화하여 이론화하기 에는 질적, 양적으로 아직 매우 미흡한 수준이라 하지 않을 수 없다. 1970년대 이후 가족 및 친척제도에 대한 제도사적 연구가 활발해지면서 종족집단이나 문중조직과 관련된 문제에 대해서도 상당한 관심을 보였 으나, 이들 역시 문중조직이 출현하게 된 연원을 찾거나 당시의 문중 활 동의 수준을 탐색하는 데 그치고 있다. 우리와 유사한 부계 친족제도를

---

1) 종족집단의 연구사에 관해서는 이 책 제2장 참조. 참고문헌은 권말 부록 「한국 종족집단 문헌목록(사회인류학)」으로 대신한다.

취하고 있는 중국이나 일본의 부계 친족집단과 비교하는 연구는 극히 제한된 몇 편에 지나지 않으며, 그나마 매우 단편적이고 초보적인 비교 연구의 수준을 벗어나지 못하고 있다. 이러한 상황은 한국종족집단에 대한 이론적 탐색을 어렵게 하는 제약조건이 되고 있다.

하나의 사회현상을 종합적으로 설명하는 일은 기술적 연구가 축적되어야만 가능하지만, 한편으로는 이론을 구성하고 이론적 틀을 바탕으로 현상을 설명하는 설명적 연구가 병행됨으로써 기술적 연구의 방향을 제시하고 방법론을 세련시킬 수 있는 것이다. 다른 사회의 사회현상과 비교할 때에도 우리 사회의 사회현상에 대한 설명체계가 준비되어 있어야만 객관적이고 효과적인 비교연구가 가능할 것이다. 한국의 종족집단을 연구하는 데에도 현황을 분석하는 기술적 연구 못지않게 종족집단의 구성원리를 밝히고 그것을 이론화시키는 연구 또한 대단히 중요한 과제라 하지 않을 수 없다.

저자는 그동안 종족집단에 관심을 가지면서 한국종족집단의 구성원리를 체계적으로 설명할 수 있는 설명틀을 만들어야 할 필요성을 항상 느껴왔다. 이러한 작업은 한국 종족집단에 대한 여러 각도의 연구업적이 축적되지 않은 상황에서는 결코 쉬운 일이 아니다. 그래서 필자는 우선 한국 종족집단이 조직화 되고 집단적인 활동을 활발하게 전개해 나가는 데 작용하는 중요한 요인들을 추출해 보고, 그들을 체계적으로 정리하는 작업부터 시도해 보기로 하였다. 이러한 작업이 한국종족집단의 구성원리를 밝히고 설명적 틀을 구축하는 데 대단히 중요한 계기가 되리라고 믿기 때문이다.

저자는 이 논문에서 새로운 사실을 찾아내려고 노력하거나, 종족집단의 형성과 변화에 영향을 미치는 보다 넓은 사회경제적 조건을 분석하는 데까지 논의를 확대하지는 않을 것이다. 또한 한국 사회에 종족집단이 조직화 된 연원을 역사적으로 규명하거나, 중국, 일본 등 다른 사회의 부계 혈연집단과 비교하려고 시도하지도 않을 것이다. 종족집단이 형성되고 활발한 활동을 전개하는데 작용하는 중요한 요인들을 '종족의식'과 '종족조직의 활성화 조건'을 중심으로 한국 종족집단의 구성원리를 정리하는 데 그치고자 한다.

종족집단이 조직화 되고 그 활동이 활성화되기 위해서는 크게 2가지 요건이 충족되어야 한다. 첫째는 종족 성원들이 '우리'라는 공동체의식 즉 종족의식을 가지고 강하게 결합되어야 하며, 둘째는 그들이 조직을 구성하고 집단적인 활동을 왕성하게 전개하기 위한 현실적인 조건이 갖추어져야 한다.

II. 종족의식의 구체적 내용

사회집단은 기본적으로 성원의 공동관심이나 공동목표를 중심으로 형성된다. 종족집단도 일정 범위의 부계혈족들 사이에 '우리'라는 공동체 의식이 형성될 때 발전하고 조직화 된다. 일정 범위의 부계친족 성원들이 그 집단에 소속감을 느끼고, 그 집단을 자기 자신과 동일시하면서, 성원 상호 간에 일체감이 형성될 때 이것을 종족의식이라 부를 수 있다. 그러므로 종족의식은 종족집단의 성원들을 심리적으로 결속시키는 힘이며, 그들을 조직화하고 그들의 활동을 활성화하는 정신적 바탕이 되는 것이다. 지금까지 우리는 종족의식이라는 용어를 빈번히 사용하면서도 그 내용에 대해서는 구체적인 관심을 기울이지 않았다.

종족의식을 부계친족 상호 간에 형성되는 공동체적 일체감이라 정의한다면 종족의식은 혈연적 배타성과 신분적 우월감을 바탕으로 자기 가문을 타 가문과 구별하는 배타적족결합의식(排他的族結合意識)으로 나타날 수 있다. 그러나 종족의식은 배타적족결합의식만을 의미하지는 않는다. 종족집단이 집단결속의 준거점을 조상의 공유에 두고 있기 때문에 종족의식 내지 배타적족결합의식은 동조의식(同祖意識)과 조상숭배의식(祖上崇拜意識)을 내포하고 있으며, 이러한 의식은 가계계승의식(家系繼承意識)을 기초로 하여 형성된다.

1. 가계계승의식

종족집단은 분가한 개별 가족들이 공고한 결합력을 가지고 계통적으로 조직화 되어 나타나는 규모가 큰 부계의 혈연집단이다. 그러므로 한국의 가족과 종족집단은 서로 분화되지 못한 채 가족의 구성원리가 종족집단에까지 확대되고, 종족집단의 질서와 조직성은 개별 가족을 규제한다. 이런 점에서 한국의 종족집단은 가족의 구성원리가 종횡으로 확장된 것이라 할 수 있다.

한국의 전통 가족을 서구의 핵가족과 비교했을 때 가족 형태의 변화 과정(가족주기)에서 기본적인 차이가 있음을 발견할 수 있다.

서구의 핵가족은 ①혼인을 통해서 일가를 창설하고, ②자녀를 출산함에 따라 가족 규모가 확대되며, ③혼인한 자녀가 분가함으로써 가족 규모가 축소되었다가, ④부부 중 어느 일방이 사망함으로써 가족이 해체되는 비교적 단순한 주기를 갖는다.

한국의 전통적 가족은 혼인을 통해서 일가를 창설한다고 하더라도(일가의 창설은 차남 이하에게만 제도적으로 허용된다), 자녀의 출산에 따라 가족 성원이 확대되어가는 과정까지는 서구의 핵가족과 유사하지만, 자녀들이 혼인하면 서구의 핵가족과 서로 다른 과정을 거치게 된다. 서구의 핵가족에서는 자녀들이 혼인하게 되면 대개 부모 가족을 떠나서 독립된 생활을 영위하는 것이 일반적이지만, 한국의 전통적 가족에서는 장남이 혼인 후 부모 가족과 동거함으로써 일단 창설된 가족은 결코 해체되지 아니하고 장남에서 장남으로 영구히 이어지는 특징을 갖는다. 그러므로 한국의 가족을 일시점에서 정태적으로 관찰하지 않고 시간의 연속선 위에서 초시간적으로 관찰하면 모든 형태의 가족이 직계가족으로 회귀하게 되며, 따라서 직계가족을 한국 가족의 전형적인 형태라 규정하는 것이다(최재석 1982:129). 다만 출생과 사망으로 가족 구성원이 부단히 교체될 뿐이다.

아버지의 아버지의 아버지에서 장남의 장남의 장남으로 이어지는 집의 영속성은 가계 계승자의 획득을 가장 중요한 가치로 의식하게 하였으며, 여기에 반하는 이념·가치·의식·행위는 철저하게 배격된다. 그러므로 한국의 전통적 가족은 '가계의 계승과 유지 발전을 지상의 가치'로 의식하고 가계의 계승을 위해 최선을 다해 노력할 도덕적 의무를 지닌다. 이러한 한국 가족의 성격에 주목하여 최재석은 한국의 집을 '먼 祖上에서부터 자손만대로 이어지는 부계의 초시간적인 제도체'라 규정하였다(최재석 1982:541~551).

한국 가족에서 가계계승은 '부계의 원리', '직계의 원리', '장남의 원리'에 의해 수행된다. 분가한 차남 이하도 자신의 당대에는 일가를 창설할 수 있지만, 장남이 혼인하면 똑같은 원리로 가계가 계승되기 때문에 세대가 거듭됨에 따라 수많은 가계의 갈래가 만들어진다. 이들은 가계의 계보를 거슬러 올라가 공동 조상을 매개로 강하게 결합 되어 보다 넓은 종족집단을 형성한다.

이처럼 가계계승의식은 한국의 종족집단을 형성시키는 정신적 기초가 되고 있으며, 종족의식의 가장 기본적인 내용이 되고 있다. 한국 가족에서 가장 중시하는 가계계승의식은 위로는 조상숭배의식을 낳고, 조상을 공동으로 하는 자들의 결속을 강조하며, 장차 가계를 계승해 갈 자손들의 번영을 도모하여 종족집단을 형성하는 정신적 기초가 된다.

2. 조상숭배의식(숭조의식)

가계계승을 중요시하는 가족의식은 가계계승에 직접 참여하는 아들을 중시하고, 아들 중에서도 일차적 가계계승권자인 장남을 우대하며, 현실적으로 가계를 계승하고 앞으로 가계계승의 막중한 임무를 담당할 가장이 강한 권위를 갖는 등 가족관계 및 가족생활에서 여러 가지 특징적인 모습으로 나타난다. 이러한 의식은 현실 가족생활에서는 '효'로 표현되며, 이 '효'가 과거로 소급하여 이미 가계계승의 위업을 성공적으로 완수하고 오늘의 나를 있게 한 조상을 숭배하고 경모하는 숭조의식을 낳게 된다. 가계의 계승과 집의 영속은 세대의 연속에 의해 유지되기 때문에 생존해 있는 종족 성원들의 일상생활에서 세대의 권위가 강조될 뿐만 아니라, 사망 후에는 그 권위가 더욱 강화되어 자손의 길흉화복을 주재하는 조상신으로서 숭배의 대상이 된다. 이러한 점에서 조상숭배의식은 효의 연장이며, 가계계승의식의 과거 지향적 표현이라 할 수 있다.

조상을 신앙의 차원으로까지 승화시켜 경배의 대상으로 삼는 한국인의 조상숭배의식은 제사를 중시하는 데서 가장 잘 나타난다.

대개의 종족집단은 조상제사를 가장 중심적인 사업으로 하여 조직되고, 실제의 종족 활동을 분석하더라도 조상제사에 가장 많은 시간과 재정을 투입하고 있다. 종족집단의 총회라 할 수 있는 종회나 문회도 중심 조상의 제사를 전후해서 개최되어 중요사항을 심의·의결하고 있다. 제사를 통한 조상숭배의식은 제사의 종류와 횟수에서도 엿볼 수 있다. 조상제사는 4대 이내의 조상에 대해서 사망일 첫 새벽에 종손 집에서 지내는 기제(忌祭)와 5대조 이상의 조상에 대해서 음력 10월(일부 지방은 음력 3월)의 지정된 날 낮에 묘소에서 행하는 시제(時祭), 그리고 년 중 중요한 절기마다 봉행하는 차례(茶禮)로 나눌 수 있다. 특히 차례는 춘분, 추분, 하지, 동지에 지내는 계제(季祭)와 설, 추석, 한식, 단오, 유두, 중구 등에 지내는 절제(節祭) 등 그 횟수가 훨씬 많다. 최근에는 설과 추석으로 간소화되었지만, 일부 문중에서는 근래까지 한식, 단오, 동지 등에 차례를 봉행하였다. 조상제사는 종족집단의 가장 중요한 기능이며 종족집단을 결속시키는 구심점이 되고 있다(최재석 1966b; 여중철 1974; 이창기 1977).

조상제사 이외에도 조상을 숭배하고 경모하는 활동은 묘지의 수축과 관리, 재실이나 비석의 건립, 족보나 문집의 발간 등 매우 다양한 내용으로 전개된다.

가계계승의식의 과거 지향적 표현이라 할 수 있는 조상숭배의식은 부계·직계의 원리에 의해 나와 직계 조상을 종적으로 연결하고, 조상과 나를 동일시하여 종족집단을 구성하는 중요한 모티브가 되고 있다.

3. 동조의식

종족집단은 조상의 혈통을 계승하였다는 가계계승의식이나, 조상과 나를 동일시하고 종적으로 연결하는 조상숭배의식만으로는 견고한 결합력을 가질 수 없다. 가계계승의식이나 조상숭배의식은 직계의 원리에 의해서 '나'와 직계 조상의 단선적인 종적 결합을 강화하기 때문에 현존하는 수많은 방계친과의 횡적인 결합을 이루는 힘으로 작용할 수는 없다. 극단적으로 말하면 직계 원리에 입각한 철저한 조상숭배의식은 혈연의 원근에 따른 친소구분의식을 자극하여 방계친과의 결합을 촉진하기보다 오히려 단절과 분파를 강화하는 방향으로 작용할 수도 있는 것이다. 지리적으로 멀리 떨어져 있으며, 일상생활에서의 상호접촉이 거의 불가능한 수많은 방계친을 횡적으로 강하게 결합하기 위해서는 이들이 공유할 수 있는 감정적 유대를 현실적으로 갖지 않으면 안 된다. 이러한 감정적 유대는 그들이 같은 조상에서 유래되었다는 공동의식 즉 동조의식이 형성될 때 가능한 것이다. 이런 점에서 동조의식은 조상숭배의식의 또 다른 표현이며, 족결합의 정신적 기반이라 할 수 있다. 조상숭배의식이 조상과 나를 종적으로 연결하는 과거지향적인 의식이라면 동조의식은 현존하는 방계친과 나를 횡적으로 연결하는 현재 지향적인 의식이라는 점에서 구별될 수 있다.

그러나 동조의식은 같은 조상에서 유래되었다는 혈통의 공유의식만을 의미하는 것은 아니다. 같은 조상에서 유래되었을 뿐만 아니라 그 조상이 이룩한 높은 사회적 지위를 계승하였다고 생각하는 신분의 공유의식과 조상의 명예와 유지를 함께 물려받았음을 자랑스럽게 생각하는 문화적 공유의식까지를 포함한다. 그러므로 동조의식은 위세가 강한 조상을 공유하였을 때 더욱 강화될 수 있는 것이다.

직계의 원리에 의해서 피라밋적으로 분파된 수많은 방계친이 횡적으로 강한 족적 결합을 이룰 수 있는 것은 그들이 같은 조상을 공유하고 있다는 심리적 유대 즉 동조의식이 형성될 때 가능한 것이다.

4. 배타적족결합의식

같은 조상의 혈통을 물려받고 그들의 사회적 지위와 문화적 전통을 계승하였다는 감정적 유대는 현존의 수많은 종족 성원들을 하나로 묶어주는 심리적 결속요인이 되며, 현실적으로 배타적족결합의식으로 표현된다. 배타적족결합의식은 신분적 우월감과 혈연적 배타성을 기본 속성으로 하고 있다.

동조의식은 그 자체로서 족결합을 강화하는 것이 아니다. 동조의식을 통해서 자기 종족의 신분에 대한 일체감을 확인할 수 있을 때 강한 족결합을 이루게 된다. 다시 말하면 조상을 공동으로 하는 자들이 그들의 공동 조상을 통해서 그들 집단이 신분적으로 매우 우월하다는 사실을 확인하게 될 때 족결합이 강화되는 것이다. 그러므로 신분적 우월감은 조상의 위세와 깊이 관련되어 있다.

동조의식과 신분적 우월감을 바탕으로 하는 족결합의식은 혈연적으로 철저하게 배타성을 갖는다. 한국의 가족이나 종족이 일본이나 중국에 비해 부계 혈연성을 가장 엄격하게 적용한다는 것은 여러 학자들이 공통으로 지적하고 있는 바이지만, 한국의 종족집단에서는 비혈연자는 절대 성원권을 갖지 못하도록 철저하게 배제한다. 성원권을 인정하지 않을 뿐만 아니라 나아가서는 타성을 배척하고, 그들의 신분적 지위가 자기 종족과 비슷하다고 느낄 때는 그들과의 경쟁의식이 강화되고 대립과 갈등이 유발되기도 한다(여영부 1970).

이러한 신분적 우월감과 혈연적 배타성은 내집단에 대한 충성심과 연대감을 발달시켜 종족집단의 결속을 강화하게 된다.

신분적 우월감과 혈연적 배타성은 타 종족과의 관계에서만 나타나는 것은 아니다. 종족집단 내부에서도 조상을 달리하는 계파들 사이에서 표출되기도 한다. 그러나 종족집단 내부의 계파 간에 나타나는 경쟁과 대립은 타 종족집단과의 경쟁과 대립에 비하면 그 정도가 미약하고, 타 종족집단과의 경쟁과 대립이 강화되면 내부의 갈등은 용해되거나 잠재되어 버린다. 외집단에 대한 적대의식이 내집단에 대한 충성심을 강화하기 때문이다. 그렇지 않고 종족집단 내부의 계파 간에 경쟁과 대립이 더욱 심해진다면 종족집단의 분파를 촉진하게 될 것이다.

배타적족결합의식은 동조의식을 바탕으로 형성되고, 그 내면에는 신분적 우월감과 혈연적 배타성을 구체적인 내용으로 담고 있다. 우리가 좁은 의미로 종족의식이라는 말을 사용했을 때는 주로 배타적족결합의식을 지칭하는 경향이 많은 것 같다.

Ⅲ. 종족조직의 활성화 조건

수많은 종족 성원들이 '우리'라는 공동감정을 가지고 강하게 결합하는 데는 신분적 우월감과 혈연적 배타성을 내용으로 하는 족결합의식이 현실적 결속요인이 되고 있으나 좀 더 구체적으로 살펴보면 그 이면에 가계계승의식이 더 근원적인 요인으로 자리 잡고 있으며, 가계계승의식에 바탕을 둔 조상숭배의식과 동조의식이 족결합을 강화하는 힘이 되고 있음을 알았다.

그러나 이러한 종족의식이 형성된다고 해서 종족집단이 조직화 되고 그들의 활동이 활발해지는 것은 아니다. 종족의식을 바탕으로 종족 성원들이 구체적인 조직을 형성하고 활발한 활동을 전개하기 위해서는 몇 가지 현실적인 조건이 필요하다.

1. 조상의 위세

종족집단은 조상의 혈통을 계승한 혈연집단일 뿐만 아니라 조상의 사회적 지위를 세습한 집단이라는 성격이 강하기 때문에 종족집단의 격은 조상의 위세에 의해 결정되고, 개인이나 개별 가족의 격은 종족집단의 격에 의해 크게 영향을 받는다. 위세가 강하고 저명한 인물을 공동 조상으로 하는 후손들은 숭조의식과 동조의식이 매우 강할 뿐만 아니라 저명 조상의 사회적 지위를 세습하였다고 하는 신분적 우월감도 강하여 족결합을 더욱 촉진 시키게 된다.

조상을 숭배하는 의식이 강한 한국인이지만 조상의 위세에 따라서 조상을 숭배하는 정도에 차이가 있고, 성원들 사이에 형성되는 공동감정 즉 종족의식의 강약도 다르게 나타난다. 저명한 조상의 제사는 그렇지 않은 조상에 비해 규모가 크고 제관 수도 많으며, 그러한 인물을 구심점으로 해서 독립된 파를 형성하는 등의 현상은 종족집단의 구성에 조상의 위세가 큰 영향을 미치고 있다는 좋은 예가 될 것이다. 숭조의식, 동조의식, 신분적 우월감 등은 조상의 위세에 의해 크게 강화되는 것이다.

그래서 한국인들은 숭조의식을 강화하고 자기 종족의 신분적 우월감을 확립시키기 위해 후손들에게 조상의 이력과 업적을 주지시키고 그것을 자랑스럽게 여기도록 교육한다. 더 나아가서 타 종족 성원들에게 자기 조상의 위세를 과시하여 자기 종족의 신분적 우위를 확보하려고 무던히 애쓴다.

이런 점에서 최재석은 사회적 위세 표시의 기능을 한국 종족집단의 가장 본질적인 기능이라고 지적하였다. 그는 종족집단의 가장 중심적인 활동이라 할 수 있는 제사의 기능까지도 사회적 위세를 과시하기 위한 수단으로 간주하고 있다(최재석 1966b). 조상의 위세는 크게 나누어서 정치적 권력과 학문적 성취, 도덕적 품격에 의해서 평가된다.

정치적 권력은 관직의 크기와 높낮이로 평가한다. 높은 직위를 차지하였던 조상의 자손들은 숭조의식도 강하고 신분적 우월감도 매우 높다. 자손들은 이러한 조상을 중심으로 종족집단을 조직화하고 활발한 종족 활동을 전개한다. 파의 명칭에 조상의 관직명이 가장 많이 등장하는 것은 종족집단의 조직화에 조상의 정치적 위세가 가장 크게 작용하고 있음을 나타내는 증거가 될 것이다.

조상의 학문적 성취도 숭조의식과 신분적 우월감의 중요한 요인이 된다. 조선 5현의 한 사람이라거나, 문묘에 배향되었다거나, 여러 곳의 서원에 배향되었다는 사실들이 경모의 대상이 되며, 타 종족 성원이나 타 계파에 대해서 우월감을 가지도록 한다. 본인의 학문적 성취뿐만 아니라 학통의 수수 관계 또한 학문적 성취에 못지않은 위세를 갖는다.

도의와 윤리를 궁극적 실천 과제로 인식하였던 유교적 전통은 정치권력과 학문성취 못지않게 도덕적 품격을 중요한 평가의 기준으로 삼았다.

충신, 효자, 열녀 등으로 공인된 조상이 많은 종족은 그들의 공적을 자랑으로 여기며 활발한 종족 활동의 구심점으로 삼고 있다.

조상의 위세를 과시하고 신분적 우월감을 강화하는 방법으로는 족보의 발간이나 문집간행, 교지의 자랑 등 기록문서에 의한 방법과 대규모 분묘의 축조, 재실 건립, 비석 건립 등 물적 시설에 의한 방법, 봉제사의 범절, 충절, 효행, 정절, 기타 일상생활에서의 유교적 규범에 철저한 행동 등에 의한 방법이 있다(최재석 1966b).

2. 종족 성원의 사회경제적 지위

종족집단이 조상의 사회적 지위를 세습한 집단이라는 성격이 강하기 때문에 조상의 위세가 조상숭배의식과 동조의식을 강화하고 신분적 우월감을 고취하여 배타적족결합을 강화한다는 점은 이미 앞에서 지적하였지만, 현존하는 종족 성원들의 사회경제적 지위도 배타적족결합의 주요한 요건이 된다. 성원들의 사회경제적 지위가 상승하면 종족 활동을 위한 재정적 기반을 튼튼하게 하고, 성원들의 적극적인 참여를 유도하여 활동이 활성화될 수 있다.

종족 성원들이 하나의 조직체를 형성하거나 집단적인 활동을 전개하는 데에는 대개 몇몇 유력한 성원들의 발의와 열성적인 노력에 의존하는 경우가 많다. 종족집단이 혈연의 종지(宗支)에 따라 분파된 여러 갈래의 계보들이 결합한 조직이기 때문에 이론적으로는 각 계보에 속한 성원들의 의견을 수합하고 합의하여 운영해야 하는 것이지만, 실제로는 문중 활동에 열성적인 일부 종족원이 저명한 종족원들과 결합하여 조직을 결성하고 이들을 중심으로 활동해 나간다(최재석 1968). 이들은 경제적으로 여유가 있고 사회적으로 상당한 지위를 확보하고 있어서 종족 활동의 재정적 뒷받침이 되어 주기도 하고, 또 일반 종족 성원들은 이들을 통해서 신분적 우월감을 대리 충족시킬 뿐만 아니라 더 나아가서는 자신의 사회적 활동에 도움을 받거나 자신의 사회적 지위를 상승시킬 기회로 활용하고자 시도하기도 한다.

각종 선거를 앞두고 문중 집회가 빈번하게 개최되고, 문중의 지지기반이 중요시되는 이유도 여기에 있는 것이다. 이런 점에 주목하여 여중철은 종족집단의 중요한 기능으로서 정치적 기능을 지적하기도 하였다(여중철 1974).

종족 성원들의 사회경제적인 지위를 상승시키고자 하는 욕구가 배타적족결합의식과 결합하여 '공조동족(共祖同族)의 상부상조'라는 명분으로 현실 생활에서 강하게 표출된다면 혈연적 연고주의에 흘러 파벌을 형성하고 족벌체제를 구축하는 요인이 될 수도 있다. 실제 기업이나 관공서, 정치 현장에서 이런 요인으로 인해 발생하는 부조리를 어렵지 않게 발견할 수 있다. 최재석은 그의 저서 『한국인의 사회적 성격』(민조사, 1965)에서 한국인의 파벌의식의 주요 원인을 가족중심주의에서 찾고 있다.

경제적인 부를 축적하고 사회적으로 상당한 지위를 확보한 사람들도 종족집단의 활동에 적극적으로 참여함으로써 자신과 저명한 조상을 동일시하고, 자신의 신분적 우월감을 충족하고 과시하는 계기로 삼는다. 그래서 재산을 모으고 높은 지위를 확보하면 서둘러 조상 묘소를 호화롭게 단장하고, 조상을 위한 각종 시설물의 건축에 정성을 쏟으며, 종족 활동에 적극적으로 참여하는 사례가 많이 나타나는 것이다.

산업화가 촉진되고 이촌이 증가하면서 농촌지역의 종족 활동, 특히 당내집단이나 마을 단위의 종족 활동이 전반적으로 침체하고 있는데(이창기 1977 1980), 오히려 도시를 중심으로 해서 일부의 종족 활동(예컨대 花樹會 등)이 활성화되는 경향(최재석 1968; 이광규 1980)이 나타나는 것은 농촌지역에 거주하는 종족 성원의 감소와 도시지역에 거주하는 종족 성원들의 사회경제적 지위의 향상이 영향을 미친 것으로 보인다.

종족 성원의 사회경제적 지위를 상승시키고, 이를 통해서 종족집단의 위세를 과시하고자 하는 의식이 미래지향적으로 표출될 때 다음 세대의 종족 활동을 이끌어 갈 후손들의 성장에 관심을 가지게 될 것이다. 이러한 관심은 후손들을 위한 장학사업의 형태로 나타난다. 몇몇 문중에서 시도하고 있는 문중 장학사업은 그 좋은 예가 될 것이다. 조상숭배의식이 강하고 조상의 위세에 의존해서 종족집단의 신분적 우월성을 과시하고자 했던 한국의 종족집단이 전통적으로 미래의 자손들을 위한 활동에 매우 소극적이었던 데 비해 최근 여러 문중에서 후손들을 위한 장학사업을 전개하고 있는 것은 종족집단의 새로운 변모로서 주목되는 일이다.

현존 종족 성원들의 사회경제적 지위가 전반적으로 높아지고, 경제적 부와 높은 사회적 지위를 획득한 성원들이 늘어나면 그들 스스로 신분적 정체성을 확보하기 위해서 종족 활동에 적극적으로 참여할 뿐만 아니라 그들의 경제적 능력이 종족 활동의 재정적 기반이 되기도 하며, 많은 종족 성원들로 하여금 종족 활동에 적극적으로 참여하도록 동기를 부여하여 족결합을 강화하게 된다.

3. 문중재산

어느 집단이나 조직을 막론하고 왕성한 활동력을 가지기 위해서는 경제적인 기반이 튼실하지 않으면 안 된다. 종족집단도 그들의 공동관심이나 공동목표를 달성하기 위해서는 많은 재정적 뒷받침이 필요하다.

조상숭배의식을 바탕으로 결합한 종족집단이 조상의 위세를 통해서 그들의 신분적 우위를 인정받기 위해서는 조상의 제사를 성대하게 봉행하고, 조상을 위한 시설물(묘소, 비석, 재실 등)을 웅장하게 건립하며, 조상의 위세를 널리 알리기 위한 각종 기록물(족보, 문집 등)을 간행해야 한다. 실제 종족집단의 활동 내용을 분석한 바에 의하면 종족집단의 재정의 가장 많은 부분이 조상을 위한 이러한 사업에 지출되었다(최재석 1966b).

종족의 위세는 타 종족집단으로부터 인정받아야 더욱 빛이 나기 때문에 외부 사회에 조상의 위업을 알리기 위한 사업에도 많은 지출이 필요하다. 경제적으로 어려움을 겪고 있는 종족 성원에게는 경제적인 도움을 별로 주지 않으면서도 많은 경비를 들여 종손의 생활을 지원하거나 종가를 수축하고, 타 종족집단의 행사에 거액의 부조를 하기도 한다. 타 종족의 주요 인사나 유림의 주요 인물이 문중을 방문하였을 때 여러 날을 후히 대접고 돌아갈 때는 많은 여비까지 지원하기도 하였다(최재석 1966b; 이창기 1977). 이러한 것들은 대외적으로 자기 문중의 체통을 유지하고 과시하기 위한 것들이다.

현존 종족 성원들의 활동을 활성화하고 참여율을 높이기 위한 여러 가지 활동에도 많은 경비가 소요된다. 중요한 조상의 묘소나 유적지를 참배하거나, 성원들의 친목을 도모하기 위해 모든 종족 성원들이 참여하는 잔치를 베풀기도 하며, 장학사업, 회지발간 등 문화적 사업을 전개하기도 한다. 이러한 사업에 소요되는 경비는 종족 성원들이 공동으로 부담하는 회비로 충당하거나 유력한 종족원의 찬조에 의존하기도 하지만, 이것들은 경비의 일부분에 지나지 않거나 일시적인 도움에 그치기 때문에 사업의 지속성을 보장할 수가 없다. 그래서 각 종족집단에서는 문중의 공유재산을 확보하기 위해서 많은 노력을 기울인다.

전통적으로 문중재산은 전답이나 임야 등 토지의 형태로 마련되어 있는 것이 일반적이었다. 저명한 종족집단은 막대한 토지의 문중재산을 보유해서 거기에서 나오는 이식으로 각종 활동에 충당하고 자신들의 사회적 위세를 과시하였다. 오늘날까지도 토지를 문중재산으로 소유하고 있는 종족집단이 많이 있지만, 금융자산이나 건물 등 수익성 재산을 소유하고 있는 종족집단이 점차 늘어가고 있는 듯하다.

농지개혁 이후 토지의 형태로 보유하고 있던 많은 문중재산을 잃고 종족 활동이 극히 침체된 종족집단의 경우나 반대로 도시 근교의 한미한 문중이 소유하고 있던 약간의 문중 위토가 도시구획정리 사업에 편입됨에 따라서 막대한 보상을 받게 되고 그 보상금을 문중재산으로 활용하여 종족 활동이 활발하게 이루어지고 있는 사례(조강희 1988b) 등은 문중재산이 종족집단의 결속이나 종족 활동에 얼마나 직접적으로 영향을 미치는가 하는 것을 보여준다.

4. 종족 성원의 수와 밀도

종족집단이 구성되고 활발한 조직 활동이 이루어지기 위해서는 현존 종족 성원들의 수와 집단성이 현실적으로 대단히 중요한 요건이 된다.

전국적인 범위에서도 종족 성원의 수가 많은 종족집단에서 종족 활동이 훨씬 활발하게 이루어지고 있지만, 특히 파 단위나 지역 단위의 활동에서 성원의 수와 밀도는 매우 큰 영향을 미치고 있다.

성원의 수가 많은 종족에서는 종족집단 내부에 수많은 파가 형성되어서 각기 활발한 활동을 전개하고 있다. 반면에 성원의 수가 매우 적은 종족에서는 저명한 조상이 있더라도 분파가 이루어지지 않고 단일 파를 유지하거나, 분파가 이루어지더라도 성원의 수가 매우 적은 파는 독립된 파를 형성하지 못하고 규모가 큰 상위의 파에 흡수되어 활동하는 경우를 볼 수 있다.

특정 조상의 자손들이 수 개 마을이나 군 일원에 걸쳐서 분포되어 있을 때는 성원의 수와 밀도가 종족집단의 형성과 활성화에 더 직접적인 요인으로 작용하고 있다. 정착시조가 위세 있는 저명 인물이라고 하더라도 그 자손의 수가 매우 적거나 너무 넓은 지역에 흩어져 살게 되면 종족집단이 조직화 되기가 어렵고, 조직화 되더라도 활발한 활동을 전개하기가 힘들다.

같은 조상의 후손들이 한 마을 혹은 그 인근 마을에 집단 거주하여 지배적인 지위를 점유하고 있는 종족마을의 경우에는 성원의 수와 밀도가 종족집단의 위세에까지 직접적인 영향을 미친다. 마을 주민의 절대다수를 점하고 있으면서도 지배적인 지위를 확보하지 못하는 경우가 없는 것은 아니지만, 대개의 종족마을은 중심 종족이 수적으로 우세하고 사회경제적 지위가 높은 경우들이다. 마을 내에 거주하는 종족 성원이 매우 소수인데도 불구하고 마을 생활에 지배적인 영향을 미치는 경우는 그들의 조상이 특별히 저명하거나 인근 마을에 종족 성원이 많이 거주하고 있는 경우들이다.

종족 성원의 수가 많고 특정 지역에 밀집해서 거주하면 종족집단의 다양한 행사에 많은 사람이 참여할 수 있고, 재정을 동원할 수 있는 능력도 증대된다.

최근 이촌이 격심하게 일어나면서 마을 단위의 종족 활동이나 수 개 마을 혹은 군 일원에 걸친 종족집단의 활동이 급격하게 위축되고 있는 현상은 성원의 수와 밀도가 종족집단의 구성과 조직의 활성화에 중요한 요인임을 나타내는 증거일 것이다(이창기 1977 1980).

IV. 맺는 말

지금까지 한국의 부계혈족이 집단을 구성하고 조직화하는데 작용하는 여러 가지 요인들을 살펴보고, 이들을 정리하여 한국 종족집단의 구성원리를 찾아보고자 하였다.

혼인으로 일가를 창설하고, 부부 중 어느 일방의 사망으로 일단 창설된 가족이 해체되는 서구의 핵가족과는 달리 한국의 전통 가족에서는 장남이 혼인 후 부모와 동거하는 직계가족의 형태를 취함으로써 일단 창설된 가족은 결코 소멸하지 아니하고 부계·직계·장남의 원리에 의해 영구히 존속되는 특징을 지니고 있다.

이러한 한국 가족의 제도적 특징은 종족집단에까지 확대되어 가계계승의식이 종족집단을 구성하는 가장 핵심적인 정신적 바탕이 되며, 여기에서 파생된 조상숭배의식, 동조의식, 배타적족결합의식 등이 종족 성원들을 하나로 묶어주는 심리적 결속요인이 되고 있다. 종족집단은 이러한 심리적 일체감에 의해서 결속된다.

가계계승의식, 숭조의식, 동조의식, 배타적족결합의식 등의 종족의식은 조상의 위세가 강할 때 더욱 강화되며, 종족집단의 조직적 활동은 종족 성원의 수가 많거나 일정 지역에 밀집되어 있을 때, 종족 성원들의 사회경제적 지위가 높고 저명 인물을 많이 배출하였을 때, 문중재산이 많을 때 더욱 활성화된다.

이상에서 논의한 내용들을 간단히 도시하면 다음과 같은 설명틀을 만들 수 있다. 이러한 설명틀은 종족집단의 구조를 분석하거나 종족집단의 변동을 추적하는 도구로 활용할 수 있을 것이다.

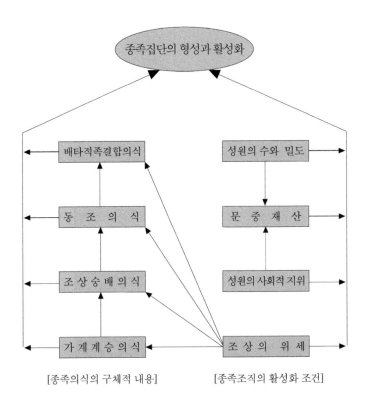

[종족의식의 구체적 내용]   [종족조직의 활성화 조건]

제5장

삼성 종족마을의 혼인연대
-영해 원구리의 사례-

I. 서론

한국의 종족집단은 부계 조상의 혈통을 계승하였다고 인식하는 가계계승의식을 정신적 기초로 하여 조직화 되었기 때문에 혈통의 순수성을 강조하고 비부계나 비혈연자를 경원시하는 혈연적 배타성을 강하게 지니고 있다. 또한 가계계승은 혈통의 계승뿐만 아니라 조상의 사회적 지위의 계승과 신분의 세습이라는 의미를 내포하고 있어서 타 종족에 비해 자신들의 신분적 지위가 우월하다는 점을 과시하고자 하는 특성을 지닌다(최재석 1966b). 이러한 혈연적 배타성(血緣的 排他性)과 신분적 우월감(身分的 優越感)은 배타적족결합의식(排他的族結合意識)으로 표출된다(이창기 1991). 배타적족결합의식은 안으로는 종족집단의 결속을 다지는 정신적 기초가 되지만 밖으로는 타 종족과 경쟁하고 타성을 배척하는 심리적 기제로 작용하여 심각한 갈등을 유발하기도 한다.

종족집단 간의 대립과 갈등은 신분적 지위가 비슷한 성씨가 한 마을에 장기간 공존하기 어렵게 만든다. 두 성씨나 세 성씨가 한마을에 함께 거주하는 경우가 있더라도 시간이 지나면 세력이 강한 어느 한 성씨가 마을을 석권하게 되고, 세력이 약한 성씨들은 점차 마을에서 밀려나게 마련이다. 그래서 대부분의 종족마을은 한 성씨가 지배적인 지위를 점하는 집성촌을 이루게 된다. 두 성씨나 세 성씨가 한 마을에 장기간 세거하는 경우가 있기는 하지만 이 경우에는 대개 서로 첨예하게 대립하거나 심각한 갈등을 경험하게 된다.

그런데 영덕군 영해면 원구리에는 지역사회에서 대표적인 양반 가문으로 인정받는 영양남씨(英陽南氏), 무안박씨(務安朴氏), 대흥백씨(大興

白氏)가 종족집단의 정체성을 유지하면서도 수백 년간 나란히 공존하고 있어서 주목된다. 이 세 성씨는 마을에 입주한 시기도 비슷하고, 조상의 위세나 경제적 지위도 서로 우열을 가리기 어려울 정도로 비슷하며, 마을 내에 거주하고 있는 주민의 수도 거의 비슷하다. 그런데도 특별한 마찰이나 갈등 없이 오랜 세월 동안 한 마을에서 세거할 뿐만 아니라 마을의 중요한 공동체 의례로 행해진 동제나 줄다리기에서 세 종족집단이 긴밀하게 협동하여 마을의 통합에 기여하는 모습도 찾아볼 수 있다. 배타적족결합의식을 바탕으로 자신들의 사회적 위세를 대외적으로 과시하고자 하는 한국 종족집단의 일반적 특성에 비추어 보면 원구리의 세 종족집단이 장기간에 걸쳐 공존하면서 마을의 통합을 지속하고 있는 것은 매우 특이한 사례에 속한다.

영해지방의 대표적인 양반 가문으로 인정받는 세 성씨가 자신들의 신분적 정체성을 유지하면서 한마을에서 500년 동안이나 공존할 수 있었던 요인은 무엇인가? 이 점은 한국의 종족마을을 이해하는데 매우 흥미로운 화두가 아닐 수 없으며, 종족집단의 기본 속성을 규명하는 데 매우 중요한 과제가 될 것이다.

배타적족결합을 특성으로 하는 종족집단이 장기간 공존하려면 배타적족결합을 뛰어넘는 강한 연대가 형성되지 않으면 안 된다. 배타적족결합을 넘어서는 종족 간의 연대로서는 여러 가지를 상정해 볼 수 있다.

생활의 기반이 되는 물적 토대를 유지하고 확장하기 위해서 경제력이 강성한 가문들 사이에 경제적 상호의존관계를 형성할 수도 있을 것이다. 정치권력을 유지하기 위해서 이해를 같이하는 가문들 사이에 정치적 연대가 이루어질 수도 있을 것이다. 때로는 정치권력을 유지하는데 필요한 재정을 지원하고 경제적 이익을 보장받는 정경유착의 형태로 가문 간의 결합이 이루어질 수도 있을 것이다. 그러나 이러한 정치적, 경제적 요인들은 좁은 지역사회에서는 중요한 요인으로 부각되기 어려운 점이 있다.

실제로 원구리의 세 종족집단 사이에서도 정치적 요인이나 경제적 요인을 바탕으로 긴밀하게 결합하는 모습은 발견되지 않는다.

유학을 학습하고 과거(科擧)를 거쳐 관계에 출사하는 조선 사회에서는 같은 스승 밑에서 수학한 학통의 공유가 사회적 유대를 강화하는 중요한 요인이 될 수도 있다. 영해지역은 고려 이래로 동해안을 방어하는 군사요충지로서 무(武)가 성한 무향이었으나, 16~17세기 이후 유학이 보급되면서 퇴계 이황(退溪 李滉)과 그의 제자인 학봉 김성일(鶴峯 金誠一)의 학맥을 잇는 문향으로 성장하여 많은 관인과 유학자를 배출하였다. 이런 점에서 영해지역은 학통이나 학맥의 동질성을 유지하였다고 볼 수 있다. 그러나 이러한 학통의 동질성은 영해지역 전반에 공통되는 요소로서 원구리의 세 성씨의 유대강화에 특별히 작용하는 것은 아니었다.

좁은 지역사회, 특히 마을과 같은 소규모 공동체에서는 혼인을 통한 유대가 종족 상호 간의 결합을 촉진하는 보다 실제적인 결합요인이 되지 않을까 한다. 한국의 종족집단이 부계 혈통을 중시하여 사돈 관계나 인척 관계는 상대적으로 소원하지만, 정서적인 면에서는 사돈 관계나 인척 관계도 부계 혈연에 버금가는 긴밀한 유대관계를 형성한다. 특히 중요한 조상들(종손이나 현조 등)의 혼인은 그 자손들이 서로 내외손 관계로 의식하여 특별한 유대감을 가지게 한다. 혼인을 통해서 종족집단 간에 특별한 유대관계가 형성되는 모습은, 사례가 흔하지는 않지만, 여러 곳에서 찾아볼 수 있다[1].

이 논문은 바로 이러한 인식을 바탕으로 경북 영덕군 영해면의 원구리에 약 500년 동안 큰 마찰 없이 세거하는 영양남씨(英陽南氏), 대흥백씨(大興白氏), 무안박씨(務安朴氏)의 유대관계를 혼인을 중심으로 살펴보고자 한다.

---

1) 종족집단 간의 친화관계에 관해서는 이 책 제8장 참조.

II. 세 성씨의 원구리 정착 과정과 종족 정체성

배타적족결합의식은 자신들의 신분적 지위가 높다고 인식할수록 강하게 나타나며, 마찰과 갈등이 발생할 가능성도 그만큼 커지게 된다. 따라서 신분적 위세가 강하지 않은 한미한 종족들 사이에서는 경쟁의식이나 갈등의 소지가 상대적으로 낮아질 수 있다. 그러나 원구리의 영양남씨, 무안박씨, 대흥백씨는 15세기 말에서 16세기 중엽에 걸쳐 차례차례이 마을에 입촌하여 약 500년 동안 이 마을에 세거하면서 이 지역의 어느 가문에도 뒤지지 않을 출중한 인물들을 배출한 명문 종족이다. 원구리는 문과, 무과, 생원, 진사 등 각종 과거급제자와 학행과 충의로 이름난 인물들을 영해지역에서 가장 많이 배출한 마을로 손꼽히고 있다. 주민들은 이러한 조상의 위세를 바탕으로 자신의 가문과 마을에 대한 강한긍지를 지니고 있다.

종족집단은 조상의 혈통을 계승한 집단일 뿐만 아니라 조상의 사회적지위를 세습한 집단이기 때문에 저명한 인물을 공동 조상으로 하는 종족성원들은 숭조의식(崇祖意識)과 동조의식(同祖意識)이 강하고 신분적 우월감도 매우 강하여 족결합을 더욱 촉진하게 되는 것이다(이창기 1991)

이 자리에서는 세 종족의 원구리 정착 과정을 살펴보고 종족 성원들이 자랑으로 삼고 있는 중요한 인물들을 통해서 종족 정체성의 일면을검토해 보고자 한다.

1. 영양남씨(英陽南氏)

영해지역의 영양남씨는 중시조 영양군 남홍보(南洪輔)의 8세손 송정남수(松亭 南須, 1395~?)가 울진에서 영해의 인량리로 이거 함으로써 이지역에 터를 잡게 된다. 남수는 1395년(태조 4)에 울진에서 태어나 사헌

부 감찰어사, 용담 현령을 역임하였으나 단종이 폐위되자 벼슬을 버리고 낙향하여 영양남씨 송정공파의 파조가 되었다. 남수가 영해로 이거한 정확한 연대는 알 수 없으나 당시 인량(현 창수면 인량리)에 터전을 잡고 있던 대흥백씨 집안으로 장가든 것으로 보아 혼인 후 처향으로 이주한 것으로 보인다. 아들과 딸을 차별하지 아니하고 재산을 균분하는 상속제도와 혼인 후 처가에서 장기간 거주하는 서류부가(壻留婦家)의 혼인 풍습에 따라 물질적 토대가 튼실한 처가 쪽에서 생활하게 되는 것은 당시의 일반적 관행이었다. 정착 시조가 대흥백씨와 혼인함으로써 영양남씨와 대흥백씨는 혼인을 통해서 깊은 유대를 맺게 된다.

인량리에서 원구리로 처음 이주한 영양남씨는 남수의 손자인 남비(南秠)와 그의 아들 남한립(南漢粒) 부자이다. 이들이 원구리에 입촌한 시기는 정확하게 알 수 없지만, 남비가 1507년에 무과에 급제하여 훈련원 참군(訓練院參軍)을 제수받았고, 영양남씨 족보에 남한립이 아버지를 모시고 처음 원구에 거주하였다고 기록된 것으로 보아 16세기 초에 원구리에 정착한 것으로 보인다. 오늘날 원구리에 거주하고 있는 영양남씨는 모두 이들의 후손이다.

남비 부자가 원구리에 정착하게 된 것은 남한립의 혼인과 깊이 관련된 것으로 추증된다. 인량리의 대흥백씨 집안으로 장가들어 인량리에 정착한 남수는 3남 남전(南荃, ?~?)에게 옛 거처인 울진으로 돌아가 살게 하였고, 남비와 남한립도 울진에서 태어났는데, 남한립이 장성 후 인량리에 거주하던 무안박씨 영해 입향조 박지몽의 딸과 혼인하여 부친 남비를 모시고 원구리에 정착하였다. 원구리는 인량리와 약 2km 떨어져 있는 마을이고, 박지몽의 차남과 삼남이 원구리로 옮겨 살았던 것으로 보아 남한립의 원구리 이주는 박지몽 가문과의 혼인이 중요한 계기가 되지 않았을까 짐작된다. 남한립이 박지몽의 딸과 혼인하고 원구리에 정착함으로써 영양남씨와 무안박씨 사이에 혼인망을 형성하는 계기가 되었다.

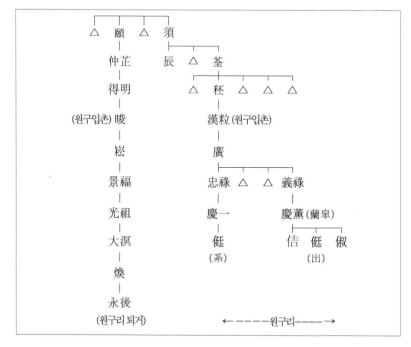

〈그림5-1〉 영양남씨 가문의 세계

세 성씨 중에서 원구리에 제일 먼저 정착한 영양남씨는 입촌조 남비의 현손인 난고 남경훈(蘭皐 南慶薰, 1572~1612)을 중심 조상으로 하고 있다. 남경훈은 1572년 원구리에서 태어나 임진란에 부친 남의록(南義祿, 1551~1620)과 함께 의병을 일으켜 최초의 영해 의병장이 되었으며, 경주성과 영천성 탈환전, 문경 당교전투, 팔공산회맹, 화왕산성진회맹 등에 참여하여 공을 세웠다. 이 공으로 남의록은 선무원종공신 3등에 책록되었으며, 1603년에 무과에 급제하여 군기시 판관을 역임하였다.

남경훈은 1606년 성균관 진사가 되었으나 출사하지 아니하고 교학에 전념하여 『사례해의(四禮解義)』 2책과 시문집인 『난고선생유고(蘭皐先生遺稿)』 1책을 남겼다. 부친이 영해 부사의 학정을 탄핵하다가 옥에 갇히자 순찰사에게 무죄방면을 주장하고 아버지를 대신하여 옥살이를 하였다. 이 사건은 결국 무죄로 판명되어 영해 부사가 파직되었으나 남경훈은 옥중에서 병을 얻어 1612년에 사거하였다. 남경훈의 이러한 충절과 효행, 학덕을 높이 기려 1756년 유림에서 광산서원(光山書院)과 경덕사(景德祠)를 세우고 불천위(不遷位)로 모시게 하였다. 그의 후손 중에서 문과에 8명, 생원과 진사에 20명 등 28명의 과거 급제자가 배출되었으며, 49명이 150여 책의 저술을 남겼다.

난고 종택은 2012년에 국가민속문화재 제271호로 지정되었으며, 전적 고문서 등 〈난고종가문서 일습〉은 경상북도 유형문화재 148호로 지정되었다.

남비 부자가 원구리에 정착하던 비슷한 시기에 영해지역 영양남씨의 정착 시조 남수의 종증손(仲兄 南頤의 증손)인 남준(南晙, 1474~1550)이 원구리에 들어와서 6대 동안 거주한 것으로 알려져 있다. 여기에 대해서는 구체적인 기록이 남아 있지 않아 남비 부자보다 먼저 입촌한 것인지 아니면 그 이후에 입촌한 것인지 알 길이 없다. 다만 남준의 후손들이 대흥백씨 집안과 빈번하게 혼인하였고, 묘소가 인근지역에 산재한 것으로 보아 적어도 6~7대 동안 이 지역에 거주한 것은 사실인 듯하다.

2. 무안박씨(務安朴氏)

무안박씨의 영해 입향조는 증 사복시 정(贈 司僕寺正) 박지몽(朴之蒙, 1445~?)이다. 박지몽은 일찍이 부모를 여의고 백부 박이(朴彌)가 영덕 현감으로 부임할 때 따라와서 이 지역 토성인 야성박씨(野城朴氏, 야성은 영덕의 옛 이름) 박종문(朴宗文)의 여식과 혼인하여 인량리에 정착하였다. 박지몽은 연산조 권신인 임사홍의 고종사촌인데 임사홍의 전횡이 장차 자신에게 화를 불러올 것으로 염려하여 원지에 정착하였다고 한다. 박지몽이 인량에 터를 잡은 후 자손이 번성하고 훌륭한 인물이 많이 배

출되어 영해지역의 5대 성씨로 평가받게 되었다. 그러나 아들 5형제와
그 자손들이 인량을 떠나 여러 곳에 터전을 일구어 온 것으로 보아 인량
에서 오래 거주하지는 않은 듯하다.

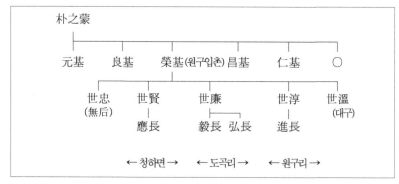

〈그림5-2〉 무안박씨 가문의 세계

　원구리에 처음 자리를 잡은 것은 1500년대 초반 박지몽의 차남 양기
(良基)로 알려져 있으나(남훈 2004:89) 삼남 영기(榮基)의 자녀들(차남
世賢, 1531~1593; 삼남 世廉, 1535~1593; 사남 世淳, 1539~1612)이 원구
리에서 태어났다고 하는 것으로 보아(권순일 1992:45~47) 1520~30년경
에 영기도 함께 원구리로 이거한 것으로 보인다. 그러나 양기의 후손들
은 원구리를 떠나 8km 정도 떨어진 남천 상류의 대동으로 이거하여 원
구리에는 양기의 후손들이 남아 있지 않다.

　영기의 장남 세충은 무후하고 차남 세현의 후손들은 영일군 청하면
지역으로 이거하였다. 삼남 세렴은 무과에 급제하여 연일 현감, 의주 판
관을 지냈으며 사후 병조판서에 추증되었다. 특히 그의 장남 의장(毅長)
은 임란 때 경주성 탈환에 혁혁한 공을 세워 선무원종공신(宣撫原從功
臣) 1등에 서훈되었고, 사후 무의(武毅)의 시호를 받고 호조판서에 증직
되었으며 불천위로 봉해졌다. 박의장의 후손들은 원구리에서 약6km 떨

어진 축산면 도곡리에 정착하여 영해지역의 대표적인 반촌을 이루었다.

원구리에는 영기의 사남 경수당 박세순의 자손들이 대대로 세거하였다. 원구리 무안박씨의 중심인물인 박세순은 일찍이 무과에 급제하여 절충장군 첨지지중추부사 겸 오위장(折衝將軍僉知知中樞府事兼五衛將)을 역임하였으며, 사후 공조 참의를 추증하였다. 임란 당시에는 군자감 정으로서 경주 판관이었던 조카 박의장을 도와 800석의 군량미를 조달하여 승전에 크게 기여하였으며, 이 공으로 선무원종공신(宣撫原從功臣) 2등에 녹훈되었다. 박세순은 이재에 뛰어나 당대에 많은 재산을 일구고 원구리에 99칸의 대저택 경수당(慶壽堂)을 건축하였다. 이 건물은 중간에 대화재로 소실되고 지금의 건물은 1713년에 다시 건축한 것이다. 원구리 무안박씨의 종택인 경수당은 1997년에 경상북도 유형문화재 297호로 지정되었다(영덕군 2002:147; 남훈 2004:96).

3. 대흥백씨(大興白氏)

대흥백씨로서 영해지역에 처음 입향한 이는 고려말 승평 목사(昇平牧使), 전리사 판서(典理司判書)를 지낸 대흥군 백견(大興君 白堅)과 그의 장남 백문보(白文寶, 1303~1374)이다. 백문보는 광주 목사(廣州牧使), 전리사 판서를 거쳐 공민왕의 세자 우(禑)의 사부가 된 인물로서 대흥백씨의 득관조(得貫祖)이다. 백견은 영해박씨인 시중 평장사(侍中平章事) 박감(朴瑊)의 사위가 되어 병곡면 각리에 정착하였다가 수해로 창수면 인량리로 이거하였다고 한다. 이때부터 백문보의 5대손 계성(繼性), 계원(繼元), 계근(繼根)에 이르기까지 인량리를 중심으로 터전을 일구었다.

대흥백씨로서 원구리에 처음 입촌한 이는 계근의 손자 족한당 백인국(足閒堂 白仁國, 1530~1613)으로 1556년에 이주한 것으로 알려져 있다(영덕군 1992:458). 백인국이 원구로 이거하게 된 과정은 명확하지 않으나 임진란 때에 많은 군량미와 함께 아들 백민수(白民秀, 1558~1612)를 곽재우 장군 진영인 화왕산성으로 보낸 것으로 보아 누대에 걸쳐 세거하였던 인량리 부근에 조업의 기반이 튼실하였던 것으로 보인다.

대흥백씨의 원구리 입촌조인 백인국은 퇴계의 학통을 이어받아 영해 지역에 성리학을 펼치는데 크게 기여한 인물이다. 퇴계의 제자인 유일재 김언기(惟一齋 金彦璣)의 문하에서 수학하고 학봉 김성일(鶴峯 金誠一), 운악 이함(雲嶽 李涵), 무의공 박의장(武毅公 朴毅長), 성헌 백현룡(惺軒 白見龍) 등과 학문적으로 교유하면서 6읍 교수를 역임하였다. 임란 시에는 향인을 솔병하여 축산포의 왜적을 방어했고, 많은 병량과 함께 독자인 민수를 화왕산성 곽재우 진영으로 보내 참전케 하였다. 민수는 이 공으로 선무원종공신 3등에 올라 내자시 직장(內資寺直長)의 관직을 제수

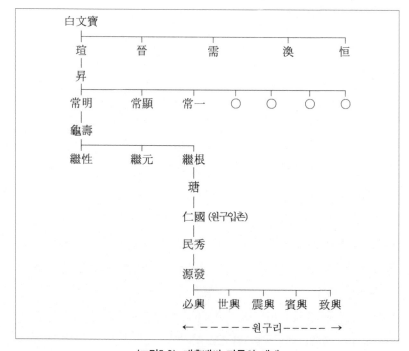

〈그림5-3〉 대흥백씨 가문의 세계

받았다. 백인국의 딸은 원구리 영양남씨 종손인 남경일(南慶一)에게 출가하였다.

백인국의 손자 원발(源發, 1597~1671)은 원구리 영양남씨의 중심인물인 남경훈의 문하에서 수학하고 그의 사위가 되어 양 가문의 유대를 더욱 긴밀하게 다졌다. 백원발의 아들 5형제(必興 世興 震興 賓興 致興)가 모두 현달하여 그 명성이 향당에 회자되자 지역사회에서는 세칭 5흥가(五興家)라 부르게 되었다. 영양남씨 문중에서도 이들 5형제가 남씨 문중의 외손임을 큰 자랑으로 삼고 있다.

이처럼 원구리 세 종족의 중심 조상들은 임진란에 적극적으로 참전하여 공신으로 책록되는 공통점이 있고, 후손 중에서 인재가 끊이지 않고 배출되었다. 이러한 조상들의 충절과 학덕에 대해서 각 종족의 성원들은 매우 높은 긍지를 지니고 있으며, 신분적 정체성을 더욱 확고히 하고 대외적으로 드러내기 위해 꾸준히 노력하고 있다.

원구리의 세 성씨는 경제적인 기반도 매우 튼실했던 것으로 보인다. 무안박씨의 중심인물인 박세순은 임란 시 800석의 군량미를 조달하고 99칸의 대저택을 건축하여 대대로 유지할 정도로 많은 재산을 보유하고 있었다. 대흥백씨도 입촌조인 백인국이 임란 시에 많은 군량미와 함께 아들 백민수를 곽재우 장군 진영으로 보냈고, 그의 후손 중에는 4~5대에 걸쳐 천 석을 유지하기도 하였다. 진사 백기동(白基東, 1822~1898)은 이 재산을 기반으로 99칸의 대저택을 건축하였으나 대화재로 모두 소실되고 현재는 별당채인 해산정(海山亭, 지금은 尙義堂으로 당호를 바꾸었다)만 남아 있다. 영양남씨는 박씨나 백씨에 비해 재산 상태가 다소 약하기는 하지만 대대로 300석을 유지하면서 대묘(大廟)와 별묘(別廟)를 갖춘 규모 있는 종택과 2층 누정인 난고정(蘭皐亭)을 보유하고 있다.

세 성씨는 조상의 신분적 위세가 모두 출중하고 경제적 기반이 튼실했을 뿐만 아니라 마을 내에 거주하는 성원의 수도 균형을 이루고 있었

다. 일제강점기 이전의 정확한 거주민 통계는 찾을 수 없지만 1930년대
의 자료에 의하면 영양남씨 40호, 대흥백씨 31호, 무안박씨 45호, 기타
35호로 구성되어 있으며(朝鮮總督府 1935:825), 1987년에는 영양남씨
43가구, 대흥백씨 42가구, 무안박씨 39가구, 기타 30가구로 나타나고 있
다(영덕군 1992:458). 2004년 말 필자의 조사에서는 각각 13가구, 16가
구, 14가구, 26가구로 가구수가 많이 줄어들기는 하였지만 세 성씨가 비
슷하게 거주하고 있다. 세 성씨가 수적으로 균형을 이루고 있는 경향은
과거에도 여전하였다고 한다.

III. 세 성씨의 혼인관계

조상의 위세가 강하고, 경제적 기반이 튼실하며, 마을에 거주하는 성
원의 수가 비슷한 종족이 한 마을에 장기간 세거하게 되면 종족 상호
간에 경쟁과 대립, 갈등과 마찰이 발생할 가능성이 높아질 수 있다. 그럼
에도 원구리의 세 종족이 약 500년 동안 공존할 수 있었던 배후에는 혼
인을 통한 유대가 크게 작용하고 있는 것으로 보인다.

전통사회에서 혼인은 개인과 개인의 결합이 아니라 가문과 가문의 결
합이라는 의식이 강했기 때문에 혼인관계는 혈연적 유대를 넘어서 사회
를 통합시키는 중요한 요인으로 크게 작용한다. 때로는 정치적 목적이나
경제적 이익을 공동으로 추구하기 위해서 정략적으로 혼인을 맺기도 했
지만, 그러한 의도가 전제되지 않더라도 특정한 가문과 가문 사이에서
혼인이 반복적으로 이루어진다면 그들 사이에 사회적 유대가 강화되는
것은 자연스러운 일일 것이다.

씨족외혼제가 엄격하게 지켜지는 사회에서는 자기가 소속한 씨족집

단 외부에서 배우자를 맞아들여야 한다. 그래서 동성동본 불혼율이 확립되고, 한 성씨로 이루어진 종족마을이 확산되는 조선 중기 이후에는 마을 안에서 배우자를 구하기가 어려워지기 때문에 통혼의 범위는 마을의 경계를 넘어설 수밖에 없다. 그러나 원구리와 같이 한 마을에 사회적 위세가 비슷한 세 종족이 공존하고 있으면 마을 안에서 배우자를 맞아들일 수 있는 선택의 폭이 넓어지고, 이들 사이에 빈번하게 혼인이 교환된다면 혼인을 통한 연대는 종족집단 간의 갈등을 완화하면서 마을의 통합에도 크게 기여할 수 있을 것이다.

혼인을 통한 유대는 마을 내의 세 성씨들 사이의 혼인으로만 이루어지는 것은 아닐 것이다. 우리 사회의 혈연성은 지연성을 뛰어넘는 특징이 있기 때문에 비록 다른 마을에서 거주하던 자라 하더라도 마을에 거주하는 종족과 가까운 혈족이라면 같은 조상의 자손이라는 동조의식이 마을 안에서 혼인하는 경우와 유사한 유대감을 가질 수 있으리라 생각된다. 그래서 이 논문에서는 촌락내혼뿐만 아니라 인근 마을과 혼인하더라도 성씨가 같은 경우에는 함께 살펴보기로 한다.

영해지역에 세거하고 있는 여러 성씨들의 족보를 검토해 보면 통혼하는 성씨가 매우 한정되어 있다는 것을 알 수 있다. 대체로 조선 후기 이후 영해지역 5대 성씨로 간주되었던 영양남씨, 대흥백씨, 무안박씨, 재령이씨, 안동권씨와 이들이 영해지역에 터를 잡기 이전부터 세거하였던 토성들, 즉 평산신씨(영해신씨), 영해박씨, 평해황씨 사이에서 혼인이 빈번하게 이루어지고 있었다. 원구리에 세거하는 세 성씨도 대체로 이들 5대 성씨나 영해지역 토성들과 혼인하고 있었다. 그중에서도 세 성씨가 상호 간에 빈번하게 혼인하여 특별한 연대를 형성하고 있다.

원구리 세 성씨 사이의 혼인연대는 영양남씨를 중심으로 형성되고 있다. 영양남씨와 무안박씨, 영양남씨와 대흥백씨 사이에 혼인이 빈번하게 이루어지고 있다. 무안박씨와 대흥백씨 사이에는 상대적으로 혼인빈도

가 낮지만, 영양남씨를 통해서 간접적으로 연결된다. 직접 혼인을 교환
한 사례가 많지 않더라도 두 가문은 처가의 외가 또는 외가의 외가로
연결되는 것이다.

영양남씨, 무안박씨, 대흥백씨가 원구리에 정착하는 과정에도 이들 사
이의 혼인이 중요한 계기가 된 것으로 보인다. 영양남씨로서 처음 원구
리에 입촌한 남한립이 무안박씨와 혼인한 시기를 전후하여 처남인 박양
기와 박영기 형제가 원구리로 옮겨온 과정이나, 대흥백씨로서 원구리에
처음 입촌한 백인국이 영양남씨와 혼인하고 그의 딸과 손자가 영양남씨
와 혼인한 정황들이 이를 뒷받침한다. 입촌 초기의 혼인을 통한 유대가
후대에까지 이어져서 영양남씨와 무안박씨, 영양남씨와 대흥백씨는 서
로를 '선호하는 혼인 대상' 즉 길반(吉班)으로 인식하게 된 것이다.

세 성씨 사이의 빈번한 혼인은 원구리에 입촌하는 초기부터 17세기
중엽까지 특히 두드러지지만, 자손들이 늘어나고 주거지가 확산되는 17
세기 중엽 이후에도 지속되고 있음이 족보에 드러나고 있다. 다만 그 빈
도가 다소 떨어질 뿐이다.

이 자리에서는 영양남씨를 중심으로 형성된 영양남씨와 무안박씨, 영
양남씨와 대흥백씨의 혼인 관계를 각 문중의 족보 기록을 바탕으로 자세
히 살펴보고, 무안박씨와 대흥백씨의 간접적인 혼인 관계(연비친척 관
계)도 함께 검토하기로 한다.

1. 무안박씨와 영양남씨의 혼인관계

무안박씨 영해 입향조인 박지몽(朴之蒙, 1445~?)은 영양남씨 입향조
인 남수(南須)의 증손녀를 둘째 며느리(차남 良基의 처)로 맞아들이고,
딸을 남수의 증손자 한립(漢粒)에게 출가시킴으로써 영양남씨 가문과 혼
인을 통해서 긴밀한 관계를 형성한다. 박양기의 처와 남한립은 6촌 남매

간으로 매우 가까운 혈족인데 혼인 후 친남매의 배우자가 됨으로써 더욱
밀접한 관계를 형성한다. 박양기는 무안박씨로서 원구리에 처음 입촌한
자이고, 남한립 또한 아버지를 모시고 원구리에 처음 입촌한 것으로 보
아 이들 두 집안의 원구리 입촌 과정에 이들의 혼인이 직간접으로 관련
된 것으로 보인다.

박지몽의 삼남 영기(榮基, 1483~?)도 며느리(삼남 世廉의 처)와 손부
(사남 世淳의 아들 進長의 처)를 영양남씨 집안에서 맞아들였다. 세렴의
처는 백모(영기의 처)의 친정 조카의 딸이니 고모할머니(왕고모)가 시백
모가 된 것이고, 진장의 처는 백모(세렴의 처)의 친정 질녀(조카딸)이니
고모가 혼인 후 시백모가 된 것이다. 무안박씨와 영양남씨의 혼인 관계
를 정리하면 〈그림5-4〉〈그림5-5〉와 같다.

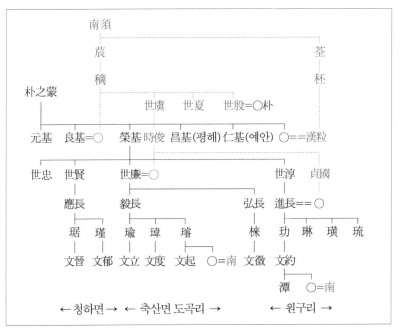

〈그림5-4〉 무안박씨와 영양남씨 가문의 혼인①

이처럼 원구리에 정착한 무안박씨는 3대에 걸쳐서 영양남씨 집안과
네 차례나 혼인을 거듭하고 있는데 이들의 혈연의 거리도 각 집안에서
6촌 이내의 가까운 사이들이다. 가까운 혈족이 혼인 후에도 가까운 인척
이 됨으로써 양가의 관계는 매우 밀접하게 연결되고 있다. 영기의 손자
대 이후에는 영양남씨와의 혼인이 다소 뜸하지만, 현손과 5대손 중에서
영양남씨 집안으로 출가한 사례가 두 사례(증손 璿의 사위, 현손 文約의
사위) 더 나타나고 있다.

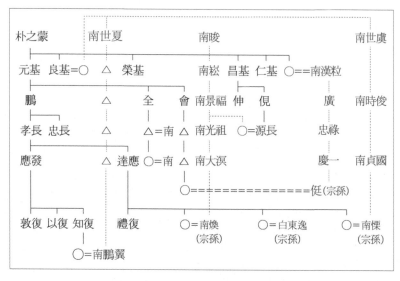

〈그림5-5〉 무안박씨와 영양남씨 가문의 혼인②

박지몽의 장남 원기(元基)와 사남 창기(昌基)의 후손들 중에서도 영양
남씨와 혼인한 사례가 여러 건 나타난다(〈그림5-5〉). 원기의 차남 전(全,
1514~1558)은 며느리를 영양남씨 집안에서 맞아들이고 손녀를 영양남
씨 집안으로 출가시켰다. 삼남 회(會)도 증손녀를 영양남씨 남정(南侹,
1597~1676)에게 출가시켰는데 남정은 남한립의 현손으로 원구리 영양

남씨의 종손이다(생부는 난고 남경훈인데 당숙 남경일의 자로 입양). 특히 원기의 증손 달응(達應)은 세 딸 중 두 명을 영양남씨 집안으로, 한 명은 대흥백씨 집안으로 출가시켰는데 모두 해당 집안의 종부가 되었다. 남환(南煥, 1605~?)은 원구리에 6대를 거주하다 타지로 이거한 남준(南畯)의 5대종손이고, 남율(南慄, 1571~1640)은 영양남씨 영해 입향조인 남수의 대종손이며, 백동일(白東逸, 1600~?)은 영해 대흥백씨의 대종손이다. 가계 계승을 중시하는 조선 중기에 여식을 종부로 출가시킨다는 것은 어느 혼인보다 특별히 중요한 의미를 지니는 것이다. 원기의 현손 지복(知復)도 호지말 영양남씨의 중심인물인 남붕익(南鵬翼, 1641~1687)을 사위로 삼았다. 박지몽의 사남 창기의 손자 원장(源長, 1554~1645)도 원구리 영양남씨 남경복(南景福, 남준의 손자)의 사위가 되었다.

이후 무안박씨와 영양남씨 사이의 혼인은 빈도가 다소 떨어지고 있다. 양가 사이의 혼인이 다소 줄어드는 것은 당시의 사회 상황과 양가의 사회적 배경이 영향을 미치고 있는 것으로 보인다. 임진과 병자의 양란이 수습되고 영해지역이 군사요충지로서의 의미가 약해지면서, 17세기 후반부터 영해지역은 퇴계 학풍을 계승한 문향으로서 부각되기 시작한다(이수건 2001; 이수환 2003). 이러한 시대적 분위기가 무반으로서 명성을 가진 무안박씨 가문과 학문을 숭상하며 다수의 문과 급제자를 배출한 영양남씨 집안 사이에 혼인이 줄어든 요인이 되지 않았을까 짐작된다. 그러나 비록 혼인빈도가 다소 줄어들기는 하였지만, 윗대에서 빈번하게 이루어진 거듭된 혼인은 오래도록 양가의 관계를 긴밀하게 유지하는 중요한 바탕이 되었을 것으로 보인다.

2. 대흥백씨와 영양남씨의 혼인관계

대흥백씨와 영양남씨의 혼인관계를 보면 영해 입향조인 백문보의 손

자 백승(白昇)이 영양남씨 영해 입향조인 남수를 사위로 맞아들여 영양
남씨와 혼인 관계를 형성한다.[2] 영양남씨의 입장에서 보면 입향조가 대
흥백씨와 혼인하고, 그 인연으로 울진에서 영해지역으로 이주하였으니
대흥백씨는 특별한 인연을 가진 가문으로 인식되었을 것이다. 백승이 영
양남씨를 사위로 맞아들인 이후 4대 동안 대흥백씨와 영양남씨 사이에
는 혼인이 없었으나 백승의 현손 대에 와서 사촌 사이인 호(琥), 침(琛),
당(瑭)이 다시 원구리 영양남씨와 혼인으로 깊은 인연을 맺게 된다.

　백승의 현손 호는 두 딸을 영양남씨에게 출가시키고, 침은 남준의 딸
을 며느리로 맞아들이며, 당은 남준의 외손녀를 며느리로 맞아들인다.

　백호의 사위 남경복(南景福)은 원구리에 정착한 남준(南畯)의 장손자
이며, 남광(南廣)은 현존 영양남씨의 원구리 입촌조인 남비(南秠)의 장손
자이다. 침의 며느리는 남경복의 고모인데 고모가 혼인 후 6촌 처남의
아내가 된 것이다. 이때부터 대흥백씨와 영양남씨는 빈번하게 혼인을 교
환한다. 특히 남준의 현손인 남대명(南大溟, 1578~1638)은 딸과 손녀를
대흥백씨 집안으로 출가시켰는데 딸은 백원발(白源發)의 장남 필흥(必
興, 1627~1687)의 처가 되고, 손녀는 백원발의 삼남 진흥(震興, 1632~
1701)의 처가 되어 고모와 질녀 사이인 이들은 혼인 후 동서가 된다. 겹
사돈 혼인의 대표적인 사례라 할 수 있다. 백진흥은 남씨부인이 사망한
후 다시 영양남씨(호지말에 입촌한 南斗建의 딸)를 후취로 맞아들인다.
백필흥의 장남 현(睍, 1650~1728)도 영양남씨(南國煥)를 사위로 맞았고,
백세흥의 삼남 흔(昕, 1661~1741)도 영양남씨와 혼인하였다. 이러한 연
비친척 간의 혼인은 원구리 입촌조인 백인국(白仁國, 1530~1613)의 딸과

---

2) 백씨대동보에는 백문보(白文寶)의 손자 백승(白昇)의 딸로 기록되어 있고, 남씨대
　동보에는 백문질(白文質)의 손자 백린(白璘)의 딸로 기재되어 있다. 백문질은 백문
　보의 아우다. 두 기록에 약간의 착오가 있는 것으로 보이나, 혼인을 통한 두 가
　문의 유대를 이해하는 데는 무리가 없다고 생각한다. 이 자리에서는 백씨대동보의
　기록에 따른다.

손자에서도 발견된다. 백인국의 딸은 남광의 장손자 남경일(南慶一, 1570~1648)에게 출가하여 원구리 영양남씨의 종부가 되고, 손자 원발 (源發, 1597~1671)은 남경일의 사촌인 난고 남경훈(蘭皐 南慶薰, 1572~ 1612)의 딸과 혼인한다. 친정 조카가 혼인 후 종질서(5촌 조카사위)가 되는 것이다.

입촌조 백인국의 장손인 백원발이 당대에 지역사회에서 학덕과 충절로 명망이 높던 남경훈에게서 학문을 배우고 그의 사위가 됨으로써 원구리 대흥백씨와 영양남씨는 특별한 연고가 구축된다. 백원발과 영양남씨 사이에서 태어난 남경훈의 외손자 5형제(必興, 世興, 震興, 賓興, 致興)는 세칭 5흥가라 부를 만큼 지역사회에서 모두 출중한 인물로 부각된 인재들이다. 영양남씨들은 이들이 남씨의 외손임을 큰 자랑으로 여겨 양 가문의 관계를 더욱 확고하게 하였다. 원구리의 대흥백씨와 영양남씨 사이의 이러한 혼인 관계는 이후에도 지속되어서 두 가문 사이의 혼인은 최근까지도 빈번하게 이루어지고 있다.

원구리 대흥백씨의 입촌 과정에서도 영양남씨 집안과 혼인으로 긴밀하게 연결되고 있음을 알 수 있다. 1556년에 원구리에 입촌하였다고 하는 백인국은 이미 원구리에 터를 잡고 있던 남준의 외손녀와 혼인하였는데, 그의 연령과 입촌 시기를 견주어 보면 혼인 후 처외가로 입촌하였을 가능성이 크다. 입촌 후에는 남준과 계보를 달리하는 영양남씨 집안(남수의 자손)의 종손인 남경일을 사위로 삼고, 남경일의 사촌인 남경훈의 딸을 손자며느리로 맞아들인다. 입촌 초기에 이렇게 혼인이 중첩된 데에다 남경훈의 외손자 5형제가 지역사회에 문명을 떨치게 됨으로써 대흥백씨와 영양남씨는 서로를 선호하는 혼반 즉 길반으로 의식하게 된 것으로 보인다. 서로를 길반으로 생각하는 이러한 의식은 현재에도 이 마을에 거주하는 두 가문의 성원들에게 강하게 남아 있다.

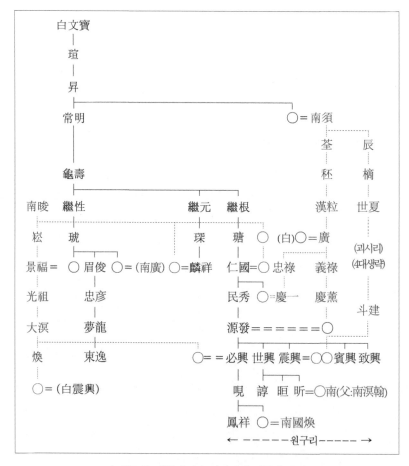

〈그림5-6〉 대흥백씨와 영양남씨 가문의 혼인

3. 무안박씨와 대흥백씨의 간접적 혼인관계

앞에서 살펴본 바와 같이 원구리 세 성씨 사이의 혼인은 영양남씨를 중심으로 해서 무안박씨와 영양남씨, 대흥백씨와 영양남씨 사이에 혼인이 빈번하게 이루어졌다. 무안박씨와 대흥백씨 사이에는 상대적으로 혼인의 빈도가 떨어진다. 이 사실만으로 보면 양가 사이가 다소 소원한 것

으로 보일 수도 있다. 그러나 박씨와 백씨 집안이 직접적으로 혼인이 빈
번하게 교환된 것은 아니라 하더라도 영양남씨를 매개로 해서 외가의 외
가, 처가의 외가, 또는 시가의 외가로 긴밀하게 연결되고 있다. 원구리에
처음 정착한 남준과 남비의 종가 혼인관계에서 이러한 모습이 두드러지
게 나타나고 있다.

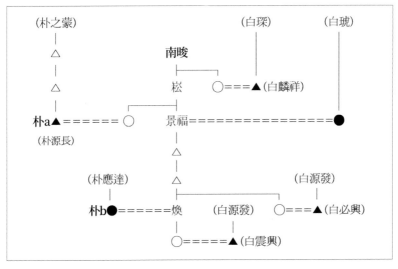

〈그림5-7〉 무안박씨와 대흥백씨의 간접 혼인관계①

〈그림5-7〉의 朴a는 박지몽의 증손자 박원장으로 남준의 손녀와 혼인
하였는데, 맏처남댁이 대흥백씨 백호(白琥)의 딸이고, 처고모부는 백침
(白琛)의 아들 백인상(白麟祥)이다. 백침과 백호가 사촌 사이이니까 백인
상과 남경복의 처는 6촌 남매로서, 혼인 후 시고모부와 처질부가 되었
다. 박원장은 처가를 통해서 백씨 집안과 긴밀한 관계를 형성한 것이다.

朴b는 박지몽의 현손 박응달(朴應達)의 여식으로 남준의 5대 종손 남
환(南煥)과 혼인하였는데, 시매부와 사위가 대흥백씨이다. 시매부 백필

흥(白必興)은 백원발(白源發)의 장남이고, 백진흥(白震興)은 백원발의 3
남이다. 형제가 혼인 후 처고모부와 처질서가 된 것이다. 朴b는 시누이
와 딸이 백씨 집안으로 출가함으로써 남준의 종가와 백원발의 집안 사이
에는 이중으로 사가(査家) 관계를 형성하는 겹사돈혼인의 대표적인 사례
가 되었다. 이로써 무안박씨 집안은 朴b의 혼인을 통해서 백씨 집안과
밀접하게 연결된다.

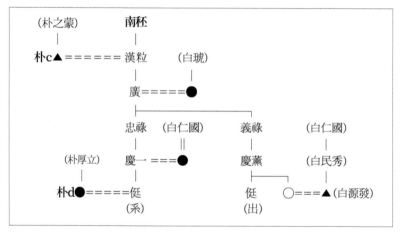

〈그림5-8〉 무안박씨와 대흥백씨의 간접 혼인관계②

〈그림5-8〉의 朴c는 무안박씨 영해 입향조인 박지몽의 여식인데, 영양
남씨 원구 입촌조인 남한립(南漢粒)에게 출가하여 외아들 남광(南廣)을
대흥백씨 백호의 딸과 혼인시켰다. 남광의 입장에서 보면 외가가 무안박
씨이고 처가가 대흥백씨가 되어 무안박씨와 대흥백씨는 남광을 통해서
긴밀한 관계를 형성한다.

영양남씨를 통해서 연결되는 무안박씨와 대흥백씨의 간접적인 혼인
관계는 남광의 후대에서도 나타난다. 朴d는 박지몽의 현손 박후립(朴厚
立)의 여식으로 원구의 영양남씨 대종손인 남정(南侹)과 혼인하였는데,

시어머니가 대흥백씨 원구 입촌조인 백인국(白仁國)의 딸이고, 6촌 시매부가 백인국의 손자 백원발(白源發)이다. 시어머니와 6촌 시매부가 혼인 전에는 고모와 조카 사이였다. 그런데 남정은 남경훈(南慶薰)의 차남인데 당숙 남경일(南慶一) 앞으로 입양되었기 때문에 생가로 따지면 백원발은 朴d의 친시매부가 된다. 백원발의 입장에서 보면 고모가 처가의 종숙모가 된 것이다.

이와 같이 무안박씨와 대흥백씨는 직접 혼인한 사례가 많지는 않지만, 영양남씨와의 혼인을 통해서 연비친척(聯臂親戚)으로 연결된다. 혼인 당사자들은 시가의 연비친척, 또는 처가의 연비친척이 되고, 한 세대 아래의 자녀들 입장에서는 외가의 인척들이 되는 것이다. 영양남씨를 통해서 무안박씨와 대흥백씨가 연비 관계로 연결되는 사례는 남준과 남비의 종가뿐만 아니라 방계 자손들 가운데에서도 여러 건이 발견된다. 관찰의 범위를 형제자매 관계에 한정하지 않고 더욱 확대한다면 더 많은 사례가 관찰될 수 있을 것이다.

IV. 동제와 줄다리기에서 나타나는 종족 간의 경쟁과 협동

사회적 위세가 비슷한 두 세 종족이 한 마을에 집단을 이루어 거주하게 되면 배타적족결합의식으로 인해 서로 경쟁하게 되고 대립과 갈등이 유발되기 쉽다. 그러나 원구마을의 세 종족집단은 조상의 위세를 바탕으로 신분적 정체성을 확고히 하고 있으면서도 갈등이나 마찰 없이 서로 긴밀하게 협동하는 모습을 보여주고 있다.

원구리의 주민들은 타 문중에 대해 언급할 때는 매우 조심스럽고 신중한 태도를 견지한다. 과도한 경쟁의식이나 신분적 우월감이 표출되지 않도록 매우 자제하는 모습이 역력하다. 거슬러 올라가면 중요한 조상들이 혼인으로 맺어져 서로가 내외손의 관계에 있기 때문에 상대방에 대한 비하나 폄하는 곧 자신을 격하시키는 결과를 가져오게 된다는 것이다. 주민들은 이를 두고 '누워서 침 뱉기'라 표현하고 있다. 생활 과정에서 개별적인 갈등이나 마찰이 전혀 없는 것은 아니겠지만 이러한 갈등이 집단적인 갈등으로 비화되지 않고 쉽게 조정될 수 있는 것은 누적된 혼인으로 형성된 긴밀한 유대가 크게 작용하고 있는 것으로 보인다.

원구리 세 성씨의 유대관계는 마을 공동제의인 동제의 운행방식에서 찾아볼 수 있다3). 원구리에서는 음력 정월 열 나흗날 자정(보름날 첫새벽)에 동제를 지내는데 세 명의 제관(祭官)과 한 명의 도가(都家)가 제물 준비와 제의 봉행 등 구체적인 업무를 전담한다. 제관은 세 성씨에서 한 사람씩 선출되며 세 성씨 이외의 타성은 절대 제관이 될 수 없다. 정월 초하루나 초이튿날 각 종족집단에서 미리 제관을 선정해 두었다가 초사흗날 동민 모두가 모여서 회식하는 자리(이날을 청단일〈淸壇日〉이라 한다)에서 세 종족집단의 대표들이 확정한다. 선정된 제관들은 이때부터 금기를 수행하며, 정월 열사흗날부터 동제가 끝날 때까지 도가에서 함께 생활한다. 제관들은 동제가 끝난 뒤에도 최소 3개월간은 금기를 수행해야 한다.

대개의 동제는 전체 주민의 안녕과 풍농을 기원하는 마을공동체의 제의로 행해진다. 그러므로 마을 주민이면 누구나 제관이 될 수 있는 자격이 있다. 그러나 원구리에서는 세 성씨를 중심으로 동제를 거행한다. 제의를 준비하는 도가에 타성이 참여한다거나 동제를 지낸 후 음복을 할 때는 타성을 포함해서 모든 마을 주민들이 참여하는 것으로 봐서 동제가 마을공동체의 제의임에 틀림이 없으나 동제를 주관하는 제관은 세 성씨

---

3) 원구마을의 동제에 관해서는 이 책 제6장에서도 살펴본다.

만이 담당하고 있다. 이런 점에서 세 성씨는 동제를 주관하는 제의공동
체를 형성하고 있다고 할 수 있다. 동제 운행에서 나타나는 이러한 모습
들은 세 성씨가 긴밀하게 협동하는 모습을 보여주는 전형적인 사례이면
서 동시에 세 성씨가 오랜 세월 갈등 없이 공존할 수 있게 만든 중요한
요인이 되기도 한다.

　또 원구마을에서는 정월 대보름에 줄다리기를 했다. 원구마을에서 줄
다리기를 하는 날에는 인근 마을에서도 많은 사람들이 구경하러 몰려올
정도로 영해지역에서는 널리 알려진 민속놀이였다. 줄다리기는 두 편으
로 나뉘어 서로 힘을 겨루는 경기이기 때문에 대부분의 마을에서는 지역
에 따라 아랫마을과 윗마을, 동편과 서편, 양지마을과 음지마을 등으로
편을 갈라 경기를 진행한다. 그런데 원구마을에서는 세 성씨가 각각 한
팀을 이루어서 줄을 준비하고 경기에 임한다. 세 성씨 이외의 타성들은
각자 연고를 가진 종족집단의 성원이 되어 줄준비와 줄다리기에 참여한
다. 설을 쇠고 나면 세 성씨가 각각 짚을 거두어서 줄을 준비한다. 보름
날이 되면 각 성씨 별로 준비한 줄을 들고 강변에 나와서 서로 줄을 걸
기 위해 치열하게 경쟁한다. 두 팀만 할 수 있는 줄다리기에 줄을 걸지
못하면 그 팀은 탈락해야 하기 때문이다. 그러다가 어느 두 팀이 줄걸기
에 성공하면 한 팀은 윗마을, 다른 팀은 아랫마을이 되어 지역 대결의
줄다리기가 진행된다. 탈락한 나머지 한 팀의 성원들은 거주지역에 따라
윗마을과 아랫마을로 나뉘어서 어느 한 편에 가담하여 줄을 당긴다. 이
때부터는 종족집단의 성원이라는 혈연적 소속감을 버리고 아랫마을과
윗마을의 주민으로 줄다리기에 임한다. 마을의 안녕과 풍농을 기원하는
염원이 담긴 놀이이므로 모두 열심히 참여한다. 근력만 있으면 노인들도
모두 줄다리기에 적극적으로 참여한다. 일종의 의무감, 사명감을 가지고
참여하는 것이다.

　이러한 원구마을의 줄다리기 의례는 혈연집단인 종족을 중심으로 줄

을 준비하고, 줄걸기에서도 종족별로 치열하게 경쟁하지만, 일단 줄을 걸고 나면 혈연성을 넘어서서 지역에 바탕을 둔 마을공동체의 축제가 된다. 혈연의식에 바탕을 둔 종족 간의 경쟁으로 출발해서(줄준비와 줄걸기), 윗마을과 아랫마을의 지역대결(줄다리기)을 거쳐 주민 모두 하나가 되는 마을공동체의 축제(뒤풀이)로 승화시키는 절묘한 메커니즘을 연출한다. 종족집단의 경쟁이 대립과 갈등을 불러오는 것이 아니라 줄다리기를 통해서 전체 마을을 하나로 통합하는 데 크게 기여하고 있는 것이다.

V. 맺는 말

한국의 종족집단은 혈연적 배타성과 신분적 우월감을 바탕으로 하는 특유의 족결합의식을 형성한다. 이러한 배타적족결합의식은 조상의 위세가 강할수록 더욱 강화되며, 주변에 위세가 비슷한 종족집단이 자리 잡고 있을 때는 치열한 경쟁의식과 대립감정으로 표출된다. 이러한 경쟁과 대립의식은 한 마을에서 위세가 비슷한 종족집단이 장기간 거주하기 어렵게 만드는 요인이 된다. 우리나라 대부분의 종족마을이 한 성씨가 오랜 세월 세거하는 일성 종족마을을 이루고 있는 이유가 여기에 있다. 두 종족이나 세 종족이 함께 세거하는 마을도 있긴 하지만 이런 경우에는 경쟁의식이 지나쳐 종족집단 간에 크고 작은 마찰이 발생하기 쉽다.

그런데 경북 영덕군 영해면 원구마을에는 세 성씨가 약 500년 동안 마찰 없이 나란히 세거하고 있다. 세 성씨는 모두 지역사회에서 대표적인 가문으로 평가될 만큼 조상의 사회적 위세도 강하고, 종족 성원들의 집단 정체성도 뚜렷한 종족이다. 성원의 수도 비슷하고 경제적인 수준도 비슷하다. 이러한 여건은 자칫 집단 간에 경쟁과 대립을 조성하고 갈등과 마찰을 불러올 수 있는 조건이 될 수 있다. 그럼에도 원구리의 세 종족이 서로 협동하여 마을의 통합을 이루어가고 있는 요인은 어디에 있는 것일까?

필자는 이 세 종족이 배타적족결합을 넘어서서 오랜 세월 공존할 수 있었던 요인을 찾아보기 위하여 이들의 혼인관계를 추적해 보았다. 그 결과 앞에서 살펴본 바와 같이 원구리에 세거하고 있는 세 종족은 혼인을 통해서 긴밀하게 결합하고 있었다. 혼인의 빈도가 높을 뿐만 아니라 각 종족의 중심적인 인물들이 혼인으로 연결되어 개인과 개인의 결합 혹은 가족과 가족의 결합을 넘어서서 보다 넓은 범위에 걸친 가문과 가문의 결합으로 확대시켰으며, 가까운 인척이 혼인을 통해 다시 결합하는 연비혼인, 더 나아가서는 겹사돈혼인을 이루어 결합의 강도를 더욱 견고하게 다지고 있었다.

원구리 세 성씨의 혼인을 통한 연대는 영양남씨를 중심으로 하고 있다. 영양남씨와 무안박씨, 영양남씨와 대흥백씨 사이에 혼인이 빈번하게 이루어지면서 세 성씨가 강한 연대를 형성하고 있었다. 무안박씨와 대흥백씨 사이에는 상대적으로 혼인빈도가 낮지만 영양남씨를 매개로 해서 처가의 처가, 외가의 외가, 또는 처가의 외가로 긴밀하게 연결된다.

이러한 혼인연대가 바탕이 되어 세 성씨가 공동으로 동제의 주체가 될 수 있었고, 종족 간의 경쟁으로 출발한 줄다리기를 모든 주민을 하나로 통합시키는 마을공동체의 축제로 승화시킬 수 있었던 것으로 보인다.

이광규(1989)는 한국의 전통문화와 사회체계를 이해하기 위한 설명틀로서 문중으로 대표되는 부계혈연적 종족체계와 계로 대표되는 마을 단위의 공동체체계를 제시한 바가 있으며, 김창민(2006)은 마을의 구성원리로서 혈연성과 지연성을 들고 있다. 이 두 체계는 속성이 서로 달라서 항상 충돌의 가능성을 안고 있지만, 김창민이 지적한 바와 같이, 서로 밀접하게 연관되어 상호보완적인 체계가 될 수도 있다. 혼인은 이러한 두 체계를 조화롭게 연결시켜서 갈등을 완화하고 충돌을 예방함으로써 공동체적 결속을 다지는 중요한 기능을 수행한다고 볼 수 있다. 원구리 세 종족집단이 보여주는 이러한 혼인연대와 마을통합의 사례는 한국의 종족집단과 종족마을을 새롭게 조명하는 계기가 될 수 있을 것으로 믿는다.

참고문헌(제5장)

권순일(1992), 『무안박씨영해파연구』

김창민(2006), 「마을조직과 친족조직에 나타난 혈연성과 지연성」, 『민족문화논
     총』33, 영남대 민족문화연구소.

남 훈(2004), 『寧海遺錄』, 鄕土史硏究會.

영덕군(1992), 『盈德郡 鄕土史』.

     (2002), 『盈德郡誌(下)』

이광규(1989), 「한국문화의 종족체계와 공동체체계」, 『두산 김택규박사 화갑기
     념 문화인류학논총』, 간행위원회.

이수건(2001), 「密菴 李栽 家門과 嶺南學派」, 『密菴 李栽 硏究』, 영남대 민족문
     화연구소.

이수환(2003), 「조선후기 영해지역 재지사족의 향촌지배」, 『울릉도·독도 동해
     안 주민의 생활구조와 그 변천·발전』, 영남대 민족문화연구소.

이창기(1991), 「한국 동족집단의 구성원리」, 『농촌사회』 창간호, 한국농촌사회
     학회.

최재석(1966b), 「동족집단의 조직과 기능」, 『민족문화연구』 2, 고려대 민족문
     화연구소.

朝鮮總督府(1935), 『朝鮮の聚落(後篇)』.

務安朴氏寧海派世譜

南氏大同譜

白氏大同譜

제6장

종족구성과 마을조직
-영해지역 세 반촌의 비교-

I. 서론

마을의 사회조직은 주민들이 일상생활에서 교환하는 사회관계가 누적되어서 형성되는 관계망의 구체적 표현이다. 그러므로 마을조직의 구성 양상은 주민들의 사회관계가 어떤 요인들에 의해서 영향을 받고 있는가에 따라서 그 성격을 달리하게 된다.

농촌 사람들의 사회관계를 형성하는 데 영향을 미치는 요소는 매우 다양하다. 최재율은 농촌 사람들의 사회관계에 주요한 영향을 미치는 요소로 지연적 요인, 혈연적 요인, 신분적 요인, 경제적 요인 등 네 가지를 들고 있다(최재율 1986:29~36). 이러한 네 가지 요소는 농촌주민들의 사회관계에 보편적으로 영향을 미치는 요소로 볼 수 있지만, 주민들의 사회관계에 영향을 미치는 정도는 마을의 특성에 따라 각기 다르게 나타날 수 있다. 지연적 요인이나 경제적 요인이 크게 영향을 미치는 마을이 있는가 하면, 혈연관계나 신분적 배경이 주민들의 사회관계를 크게 제약하는 마을도 있다.

촌락의 사회구조에 관심을 가진 연구자들은 마을을 구성하는 중요한 체계를 서로 대응되는 두 가지 체계의 상호작용으로 설명하는 경향이 있다.

브란트(Brandt, Vincent S.R. 1975)는 충남 서해안 지역의 한 마을을 분석하면서 공식적이고 관념적이며 권위적인 '유교윤리'와 비공식적이고 실제적이며 평등적인 '공동체윤리'가 상호작용하면서 마을의 사회체계를 구성한다고 설명하였다.

전남 진도를 조사한 이토오(伊藤亞人 1982)는 마을을 구성하는 주민들의 사회관계을 친족관계에 바탕을 둔 '가까운 사이'와 契나 이웃 관계에 바탕을 둔 '친한 사이'로 유형화하고 있다.

이광규(1989)는 이러한 이원적 설명틀을 종합해서 가족, 당내, 문중을 관통하는 '종족체계'와 계, 두레, 품앗이, 길흉사의 협동을 주요 내용으로 하는 '공동체체계'로 나누어 두 체계를 비교하고 있다.

김창민(2006)은 이광규의 관점을 더욱 발전시켜서 마을의 중요한 두 가지 구성원리인 '혈연성'과 '지연성'을 단절적이고 대립적인 것으로 보지 않고 양자가 서로 밀접하게 연관되어 상호보완적인 체계가 되고 있음을 밝혔다. 즉 지연적인 마을조직 속에 혈연성이 중요한 요소로 작용하고 있으며, 혈연을 바탕으로 한 친족조직에도 지연적인 요소가 중요한 요소로 작용하고 있다는 것이다.

이러한 논의들은, 약간의 관점의 차이가 있기는 하지만, 혈연성(종족체계)과 지연성(공동체체계)이 농촌주민들의 사회생활에 주요한 영향을 미치고 있음을 공통으로 지적하고 있다. 이 두 체계는 김창민이 지적한 바와 같이 서로 밀접하게 연관되어 있지만, 두 체계가 영향을 미치는 정도는 마을에 거주하는 주민들의 종족구성에 따라 달리 나타날 수 있다.

한국의 종족집단은 가계계승의식과 조상숭배의식, 그리고 같은 조상의 혈통을 이어받았다고 의식하는 동조의식을 바탕으로 결합하여 혈연적으로 배타성을 지닌다. 또한 조상의 신분적 지위와 문화적 유산을 계승하여 자기 종족이 타 종족보다 사회문화적으로 우수하다는 점을 과시하고자 하는 신분적 우월감도 지니고 있다. 이러한 혈연적 배타성과 신분적 우월감은 배타적족결합의식(排他的族結合意識)으로 나타날 수 있다(이창기 1991).

배타적족결합의식은 주민들의 마을 생활에도 영향을 미쳐서 협동친화관계의 범주를 한정하거나 마을조직의 형태에 제약을 가할 수 있다. 농촌주민들의 사회관계는 기본적으로 지역적 근린성(지연성)에 바탕을 두고 형성되지만 종족의식이나 신분의식이 강한 경우에는 혈연관계가 없거나 신분적 배경에 차이가 있는 자들과는 사회관계를 기피함으로써 혈연과 신분이 사회관계 형성의 기반이 되는 지연성을 크게 제약할 수 있을 것이다. 특히 사회적으로 명망이 있는 조상을 모시고 한 마을에 집단으로 거주하는 종족마을에서는 배타적족결합의식이 훨씬 더 강하게 나타날 수 있다. 그러나 다른 한편으로는 오랜 세월 동안 한 마을에서 서로 협동하고 교유하는 생활 과정을 통해서 배타적족결합의식은 마을 공동체 체계에 의해서 조절되고 약화될 수도 있을 것이다. 이처럼 배타적족결합의식, 즉 혈연적 배타성과 신분적 우월감이 마을 주민들의 사회관계에 미치는 영향은 마을의 종족구성과 그 종족의 신분적 배경에 따라서 서로 다른 모습으로 표출될 수 있다.

이 논문은 마을 사람들의 사회관계와 마을조직이 혈연적 배타성과 신분적 우월감, 그리고 지역적 근린성에 크게 영향을 받고 있으며, 이러한 요인들이 영향을 미치는 정도는 마을 내의 종족구성과 그들의 신분적 배경에 따라 다를 것으로 보고, 종족구성이 각기 다른 영해지역의 세 반촌을 비교해서 마을의 동제조직과 장례조직, 노인들의 교유관계에 어떠한 차이가 있는지 살펴보고자 한다.

II. 조사 대상 마을의 종족구성

이 연구의 대상이 된 마을은 경북 영덕군 영해면 괴시1리(호지말), 영해면 원구1리(원구), 창수면 인량2리(웃나라골)의 세 마을이다. 이 마을들은 영해지역의 대표적인 반촌으로서 마을을 주도하는 양반 종족의 구성이 각기 다르게 나타나고 있다. 호지말은 영양남씨가 세거하는 일성 종족마을이며, 원구는 영양남씨·무안박씨·대흥백씨가 수백 년 동안 나

란히 세거하는 삼성 종족마을이다. 웃나라골은 지역사회에서 명망이 있
는 여러 성씨가 함께 거주하여 다성 마을을 이루고 있다. 마을 주민들의
사회관계와 마을조직의 결합양상도 세 마을이 각기 다른 모습을 보여주
고 있다.

1. 영해면 괴시1리(호지말)

호지말은 영해면 소재지에 인접해 있는 마을이다. 면 소재지에서 대
진해수욕장으로 통하는 도로변에 자리 잡고 있다. 영해면 괴시리는 행정
적으로 1리(호지말), 2리(관어대), 3리(교동)로 구성되어 있으나 이 연구
의 대상이 되는 마을은 괴시1리 호지말이다(이후 '호지말'이라 부르기로
한다).[1]

서향으로 자리 잡은 호지말의 전면에는 동해안 삼대 평야 중의 으뜸
으로 치는 영해평야가 광활하게 펼쳐져 있다. 이 영해평야를 기반으로
형성한 경제적 토대가 호지말을 저명한 종족마을로 성장시킨 실질적인
힘이 된 것으로 보인다.

호지말은 고려말(1360년 경)에 함창김씨(咸昌金氏)가 입주하여 세거
하였다고 하며, 16세기 명종 연간에 수안김씨(遂安金氏)와 영해신씨(寧
海申氏)가 입주하였고, 1630년경에 영양남씨(英陽南氏)가 입주하여 이후
영양남씨의 집성촌이 되었다.

호지말의 영양남씨는 마을 앞에 펼쳐진 넓은 영해평야를 기반으로 튼
실한 경제력을 구축하여 지역사회에서 명망이 있는 가문들과 혼인망을
넓히고 멀리 안동, 영양 등지의 명문가와 통혼하면서 18세기 중엽 이후
영양남씨가 주도하는 종족마을을 형성하였다. 지금도 이 마을에는 경상

---

1) 호지말의 현황과 영양남씨의 정착 과정에 관해서는 졸저『영해지역의 반촌과 어
   촌』(경인문화사, 2015) 참조.

북도 민속자료와 문화재자료로 지정된 30여 동의 고가옥들이 남아있어서 전통마을을 답사하고자 하는 관광객들의 발길이 끊이지 않고 있으며, 2021년에 마을 전체가 국가민속문화재 제301호로 지정되었다.

영양남씨가 주도하는 호지말의 모습은 근대까지도 이어지고 있어서 1930년 조사에 의하면 139가구 중 영양남씨가 72가구로 전체 마을 호수의 절반 이상을 영양남씨가 점하고 있다(조선총독부 1935:830). 그러나 60년대 이후 도시화 과정에서 영양남씨들이 많이 마을을 떠나고 대신 타성들이 많이 이주해 와서 90년대 말에는 158가구 중 영양남씨는 61가구, 타성이 97가구로 영양남씨의 비중이 현저하게 줄어들었으며(이세나 1999), 2004년 말 필자의 조사에 의하면 126가구 중 영양남씨는 37가구로 더욱 감소하였다.[2] 이렇게 타성이 다수를 점하게 되면서 마을 생활에도 다소의 변화가 나타나고 있지만, 이들의 대부분은 외부에서 유입된 가구들이고, 또 일부 토착 주민들이 있다고 하더라도 과거 영양남씨들과 연고를 가진 자들이기 때문에 마을 생활에 주도적인 영향을 미치지는 못한다. 호지말에 외지인의 유입이 많은 것은 시가지화한 면소재지에 인접해 있기 때문이다.

2. 영해면 원구1리(원구)

원구는 영해면 소재지에서 영양 방면으로 통하는 918번 지방도로 변에 있는 자연촌락이다. 마을 남쪽 용당산을 끼고 흐르는 남천이 송천강과 합류하면서 형성된 넓은 들(미례들)이 마을 주민들의 삶의 터전이 된다. 이 마을은 둔덕진 곳에 있는 넓은 들이란 의미에서 원두들, 원구(元

---

2) 2000년부터 2007년까지 진행되는 유교문화권 개발사업의 일환으로 호지말의 전통 가옥을 전면적으로 해체 복원하는 공사가 진행 중이어서 조사 당시에 영양남씨가 더욱 많이 마을을 떠난 것으로 보인다.

邸), 원파(元坡) 등으로 불렸다(이후 '원구'라 부르기로 한다).

원구는 16세기 초·중엽에 영양남씨, 무안박씨, 대흥백씨가 입촌하여 약 500년 동안 세거하는 마을이다.[3] 이 세 종족의 중심 조상은 모두 지역사회에서 명망이 있는 인물이고, 경제력도 튼실하며, 거주하고 있는 주민의 호수도 비슷하게 균형을 이루고 있다.

이러한 전통은 근세에까지 이어져서 1930년의 자료에도 영양남씨 40호(212명), 무안박씨 45호(245명), 대흥백씨 31호(154명), 기타 타성 35호(108명)로 세 종족이 나란히 한 마을에 공존하고 있으며(조선총독부 1935:825), 1987년에도 성씨별 주거분포가 영양남씨 43호, 무안박씨 39호, 대흥백씨 42호로 거의 비슷하게 나타나고 있다(영덕군 1992:458). 필자가 조사한 2004년 말에도 영양남씨 28호, 무안박씨 23호, 대흥백씨 21호, 타성 34호로 나타났다.

사회적 위세가 비슷한 종족이 한 마을에서 세거하게 되면 대립과 갈등을 유발하기 쉬운 한국 종족집단의 특성에 비추어 지역사회에서 명망이 높은 세 종족이 수백 년간 나란히 세거하고 있는 예는 매우 드문 사례에 속한다.

3. 창수면 인량2리(웃나라골)

창수면 인량리는 영해면 소재지에서 영양으로 통하는 918번 지방도를 따라 약 2km 가다가 원구마을 입구에서 우회전하여 북쪽으로 약 2km 더 들어간 지점에 위치하고 있다. 멀리 등운산에서 뻗어 내린 산자락이 마을을 감싸고, 마을 앞에는 창수면의 깊은 계곡에서 발원하여 동해로 흘러 들어가는 송천 주변에 넓은 들(인량들)이 펼쳐져 있어서 전형적인

---

3) 원구마을의 세 종족의 정착 과정에 관해서는 이 책 제5장과 졸저 『영해지역의 반촌과 어촌』(경인문화사, 2015) 참조.

배산임수의 남향 마을이다. 이러한 마을의 입지가 일찍부터 사람들이 삶의 터전을 일구어 오게 한 것으로 보인다. 인량리는 남북으로 가로지르는 조그만 개울을 경계로 하여 동쪽의 인량1리(아랫나라골)와 서쪽의 인량2리(웃나라골)로 구분되는데, 이 연구의 대상이 된 마을은 인량2리 웃나라골이다(이후 인량2리만을 지칭할 때는 웃나라골이라 부르기로 한다).

인량리(웃나라골과 아랫나라골)는 영해지역의 열두 종족의 입향지이며, 여덟 종가가 터를 잡은 곳으로 유명하다. 영해지역 5대 성씨로 불리는 안동권씨, 재령이씨, 영양남씨, 대흥백씨, 무안박씨를 비롯하여 함양박씨, 영해박씨, 평산신씨, 영천이씨, 야성정씨(野城은 영덕의 고명이다), 일선(선산)김씨, 신안주씨 등이 이 마을을 거쳐서 영해지역에 입향한 것으로 전해지고 있으며, 많은 인재를 배출하여 영해지역의 대표적인 반촌으로 평가받고 있다.4)

지금도 웃나라골에는 여러 문중의 종택이 보존되어 있고, 국가 지정 중요민속자료로 지정된 재령이씨 종택의 충효당을 비롯하여 여러 동의 고가옥이 경상북도지방기념물 및 경상북도문화재자료로 지정되어 있으며, 각 문중에서 소장하고 있던 각종 고문서와 고서화는 한국국학진흥원을 비롯한 여러 기관에 기탁되어 소중한 전통문화의 자료로 활용되고 있다.

이처럼 인량리는 영해지역에 거주하고 있는 여러 가문들이 입향하여 시거한 특이한 전통을 지니고 있다. 이러한 전통은 오늘날까지도 이어져서 여러 종족의 종택과 종가터가 남아있으며, 주민들도 여러 성씨로 구성되어 있다.

일제강점기인 1930년의 인량리(仁上과 仁下)의 호구 총수를 보면 재령이씨 35호(180명), 영양남씨 30호(158명), 안동권씨 25호(130명), 영천이씨 20호(108명), 대흥백씨 8호(46명), 기타 44호(125명)로 총 162호에

---

4) 웃나라골의 현황과 여러 종족의 정착 과정에 관해서는 졸저 『영해지역의 반촌과 어촌』(경인문화사, 2015) 참조.

747명이 거주하고 있는 것으로 기록되어 있다(조선총독부 1935:826). 이 기록은 웃나라골과 아랫나라골을 합한 것이지만 여러 성씨가 혼재하고 있음을 보여주고 있다. 1992년에 발간된『영덕군 향토사』(p.564)에는 재령이씨 20호, 안동권씨 24호, 영천이씨 12호, 영양남씨 12호, 함양박씨 24호, 일선김씨 20호, 평산신씨 9호, 영해박씨 7호, 무안박씨 6호, 파평윤씨 5호(인량1리와 2리를 합한 기록이며, 기타 성씨는 집계하지 않았다)로 성씨 구성과 가구 수에는 변동이 있지만, 여전히 여러 성씨가 함께 거주하고 있는 모습을 보여주고 있다.

필자가 웃나라골 만을 대상으로 2004년 말에 조사한 자료에 의하면 함양박씨 14호, 재령이씨 13호, 안동권씨 10호, 평산신씨 10호, 신안주씨 4호, 파평윤씨 3호, 나주임씨 3호, 영양남씨 2호, 평해황씨 2호, 영천이씨 2호, 기타 10호(미상 3호 포함)으로 총 73호에 147명이 거주하고 있었다.

이런 점에서 웃나라골은 반촌이면서도 전형적인 각성 촌락의 성격을 지니고 있다. 대체로 한국의 반촌은 한 성씨나 두 성씨가 지배적인 종족 촌락을 형성하고 있는 일반적인 경향에 비추어 보면 웃나라골은 특이한 사례에 속한다고 할 수 있다.

III. 마을의 사회조직 양상
: 동제조직·장례조직·노인들의 교유관계

배타적족결합의식으로 표출되는 한국인의 종족의식은 안으로 종족결합을 강화하는 정신적 힘이 되지만 밖으로는 타성과 경쟁하고 그들을 배척하는 특성으로 표출되며, 이러한 특성은 주민들의 일상생활에도 영향을 미쳐서 협동친화의 범위를 구획하고 마을조직의 구성 양태를 변화시

킨다. 여기에서는 마을에 따라 양상을 달리하고 있는 동제조직과 장례조
직, 그리고 노인들의 교유관계를 중심으로 살펴보고자 한다.

1. 동제조직

한국의 농촌사회에서 마을의 공동제의로 행해지던 동제는 근대화 과
정에서 많이 사라지기는 하였지만, 동해안지역에서는 아직도 거의 모든
마을에서 행해지고 있다. 동제는 지역에 따른 편차가 매우 커서 당의 형
태, 당신의 성격, 제의 양식 등이 지역에 따라 다양하게 나타나지만, 이
자리에서는 마을 안에 동제조직이 어떻게 구성되고 있는가 하는 점에 초
점을 맞추어 살펴보고자 한다.

1) 호지말

영양남씨 집성촌인 호지말의 동제는 '작은 동신제'와 '큰 동신제'로
이원화되어 있다.[5]

'작은 동신제'는 마을 남쪽의 끝자락(마을이 서향하고 있어서 마을 좌
측의 가장자리 부분에 해당한다)에 위치한 당신목에서 음력 정월 14일
밤 자정 무렵(정확하게는 15일 첫새벽이다)에 지낸다. 이 자리는 사진리
로 통하는 계곡인 스무나무골의 초입에 해당하는 곳으로 소수의 영양남
씨가 살고 있기는 하지만 전통적으로 타성들이 주로 거주하던 지역이다.
따라서 작은 동신제는 이 부근에 사는 타성들이 중심이 된다. 제관도 타
성 중심으로 구성된다. 음력 초사흗날 세 명의 제관을 선정하는데 영양
남씨가 한 명 제관으로 늘 참여하지만 두 명은 반드시 타성이 담당한다.
타성들의 동제라 할만하다.

'큰 동신제'는 영양남씨 중심의 동제이다. 큰 동신제는 마을 중앙의

---

5) 호지말의 동제에 관한 자세한 내용은 이세나(1999)와 이창언(2006)의 논문 참조.

앞쪽 정면(서쪽) 도로변에 있는 석장승과 당신목에서 정월 보름날 자정 무렵(정확하게는 16일 첫새벽)에 지낸다. 초사흗날 일곱 명의 제관을 선정하는데, 7명 전원을 영양남씨로 선임하였다.[6] 작은 동신제에 제관으로 참여했던 영양남씨는 큰 동신제에도 참여한다.

두 동신제의 제의 절차는 유교식으로 비슷하게 진행되지만, 제수의 조리상태와 제관의 역할 분정에서는 현격한 차이를 보인다. 작은 동신제에서는 일반 가정의 제의와 같이 익힌 음식을 사용하고, 제관도 삼헌관만 선정한다. 이에 비해 큰 동신제에서는 메를 제외하고는 모두 날음식을 사용하고, 제관도 삼헌관뿐만 아니라 축관, 진설, 봉향, 봉로 등이 각각 선정된다. 향교나 서원에서 행하는 향사의 의례 절차에 보다 충실하고자 하는 의지를 엿보게 한다.

이런 면에서 영양남씨 중심의 동제와 타성 중심의 동제로 이원화된 호지말의 동제는 외형상으로는 거주지역이나 혈연성을 기준으로 나누어진 것으로 보이지만 그 저변에는 양반과 상민이 함께 할 수 없다는 의식이 강하게 자리 잡고 있어서 신분 격리의식이 동제조직을 분화시킨 근본 요인이 된 것으로 보인다.

2) 원구

주도적인 집성 양반 중심의 동제와 주변적인 타성 중심의 동제로 이원화되어 있는 호지말과는 달리 세 종족이 정립(鼎立)하고 있는 원구에서는 동제가 하나로 통합되어 있다. 하나의 마을이 하나의 동제집단을 형성하고 있는 우리나라 농촌의 일반적인 경향과 매우 흡사해 보인다. 그러나 제관의 구성에서는 원구의 독특한 모습을 보여주고 있다.

---

6) 그러나 영양남씨의 인구가 크게 줄어들어서 7명의 제관을 선임하기 어려워지자 1998년부터 타성 1명을 제관으로 참여시키고 있다. 호지말 동신제가 변화하고 있는 한 모습을 보여주는 것이다.

원구의 동제[7]는 정월 14일 밤 자정 무렵에 마을 입구의 느티나무 숲에서 봉행한다. 여기에는 원래 당집이 있었으나 건물이 낡아 허물어 버리고 최근에 '元邱洞神'이라 새긴 조그만 돌비석을 세워 신체로 모시다가 2006년에 '元邱洞神壇'이라 새긴 커다란 자연석을 안치하고 신단 앞에 상석까지 마련하여 제단을 새로 정화하였다.

원구에서는 세 명의 제관을 선임하는데, 마을에 세거하는 영양남씨, 무안박씨, 대흥백씨 문중에서 각각 한 명씩 선출한다. 타성은 절대 제관이 될 수 없다.[8] 원구 동제의 제관은 음력 정월 초사흗날 선임한다. 이날은 '청단일(淸壇日)'이라 하여 모든 동민들이 회집해서 회식을 하는 날이다. 각 문중에서 미리 제관을 내정해 두었다가 청단일 모임에서 확정한다. 선정된 제관들은 이때부터 금기를 수행하며, 정월 열사흗날부터 동제가 끝날 때까지 도가에서 함께 생활한다. 제관들은 동제가 끝난 뒤에도 최소 3개월간은 금기를 수행해야 한다.

도가(都家)는 제관들이 장봐 온 제수를 장만하고, 3일 동안 도가에 머무르는 제관을 접대하는 등 동제를 위한 제반 실무를 담당하는 자 또는 그 집을 말한다. 동제 외에도 청단일(정월 초사흘)에 마을 주민들이 회식할 음식을 준비하고 동회가 개최될 때 뒷일도 담당한다. 도가의 임기는 3년이다. 3년 동안 금기를 실천하고 동제와 마을 공동 행사를 뒷바라지해야 한다. 삼 년 동안 흉사에 참여하지 않고 궂은일을 보지 않는 등 금기를 수행하기란 여간 힘든 일이 아니다. 도가의 임기 중에 금기사항을 지키기 어려운 일이 발생하면 즉각 교체한다. 그래서 마을에서는 세 마지기(600평)의 동답을 마련하여 도가가 경작하도록 한다. 동제의 제수와 청단일 회식의 음식은 이 동답의 소출로 충당한다. 도가의 임기가 3년이

---

7) 원구의 동제에 관해서는 이창언(2006)의 논문 참조.
8) 광복 이후 타성들이 제관으로 참여하기를 요구하였으나 세 종족이 단호히 거절하였다고 한다. 이 일이 있은 이후에 타성들은 동제에 참여하지 않게 되었다.

기 때문에 도가를 선정하는 권한도 세 종족집단이 삼 년씩 윤번제로 돌아가면서 행사한다. 대체로 해당 종족집단의 성원들과 특별한 관계(신분관계, 지주소작관계, 고용관계-머슴 등)에 있는 타성이 선정되었다.9)

원구의 동제 운행에서는 두 가지 중요한 시사점을 찾아볼 수 있다. 첫째는 신분적 격리의식을 엿볼 수 있고, 둘째는 세 종족집단이 각기 정체성을 지니면서 상호협동하는 모습을 관찰할 수 있다는 것이다.

대개의 동제는 전체 주민의 안녕과 풍농을 기원하는 마을공동체의 제의로 행해지므로 마을 주민이면 누구나 제관이 될 수 있는 자격이 있다. 그러나 원구에서는 제의를 준비하는 도가에 타성이 참여하고 동제를 지낸 후 음복을 할 때도 타성을 포함한 모든 마을 주민들이 참여한 것으로 봐서 동제가 마을공동체의 제의임에 틀림이 없으나 제의를 주관하는 제관에는 신분적으로 지체가 낮은 타성들의 참여가 배제되고 있다. 원구의 동제에서 나타나는 이러한 모습은 마을에 거주하는 모든 주민이 하나의 동제집단을 구성하고 있는 모습을 보여주고 있기는 하지만 제관의 선임에서는 신분 격리의식이 작용하고 있음을 엿볼 수 있게 한다. 그러나 신분에 따라 동제집단이 확연히 분리된 호지말에 비해서는 신분 격리의식이 훨씬 약화된 모습으로 나타나고 있다.

한편 마을의 중심을 이루는 세 양반 종족이 문중별로 동제의 제관을 선임하는 것은 각 종족집단이 자기 정체성을 뚜렷이 하고 있다는 점을 보여주는 것이면서, 오랜 세월 동안 갈등 없이 세 종족을 중심으로 동제를 주도해 온 과정은 마을 안에서 세 종족집단 간에 긴밀한 협동체계가 구축되어 있음을 반영하는 것이다. 혈연적 배타성이 강하고 위세 있는 종족집단이 한 마을에 함께 거주하게 되면 대립과 갈등이 발생할 가능성이 있지만 원구에서는 세 종족집단이 제의공동체를 형성하여 대립과 갈

---

9) 타성들이 동제의 봉행에 참여하지 않은 이후에는 세 성씨 중에서 경제적으로 어려운 자가 담당하게 되었다.

등의 소지를 크게 줄이고 있다. 선대 조상들의 혼인연대[10]와 더불어 협동적인 동제 운행이 세 성씨가 한 마을에서 오랜 세월 갈등 없이 공존할 수 있게 만든 중요한 요인이 된 것으로 보인다.

원구리 동제조직에서는 신분 격리의식과 종족정체성이 뚜렷이 존재하면서도 매우 약화된 모습으로 나타나고 있다.

3) 웃나라골

웃나라골에서는 한 마을에 여러 개의 동제집단이 존재한다.[11] 지금은 두 곳으로 통합되었으나 1990년 이전에는 다섯 곳에서 동제를 모셨다.

웃나라골은 현재 행정적으로는 인량2리로 편제되어 있으나 과거 마을 인구가 많았을 때는 마을 중앙에 있는 도랑을 중심으로 동쪽을 인량2리(구2리라 부른다), 서쪽을 인량3리(구3리라 부른다)로 나누어져 있었다.

구2리에 거주하던 사람들은 마을 동쪽 뒤편의 골짜기 입구에 있는 뒷모티(뒷모퉁이) 제당에서 동제를 모신다.

구3리 지역에 거주하던 주민들은 네 곳에서 동제를 모셨다. 마을 앞 동쪽 끝부분의 도로변에 위치한 팔풍정(행정구역상으로는 인량1리에 속한다), 충효당 남서쪽에 위치한 더운샘, 마을 서쪽 끝부분에 해당하는 새원들, 새원들에서 서쪽으로 더 나간 새원모티 등에서 각각 동제를 모셨다. 구3리 주민들의 다수는 팔풍정의 동제에 참여하였지만 더운샘이나 새원들, 새원모티 주변에 거주하던 주민들은 5~6호 내지 7~8호가 독자적으로 동제를 지냈다.

이 외에도 마을 뒤편에 있는 여러 계곡 속에 있는 여러 문중의 재실 관리인들이 외따로 살면서 이웃한 한 두 가구와 함께 당신을 모신 경우도 세 곳이나 있었다.[12]

---

10) 세 종족 사이의 혼인연대에 관해서는 이 책 제5장 참조.
11) 웃나라골의 동제에 대해서는 김순모(1993)와 이창언(2006)의 논문 참조.

이렇게 여러 곳에서 행해지던 웃나라골의 동제는 주민이 감소하면서 차츰 사라지기 시작하였다. 재실 관리인들이 떠나면서 골짜기마다 행하던 개별 당신제가 소멸되었고, 뒤이어서 1980년대 후반에는 더운샘, 새원모티, 새원들의 동제도 팔풍정으로 통합되었다. 구2리의 뒷모티 동제와 구3리의 팔풍정 동제로 이원화된 것이다. 최근에는 뒷모티 동제와 팔풍정 동제를 통합하자는 의견이 대두되어 논의 중에 있다.

웃나라골 동제의 부분적인 소멸과 통합과정은 농촌사회의 변화 모습을 조명할 수 있는 의미 있는 사례로서 별도의 연구가 필요한 과제이지만, 하나의 자연촌락에 이처럼 여러 위의 동신이 존재하였고, 그에 따라 동제조직이 여러 개로 나누어져 있다는 사실은 매우 흥미로운 일이다. 성격이 서로 다른 신(산신, 서낭신, 용왕신 등)을 함께 섬김으로써 공동 제의가 복수로 존재하는 마을은 더러 있지만, 웃나라골처럼 한 동네에서 거주하는 지역에 따라 비슷한 성격의 신을 따로 모시는 경우는 매우 드문 사례로 보인다.

명망 있는 여러 종족이 함께 거주하고 있는 웃나라골의 동제조직에서는 혈연적 배타성이나 신분적 격리의식이 거의 나타나지 않고 지역적 근린성이 전면에 부각되는 특징을 보여주고 있다.

2. 장례조직

한국의 농촌사회에서는 어느 마을에서나 장례 시의 상호부조를 위한 조직을 운영해 왔다. 상중에는 상주가 자유롭게 활동할 수 없는 행동의 제약이 있었을 뿐만 아니라 운구와 매장 등에 많은 인력이 동원되어야

---

12) 김순모는 구2동과 구3동 주민들이 주로 참여하는 뒷모티 동제와 팔풍정 동제에서 모시는 신을 '원동신' 또는 '주동신'이라 하고 나머지를 '개골동신'이라 한다고 보고한 바가 있다(김순모, 앞의 논문, 20쪽).

하므로 이러한 필요에 따라 장례조직이 자연발생적으로 형성된 것이라 볼 수 있다. 장례 시의 상호부조를 위한 조직은 상포계, 상조계, 상여계, 초롱계 등등 그 명칭도 다양하고, 마을의 특성에 따라 조직의 형태나 운영방식도 매우 다르게 나타난다. 이 연구의 대상이 된 영해지역의 세 마을에서도 각기 다른 특징을 보여주고 있다.

1) 호지말

영양남씨의 집성촌인 호지말에서는 전통적으로 하나의 마을 단위 장례조직이 존재하였다. 그러나 그 조직은 공식화되지도 않았고, 특별한 명칭을 가지지도 않았다. 굳이 표현한다면 자연발생적이고 비공식적인 상호부조 관행이 관습적으로 운영되었다고 할 수 있을 것이다. 과거에 이 마을에 사는 타성들은 대개가 신분적으로나 경제적으로 영양남씨들에게 예속되어 있어서 동임(洞任)이 전갈만 하면 즉시 달려와 모든 일을 도와주었기 때문에 조직을 체계화하고 공식화할 필요성을 별로 느끼지 못하였다. 다만 마을 주민들이 많았을 때는 동임이 순번을 정해서 차례대로 동원하였다는 점에서 조직성의 일면을 엿볼 수 있었다. 영양남씨들의 상례에는 타성들이 이렇게 일종의 의무처럼 적극적으로 돕고 있었지만, 타성들의 장례에는 영양남씨들이 적극적으로 참여하지는 않았다. 신분 차별의식이 강하게 자리 잡고 있었음을 엿보게 한다.

그러나 많은 주민들이 마을을 떠나고 외지인들의 입주가 늘어나면서 비공식적이고 관습적인 상호부조는 더 이상 유지하기가 어려워졌다. 시가지화한 면 소재지에 인접해 있는 지리적 여건으로 마을 외곽에 연립주택이 들어서고, 새로 이주한 입주자들은 마을 바깥에 일터를 가지고 있어서 전통적인 방식으로 이들을 동원하고 통제한다는 것이 불가능해졌다. 이제 이들은 신분적으로는 말할 것도 없고 경제적으로도 더 이상 영양남씨들에게 의존하거나 예속되어 있는 것이 아니었다. 그래서 1980년대 중반에 마을회관 앞의 도로를 기준으로 북쪽지역과 남쪽지역으로 나누어서 장례조직을 두 개로 분할하였다. 북쪽지역은 전통적으로 호지말 주민들이 거주하던 지역으로서 아랫마을이라 부르고, 남쪽지역은 새로 입주한 주민들이 주로 거주하는 지역인데 웃마을이라 불러서 각각의 장례조직도 아래상조회, 웃상조회로 부르게 되었다[13]. 과거의 장례조직은 자연발생적으로 형성되고 관습에 의해 운영되었기 때문에 모든 주민들이 모두 관련되었다면 새로 조직된 상조회는 당사자의 자유의사에 의해서 참여하는 임의가입 조직이라는 점에서 차이가 있다. 대개 연로한 부모를 모신 자녀가 가입하고 있다. 회원은 각 조직이 14명으로 구성되어 있다. 상여를 운구하는데 좌우 각 7명씩 14명이 필요하기 때문에 여기에 맞춰 14명으로 구성한 것이다. 가입하지 않은 가정이 상을 당하면 일정금액을 지불하고 이 조직을 활용할 수가 있다.

하나의 조직으로 운영되던 관습적 장례조직이 두 개의 임의가입형 조직으로 전환된 것은 마을의 협동체계가 변화되고 있음을 보여주는 것이지만, 전통적인 호지말의 장례조직은 사회경제적으로 낮은 지위에 있는 타성들의 노동력을 적절하게 활용하면서 지배종족인 영양남씨를 중심으로 운영되었다는 점에서 신분 차별의식이 크게 작용한 것으로 볼 수 있다. 혈연성은 신분의식 속에 묻혀 있는 것으로 보인다.

2) 원구

일성 종족촌락인 호지말이 지배종족을 중심으로 하나의 장례조직을

---

13) 원래 호지말에서는 마을 중앙(목은기념관 입구)에 있는 골목을 중심으로 북쪽을 '아랫마을', 남쪽을 '웃마을', 웃마을 외곽의 동사무소 뒤쪽을 '스무나무골'이라 불렀다. 그러나 전통적으로 호지말 주민들의 중심적인 거주 지역에 주민 수가 줄어들고 스무나무골에 외지인들의 입주가 늘어남에 따라 상조회를 분할하면서 과거의 아랫마을과 웃마을 지역을 합해서 아랫마을이라 부르고 스무나무골을 웃마을이라 부르게 되었다. 웃상조회 지역은 과거의 스무나무골에 해당된다.

운영한 것과는 달리 세 종족이 공존하고 있는 원구에서는 세 종족이 각각 상포계(喪布契)를 조직하여 운영하고 있었다. 상포계에는 부모를 모신 장남들이 주로 가입하였다. 장남의 가입이 여의치 않을 때에는 차남이나 삼남이 가입하기도 하였다. 마을에 거주하는 자만이 가입할 자격이 있고 마을을 떠나게 되면 자격을 상실한다. 타성들은 종족별로 결성된 세 개의 상포계 중에서 선택해서 가입한다. 대부분 신분적으로나 경제적으로 의존관계에 있는 문중의 상포계에 가입하게 된다. 양반 종족은 운구와 산역에 타성의 노동력을 활용할 수 있고, 타성들은 소작을 얻거나 연료를 채취하는 데 양반 종족의 도움을 받을 수 있어서 서로의 이해(利害)가 일치하는 것이다. 원구에서는 장례 때의 운구와 산역을 상포계 조직에 관계없이 마을에 거주하는 타성들(과거에는 '하동 사람들'이라 불렀다)이 전담하였다. 세 성씨의 초상에는 타성들이 모두 동원되었다. 일년에 몇 차례의 초상이 나도 항상 전원 동원되었다. 장례조직이 종족별로 결성되어 있으면서 타성을 신분적으로 차별하는 모습을 엿볼 수 있다.

그러나 원구의 성씨별 상포계는 광복 후 해체되었다. 상포계의 기본자산인 고율의 장리 벼를 이용하는 사람들이 줄어들어 기금이 고갈되었기 때문이라 한다. 운구와 산역에 타성을 동원하던 관행도 함께 사라졌다.

성씨별 상포계가 해체된 후 개별 가족이 장례를 치르는 데 여러 가지 어려움을 겪게 되자 다시 성씨별로 장례를 치르기 위한 조직을 결성하게 되었다. 종족별 조직이라는 점에서는 과거의 상포계를 계승한 것으로 볼 수 있지만, 이제는 운구와 산역에 타성들을 의무적으로 동원할 수 없기 때문에 계원들이 직접 운구와 산역까지 담당하지 않을 수 없게 되었다는 점이 과거의 상포계와 크게 다른 점이다. 이때에도 타성들은 세 개의 조직 중에서 자기와 연고가 있는 종족의 조직에 선택적으로 가입할 수가 있다.

원구마을에는 산림자원을 공동으로 이용하기 위한 송계(松契)도 문중

별로 조직되어 있는데, 송계의 성원과 장례조직의 성원은 일치하고 있어서 장례조직을 '송계'라 부르기도 한다.

원구의 장례조직이 종족별로 구성되어 있으면서 힘든 노동을 타성들에게 전담시키는 모습은 혈연적 배타성과 신분 차별의식이 저변에 깔려 있음을 보여주는 것이다. 그러나 신분 차별의식은 해방 후에 외형상으로는 사라지게 되었다.

3) 웃나라골

일성 종족마을인 호지말과 삼성 종족마을인 원구마을이 혈연과 신분의 두 축을 중심으로 장례조직을 운영하는 데 비해서 여러 성씨가 혼재하고 있는 웃나라골에서는 마을 내의 거주 지역을 중심으로 복수의 장례조직을 결성해서 운영해 왔다.

웃나라골은 마을 중앙에 있는 도랑을 중심으로 동쪽 지역과 서쪽 지역으로 나누고, 마을 안에 동서로 뻗은 골목길을 중심으로 다시 2개 지역으로 나누어 각 지역에 하나씩 모두 네 개의 장례조직을 운영해 왔다. 단위 장례조직을 이 마을에서는 '통(統)'이라 부른다. 각 통에는 전용 상여가 따로 준비되어 있고, 상여를 보관하는 상여집('고살집'이라 부른다)도 따로 마련되어 있었다. 하나의 통은 약 25명~30명으로 구성하였다. 이 마을에서 사용하던 상여는 좌우 각 9명씩 18명이 메는 대형이기 때문에 이처럼 많은 인원이 필요했다고 한다.

각 통에는 통수(統首)가 있어서 조직을 운영하고 재정을 관리한다. 통수는 통취회(統聚會)에서 선출한다. 중복 때에 개최하는데 통취회에서는 통수를 선출하고 결산을 보고한다. 회원의 역할은 운구와 산역에 노동력을 제공하는 것이 주된 일이지만 부고를 전달하고 장을 보는 등 상중에 해야 할 모든 일을 다 담당한다. 초상이 나면 회원들은 의무적으로 참여해야 한다. 불참자에게는 벌금을 부과한다.

각 통의 재정은 초상 시의 수익금과 궐석자의 벌금이 주가 된다. 상가에서 찬조금을 제공하기도 하고, 운상 도중에 상주들이 상여에 '저승노자돈'을 꽂아주기도 한다. 상주가 많으면 이러한 수익금이 상당한 금액에 이른다. 이 돈으로 그날 출역한 상두꾼들에게 얼마간의 노임을 지불하고 나머지는 적립한다. 회원의 참여가 저조하여 상여를 운구하고 산역을 담당하는데 인력이 부족하면 다른 통이나 이웃 마을에서 노임을 주고 사람을 보충해야 한다. 이때의 노임은 회원들에게 지급하는 노임보다 훨씬 더 많이 주어야 한다.

그러나 주민들의 이촌이 늘어나면서 장례조직을 운영하는데도 어려움이 생기게 되었다. 가장 큰 어려움은 인력 부족이었다. 다른 통이나 이웃 마을에서 인력을 동원하는 일이 늘어나게 되었고, 그에 따라 지급해야 할 노임도 엄청나게 증가하였다. 마을 안이나 인근 마을에 거주하는 젊은이들이 줄어들면서 노임을 주고서 상두꾼을 동원하는 일도 쉽지 않았다. 다른 한편으로는 이와 때를 같이하여 농촌에도 점차 화장이 보급되고, 매장을 하는 경우에도 영구차로 운구하고 포크레인으로 산역을 대신하는 사례가 늘어나게 되었다. 수입은 줄고, 기금은 고갈되고, 장례조직의 필요성 또한 감소하게 되었다.

이러한 내외의 환경변화에 따라 네 개의 통으로 운영되던 장례조직이 10여 년 전에 하나로 통합되었다가 2004년에는 그마저 해체되고 말았다. 장례조직이 해체된 후 전통 있는 마을에 장례조직이 없어서 되겠느냐는 의견이 대두되어 2004년 겨울에 11명의 회원으로 다시 상조회를 조직하였지만 앞으로 운영이 지속될 수 있을지 회원들 스스로 크게 걱정하고 있다.

웃나라골의 장례조직은 이처럼 마을의 인구변화, 특히 젊은 연령층의 인구감소에 따라 여러 차례 변화를 거듭하였고, 최근에 다시 결성한 상조회도 존립 자체가 매우 어려운 상황에 직면하고 있지만, 조직의 형성과정에서 혈연성이나 신분적인 요소는 거의 작용하지 않고 오로지 거주 지역의 근접성에 의해 결합하는 특징을 보여주고 있다. 여기에는 물론 각 종족이 독자적으로 장례조직을 운영할 만큼 가구 수가 충분치 않다는 현실적 여건도 작용하고 있겠지만 과거 주민 수가 많았을 때도 장례 시의 협동조직을 종족별로 운영한 흔적은 보이지 않는다. 주민 수의 많고 적음에 따라 오로지 지역별로 분할되고 통합되는 과정을 보이고 있을 뿐이다. 여러 종족이 혼재함으로써 혈연적 배타성과 신분적 차별의식은 종족집단 내부로 잠재되고, 밖으로 드러난 마을조직은 지역을 단위로 결합하는 모습을 뚜렷하게 보여주고 있는 것으로 해석된다. 다만 마을 내의 주거가 성씨별로 모여 있는 경향이 있어서 지역별 장례조직에 참여하고 있는 성씨 분포가 다르게 나타나는 것은 매우 자연스러운 일이라 생각된다.

3. 노인들의 교유관계

한국의 가족은 전통적 규범으로 결속된 '제도적 가족'의 특성이 강하여 가족관계가 상하 범절을 중시하는 권위적인 구조로 형성되기 때문에 가족 성원들이 가족 내에서 편안한 마음으로 휴식과 오락을 즐기기에는 많은 제약이 따랐다. 이러한 불편을 해소하기 위하여 가족 성원들은 가족을 벗어나서 성별·연령별 교유 집단을 형성하고 성별·연령별로 일정한 장소에 모여서 담소하고 정보를 교환하는 '사랑방' 문화를 발전시켰다. TV가 보급되기 이전 한국 농촌사회에서는 어느 마을에서나 예외 없이 여러 개의 사랑방이 있어서 농한기에 농촌주민들이 정서적 욕구를 충족시키는 장소로 활용해 왔다. 그러나 TV가 보급되고 사계절 영농이 확대되면서 이러한 사랑방 문화는 급격히 쇠퇴하고 마을회관이나 노인정이 사랑방 기능을 대신하는 공간으로 활용되고 있다.

관계욕구나 정보소통욕구를 충족시키기 위해 사랑방이나 노인정에 모이는 사람들의 결합 양태는 농촌주민들의 친화관계를 관찰할 수 있는 유용한 자료가 된다. 남녀를 분별하는 내외관념이나 연령에 따른 권위의식이 강한 농촌사회에서는 대체로 성과 연령을 기준으로 사회관계를 형성하지만, 마을에 따라서는 혈연성과 신분의 격차도 사회관계를 형성하는데 크게 영향을 미친다. 이 자리에서는 종족구성이 다른 세 마을의 노인들을 대상으로 혈연의식과 신분의식이 그들의 사회관계에 어떻게 영향을 미치고 있는지 살펴보기로 한다.

1) 호지말

호지말에는 마을회관 옆에 노인회관이 건립되어 있고 '괴시1리 노인회'가 조직되어 있다. 노인회에는 마을에 거주하는 65세 이상 남녀 노인 68명이 모두 회원으로 등록되어 있다. 그러나 이것은 공식조직일 뿐 실제 노인들의 교유관계는 이와 별도로 형성된다.

노인회관에는 남녀별로 방이 따로 마련되어 있어서 전통적인 내외관념이 여기에도 그대로 반영되어 있다. 그런데 여기에는 영양남씨들만 모이는 것이 특이하다. 특별한 규칙이 있는 것은 아니지만 타성들은 노인정에 오지 않는다. 남성 노인들의 방에는 항상 영양남씨 노인들만 모이고, 여성 노인들의 방에도 영양남씨네 부인들만 모인다. 노인회관이 마을의 공공건물이고 공식조직으로서 노인회가 존재하지만 노인회관은 영양남씨들의 전유 공간이 되어 버렸다. 전통적인 반상관념이 강하게 남아 있음을 보여주는 모습이다. 오랫동안 영양남씨 집성촌을 이루어 살아왔고, 그 시대에 타성들은 대개 영양남씨들에게 신분적으로나 경제적으로 예속적인 지위에 있었기 때문에 타성은 곧 상민이라는 의식이 아직도 강하게 남아있는 것이다.[14]

---

14) 최근에 타성들이 이 문제에 대해서 이의를 제기하여 영양남씨와 타성들 사이에 미묘한 갈등이 야기되고 있다. 마을의 변화 양상을 암시하는 부분이다.

호지말에는 공식적인 노인회와는 별도로 영양남씨 남성 노인들로 구성된 '노인소(老人所)'가 따로 결성되어 있다. 자체 기금을 확보해 두고서 입춘, 초복, 중복, 말복, 동지 등 절후마다 모여서 회식한다. 유사가 실무를 담당하는데 돌아가면서 맡는다.

이처럼 호지말 노인들의 교유관계는 성별 분화를 기본으로 하면서 남녀 모두 종족의식과 반상관념을 뚜렷하게 보여주고 있다. 그러나 마을 안에 영양남씨와 대응되는 종족집단이 존재하지 않고, 영양남씨는 양반이고 타성은 상민이라는 전통적인 관념이 반영되어서 영양남씨의 종족의식은 신분 차별의식으로 표출되고 있다.

2) 원구

영양남씨와 무안박씨, 대흥백씨가 나란히 세거하는 원구마을에는 과거에 세 성씨의 60세 이상 노인들이 모이는 노인회가 있었다. 일 년에 한 차례씩 모여서 회식을 하였다고 한다. 세 종족의 노인들만으로 구성된 노인회가 존재했었다고 하는 것은 이 마을에서도 노인들의 교유관계에 신분 격리의식이 상당히 존재했었다는 것을 보여주는 것이다. 그러나 세 성씨의 노인들만 모이던 이 노인회는 오래전에 소멸하였다.

물론 원구에도 마을의 모든 노인들이 소속된 공식적인 노인회가 존재한다. 그러나 공식적으로 조직된 이 노인회는 거의 활동이 없는 유명무실한 조직이 되고 있다. 마을회관에 노인정이 부설되어 있지만, 여기에도 노인들은 거의 모이지 않는다. 다만 여름철에는 동제를 지내는 마을 앞 느티나무 숲에 노인들이 모여서 담소도 하고 화투도 치면서 소일한다. 최근에는 조그만 정자를 건립해서 모임의 장소로 사용한다. 여기에는 여성들은 전혀 참여하지 않고 남성 노인들만 모이는데 성씨나 신분을 별로 의식하지 않고 두루 모인다. 종족의식이나 신분의식이 크게 약화되어 있는 것으로 보인다.

남성 노인들 사이에서는 종족의식이나 신분의식이 두드러지게 나타나지 않는 데 비해 여성 노인들의 교유관계에서는 이러한 의식이 뚜렷하게 나타난다. 원구에는 안노인들이 모여 담소하는 사랑방이 성씨별로 따로따로 마련되어 있다. 영양남씨 안노인들은 종택 부근에 있는 독거노인 댁에 모인다. 이 집 부근에 영양남씨들이 많이 거주하고 있다. 무안박씨 안노인들은 박씨 종택(慶壽堂) 안채에 모인다. 종손이 외지로 나가고 연로한 족친이 종택을 관리하면서 거주하고 있기 때문이다. 백씨 집안의 안노인들은 마을회관의 방 하나를 차지해서 사랑방으로 활용하고 있다. 회관 주변에 백씨들이 많이 거주하고 있기 때문이다. 성씨별로 운영되는 이 사랑방에는 타성 부인네들은 전혀 출입하지 않는다. 항상 같은 집안의 안노인들이 적게는 4~5명에서 많을 때는 10여 명이 모여서 담소하고 있다. 여성 노인들의 친화관계가 종족별로 형성되는 모습을 뚜렷하게 보여주고 있다.

이처럼 원구마을 노인들의 교유관계에서는 남성들은 종족의식이나 신분격리의식이 매우 약하게 나타나는 데 비해 여성들은 교유의 범위가 종족집단 내부에 한정되고 있는 특징을 보여주고 있다.

3) 웃나라골

여러 성씨가 혼재하고 있는 웃나라골에서는 호지말이나 원구에서처럼 노인들의 교유관계가 성씨별로 분리되거나 신분에 따라 격리되는 모습이 별로 관찰되지 않는다.

웃나라골에도 마을 중앙부에 2층으로 된 마을회관이 있어서 주민들의 회집 장소로 사용되고 있다. 2층은 정보화시범마을의 컴퓨터 교육 장소로 사용하였으나 1층은 주로 마을회의나 노인들의 사랑방으로 사용하고 있다.

마을에 흩어져 있던 개별 사랑방이 사라진 이후 노인들은 주로 이 마을회관에서 모이고 있다. 마을회관에 모이는 노인들은 대개 70대 중반 이하의 비교적 '젊은 노인들'이다. 70대 중반을 넘어선 고령층은 마을회관 출입이 별로 없다. 70대 중반까지가 비교적 '젊은 노인'으로 인식되는 것은 그만큼 농촌사회가 고령화되고 있음을 보여주는 것이다.

마을회관은 안노인들이 많이 이용한다. 안노인들은 계절에 상관없이 연중 마을회관에 모여서 소일한다. 농사일이 없는 독거노인들이 많기 때문이다. 바깥노인들은 농사일이 비교적 적은 겨울철 농한기에 많이 이용한다. 안노인들과는 달리 바깥노인들은 대개 농사를 짓고 있기 때문에 농사철에 마을회관에 모여서 한가하게 담소를 즐길 여유가 없다.

마을회관에 모인 노인들의 면면을 보면 여러 성씨들이 다양하게 섞여 있다. 남녀 간에 방을 달리하여 내외관념은 분명히 드러나고 있지만 특정한 성씨들만 모이거나 반상을 구별하는 현상은 발견되지 않는다. 지역사회에서 대표적인 가문으로 평가받는 성씨들이 거주하고 있어서 주민들의 의식 속에는 종족의식과 신분적 우월감이 적지 않으리라 짐작되지만, 노인들이 교유하는 담소의 장소에서는 그런 의식이 별로 표출되지 않는다. 개인적으로 대화할 때는 자기 종족에 대한 긍지와 신분적 정체감이 뚜렷하게 나타나고 있는데도 교유의 현장에서 이러한 의식이 두드러지게 표출되지 않는 것은 오랜 세월 여러 성씨들이 한마을에서 함께 생활하는 동안 혈연적 배타성과 신분적 우월감이 많이 희석되었기 때문으로 보인다.

웃나라골 노인들의 교유관계에서 나타나는 이러한 모습들은 동제조직이나 장례조직에서 소속된 종족집단이나 과거의 출신성분이 별로 중시되지 않고 마을 내에서 거주하고 있는 지역을 단위로 결합하는 현상과 상통하고 있다.

IV. 종족구성과 마을조직의 특징

　이상에서 살펴본 바와 같이 이 연구의 대상이 된 세 마을에서는 종족구성에 따라서 마을조직의 양상이 매우 다르게 나타나고 있다.

　영양남씨 집성촌인 호지말에서는 지배종족인 영양남씨와 타성이 마을의 사회생활에서 확연히 구분된 모습을 보여주고 있다(〈그림6-1〉). 마을의 공동제의인 동제가 영양남씨 중심의 동제와 타성 중심의 동제로 구분되어 있고, 노인들의 교유관계에서도 남녀 모두 철저하게 남씨끼리만 어울리고 있다. 과거에 장례조직을 하나로 운영하면서 운구와 산역을 타성(상민)들이 전담하였던 것도 강한 신분차별의 징표로 해석된다. 남씨가 수적으로 많이 감소하고, 새로이 전입한 이주민들이 증가하여 남씨들의 지배력은 크게 약화하였지만, 동제와 노인들의 교유관계에서 신분적 차별의식은 아직도 강하게 남아있다. 한 성씨가 지배적인 호지말에서는 마을 안에 상대가 되는 종족집단이 존재하지 않기 때문에 영양남씨의 종족의식은 신분의식으로 표출되고 있다.

　한 성씨가 지배적인 종족마을에서 신분에 따라 사회관계가 구획되는 모습은 풍산류씨 집성촌인 안동의 하회마을에서도 관찰된다. 하회마을의 동제는 타성들이 중심이 되어 진행하고 양반 출신의 하회류씨는 집집마다 거출하는 경비만 부담할 뿐 동제의 제의에는 일절 참여하지 않는다. 일상생활의 사회관계에서도 양반 종족과 타성 사이에는 거의 교

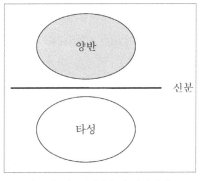

〈그림6-1〉 일성마을의 사회관계

류가 없다. 양반 종족은 종족집단 내에서 사회적 결합이 이루어지고, 타성은 타성끼리 교유한다. 양반 종족과 타성 사이에는 과거의 신분적 상하관계가 잔존하여 해방 후에도 극히 제한된 범위에서만 교류가 이루어지고 있었다(김택규 1979).

　세 성씨가 정립하고 있는 원구에서는 종족의 정체의식과 신분의 차별의식이 분명히 존재하지만, 그 강도는 호지말에 비해 현저하게 약화되어 있다. 장례조직이 종족별로 분화되어 있고, 여성 노인들의 사랑방이 성씨별로 운영되고 있는 모습은 종족집단의 배타적족결합을 상징적으로 보여주는 것이다. 또 동제의 제관을 세 성씨가 전담하고 타성의 제관 선임을 배제한 것은 신분 차별의식이 반영된 것으로 볼 수 있다. 이런 면에서 원구 주민들의 사회관계는 기본적으로 신분적 배경에 의해 양반과 타성으로 구획되고, 양반 출신은 다시 혈연에 따라 세 종족으로 분화되어 있어서 신분과 혈연이라는 두 가지 기준이 이중으로 작용하고 있다(〈그림6-2〉).

　마을 주민들의 사회관계가 신분과 종족을 기준으로 구획되는 모습은 두 성씨가 세거하는 경주의 양동마을에서도 관찰할 수 있다. 양동에서는 오래전부터 동제를 지내지 않았기 때문에 동제조직은 관찰할 수가 없었지만, 마을조직이나 주민들의 사회관계에서는 신분 차별의식과 배타적족결합이 원구마을보다도 더 뚜렷하게 나타난다. 양동에는 장례 때의 상호부조를 위한 상조계가 신분 배경과 성씨 별로 세 개가 조직되어 있다. 즉 경주

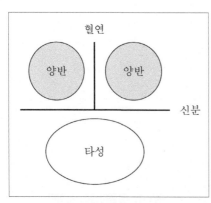

〈그림6-2〉 삼성마을의 사회관계

손씨와 여강이씨 그리고 두 성씨를 제외한 타성 집단이 각각 상조계를 조직하여 운영하였다. 양동의 상조계는 모두 해방 이후 조직된 것이다. 해방 전에는 상조계가 존재하지 않았다. 두 성씨의 대다수 집에서 머슴이나 하인을 두고 있었고, 농사나 집안일을 거들어주는 소위 '가랍집'을 거느리고 있어서 필요할 때는 언제나 이들의 노동력을 동원할 수 있었기 때문이다. 그러나 해방 후 경조사에 타성의 노동력을 동원하기가 어려워지자 경주손씨(1946년), 여강이씨(1947년)가 각각 상조계를 조직하였고, 이어서 타성 집단(1964년)도 상조계를 조직하였다. 상조계뿐만 아니라 일상생활에서도 두 성씨 사이나 반상 간의 교류는 별로 이루어지지 않는다. 반상을 엄격하게 구별하는 의식과 두 성씨 사이의 심한 갈등이 마을조직이나 주민들의 사회관계를 신분과 혈연에 따라 확연하게 구획한 것이다(최재석 1975:505~517; 이창기 1990:138~145).

그러나 원구에서는 반상을 구분하는 의식이나 종족끼리 결합하는 모습은 어느 정도 나타나고 있으나, 강한 배타성이나 심한 갈등 양상을 보이지는 않는다. 조상의 위세, 경제적 지위, 거주민의 수 등에서 우열을 가리기 어려울 정도로 비슷하여 각기 강한 자기정체성을 지니고 있으면서도 오랜 세월 갈등 없이 공존해 왔다. 세 종족이 나란히 제관을 맡아서 동제를 함께 운행하는 것은 이들의 협력적 관계를 보여주는 좋은 예이다. 이러한 협력관계는 조상들의 반복된 혼인이 크게 영향을 미친 것으로 보인다.[15] 또 신분에 따른 차별의식이 분명히 존재하면서도 위세 있는 양반 신분을 배경으로 한 세 성씨와 예속적 지위에 있던 타성들의 관계가 단절적이거나 대립적이지 않다. 타성들이 동제의 제관에 선임될 수 없다는 것은 신분 차별의 일단을 보여주는 것이지만, 종족별로 나누어져 있는 장례조직과 송계에 연고가 있는 타성들이 함께 참여하고 있고, 남성 노인들의 교유관계에서 타성을 기피하는 모습이 두드러지게 나

---

15) 세 종족의 혼인연대에 관해서는 이 책 제5장 참조.

타나지 않는 것은 신분 차별의식이 강하지 않다는 것을 의미한다. 광복 후 타성들이 세 성씨의 장례에 의무적인 운구를 거부한 것이나 동제의 제관으로 참여하고자 시도한 점은 반상 간에 존재하는 갈등의 한 단면을 보여주는 것이지만, 새로이 결성된 장례조직과 송계에 함께 참여함으로써 갈등이 심각한 대립으로 확대되지는 않았다.

명망이 있는 여러 성씨가 혼재하고 있는 웃나라골은 영해지역에서 가장 대표적인 반촌이면서도 배타적족결합의식이나 반상 간의 신분 차별의식은 현저하게 약화된 모습을 보여주고 있다. 개인이나 문중 차원에서는 종족 정체성이나 신분적 우월감을 매우 강하게 지니고 있으면서도 주민들의 사회관계나 마을조직에서는 이러한 의식이 두드러지게 표출되지 않는 것이다. 남녀를 불문하고 노인들의 교유관계에서 혈연이나 신분을 별로 의식하지 아니하고 두루 어울린다. 동제나 장례조직에서도 혈연이나 신분적 배경이 영향을 미치지 아니하고 마을 내의 거주 지역을 중심으로 분화되어 있다(〈그림6-3〉 참조). 같은 지역의 반촌인 호지말이나 원구리와는 매우 대조적인 모습이다.

지역사회에서 각기 위세 있는 종족으로 인정받는 여러 성씨가 오랫동안 한 마을에 공존함으로써 어느 특정 성씨에 의해서 마을이 주도되지도 못하고, 경쟁 상대가 분산되어 종족 간의 대립의식도 현저히 약화된 것으로 보인다. 이러한 요인들이 복합되어서 마을에 거주하고 있는 주민들은 마을 내의 거주 지역을 중심으로 근린관계를 형성

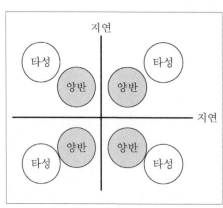

〈그림6-3〉 다성마을의 사회관계

하고 지역단위로 사회집단을 조직화한 것으로 보인다. 특히 동제집단이 한 마을에서 지역을 중심으로 여러 개로 나누어져 있는 것은 매우 특이한 모습이다.

지금까지 우리 사회에서는 종족집단이나 종족마을을 보는 시각이 매우 단순화되어 있었다. 크게 종족마을과 각성마을로 나누고, 종족마을은 한 성씨가 지배적인 종족마을과 두 성씨가 각축하는 종족마을로 나누어서 각각의 구조적 특성을 정태적으로 관찰하는 데 관심을 집중해 왔다. 문중조직과 문중활동의 실태나 변화 양상을 기술하는 것이 주된 관심사였다. 세 성씨가 공존하는 삼성 종족마을의 존재, 종족집단과 타성과의 관계, 종족집단과 마을조직과의 관계 등에 대해서는 상대적으로 관심이 저조하였다.

농촌사회가 빠르게 변화함에 따라 종족집단과 종족마을도 급격한 변화를 경험하고 있다. 종족마을이 점차 소멸되고 있고, 종족조직도 농촌 중심의 계보조직에서 도시지역을 근간으로 하는 지역조직으로 개편되고 있다.16) 변화되는 사회에서 혈연집단이 어떻게 재적응하게 될 것인지에 대한 새로운 연구과제가 부각되고 있다.

이 연구는 한 지역의 사례연구에 지나지 않기 때문에 이 연구의 결과를 한국 농촌의 종족마을이나 반촌에 일반화할 수는 없다. 앞으로 더 많은 연구가 축적되어서 종족마을과 반촌을 연구하는 시각을 확대하고 연구의 지평을 넓히는 데 일조가 되기를 기대한다.

---

16) 계보조직과 지역조직에 관해서는 이 책 제7장 참조.

참고문헌(제6장)

김순모(1993), 「나라골 팔종가의 연대에 관한 연구」, 안동대 석사학위논문.

김창민(2006), 「마을조직과 친족조직에 나타난 혈연성과 지연성」, 『민족문화논총』33, 영남대민족문화연구소.

김택규(1979), 『씨족부락의 구조연구』, 일조각.

브란트(Brandt, Vincent S.R. 1975), 김관봉 역, 『한국의 촌락』, 시사문제연구소.

영덕군(1992), 『영덕군향토사』

이광규(1989), 「한국문화의 종족체계와 공동체체계」, 『두산김택규박사화갑기념문화인류학논총』

이세나(1999), 「괴시마을 당신화의 성립과 변화에 관한 연구」, 안동대 석사학위논문,

이창기(1990), 「양동의 사회생활」, 영남대인문과학연구소(편), 『양좌동연구』, 영남대출판부.

　　　(1991), 「한국동족집단의 구성원리」, 『농촌사회』 1, 한국농촌사회학회.

　　　(2015), 『영해지역의 어촌과 반촌』, 경인문화사.

이창언(2006), 「동해안지역 반촌 동제의 지속과 변화에 관한 연구」, 『비교민속학』31, 비교민속학회.

이토오 아비토(伊藤亞人 1982), 「契조직에 나타난 '친한 사이'의 분석」, 최길성 편, 『한국의 사회와 종교』, 아세아문화사.

조선총독부(1935), 『朝鮮の聚落(後篇)』.

최재석(1975), 『한국농촌사회연구』, 일지사.

최재율(1986), 『농촌사회학』, 유풍출판사.

제7장

종족집단의 계보조직과 지역조직
-벽진이씨 대종회와 대구화수회의 사례-

Ⅰ. 서론

종족집단의 조직은 혈통의 갈래에 따라 자동으로 귀속되는 계보조직 (系譜組織)과 특정한 지역에 거주하는 종원들의 임의 가입으로 구성하는 지역조직(地域組織)으로 크게 나누어 볼 수 있다. 계보조직은 시조의 모든 자손을 포괄하는 대종회가 대표적이며, 지역조직은 도시지역을 중심으로 결성되는 화수회가 대표적이다.

그동안 한국 사회의 종족집단에 대해서는 사회학자와 인류학자들을 중심으로 꾸준히 연구가 진행되었다. 지금까지의 종족집단 연구는 주로 특정 조상의 자손들로 이루어진 문중조직에 관심이 집중되어 있었고 도시지역의 화수회에 관해서는 관심이 미진하였다. 도시지역의 화수회에 관한 연구로는 최재석(1968)과 이광규(1980)의 논문, 그리고 이영숙 (1984)의 석사학위 논문 정도가 있을 뿐이다. 종족집단의 조직적 활동이 혈통을 공유하는 주요 조상을 중심으로 활발하게 전개되어 왔기 때문에 화수회에 관한 관심이 상대적으로 저조했던 것으로 보인다. 그러나 산업화가 진전되고 도시화가 촉진됨에 따라 농촌지역의 종족마을이 빠른 속도로 해체되고 있고, 전 국민의 90% 이상이 도시지역에 거주하게 되어 도시지역에서 전개되는 부계 혈연집단의 조직과 활동 내용에 관해서도 연구해야 할 필요성이 높아지고 있다.

이 연구는 계보조직인 대종회와 지역조직인 화수회를 함께 살펴보면서 두 조직의 특성을 비교해 보고자 한다.

계보조직과 지역조직의 특징을 비교해서 관찰하기 위해 필자가 선택한 연구 대상은 계보조직인 대종회와 지역조직인 화수회의 활동을 같은

지역에서 함께 관찰할 수 있는 대구광역시의 벽진이씨(碧珍李氏) 종족조
직이다.

벽진이씨는 신라말 고려초의 인물인 이총언(李悤言)을 시조로 한다.
이총언은 신라말에 벽진군(성주의 옛 지명)의 태수로 있으면서 왕건의
고려개국을 도와 삼중대광 개국원훈 벽진장군(三重大匡開國元勳碧珍將
軍)에 봉해진 인물이다. 이에 후손들이 벽진을 본관으로 삼고 성주, 선
산, 김천, 영천, 밀양, 합천, 창녕 등지에 널리 분포하였다. 이들 지역은
대구의 배후지로서 도시화가 진행됨에 따라 이 지역에 거주하던 종족 성
원들이 대구시로 많이 이주하게 되었다. 이러한 연유로 벽진이씨는 시조
이하 모든 종족 성원들을 포괄하는 계보조직으로서 대종회를 결성하고
그 본부를 대구에 설치하였으며, 대종회와는 별도로 대구, 서울, 부산,
대전 등 주요 도시에 화수회를 결성하여 활동하고 있다. 같은 도시에 계
보조직과 지역조직이 공존하고 있어서 이 양자를 비교해서 관찰할 수 있
는 좋은 사례로 판단되었다.

대종회와 화수회에서 매년 총회에 보고하는 사업보고서와 결산보고
서를 주된 자료로 분석하고, 주요 임원들을 면담하여 자료를 보완하였
다. 조사는 2004년 1월부터 4월까지 진행했다.

Ⅱ. 계보조직과 지역조직

계보조직은 특정 조상의 모든 자손이 혈통의 계보에 따라 자동으로
귀속되는 조직이다. 계보조직은 결합의 범위에 따라 여러 단계의 중첩적
인 구조를 이루고 있다. 최재석은 결합범위에 따라서 종족집단을 고조
(高祖)를 공동 조상으로 하는 당내집단(堂內集團), 입촌조(入村祖)를 중

심으로 결합하는 마을 단위의 종족집단, 일정 지역의 여러 개 종족마을
을 포괄하는 정착시조(定着始祖) 중심의 종족집단, 파조(派祖)를 중심으
로 하는 종족집단, 시조(始祖) 이래 모든 종족 성원들을 포괄하는 동성동
본집단의 다섯 단계로 나누고, 아래 단계의 종족집단은 윗 단계의 종족
집단에 포함되는 중첩적인 동심원적 구조를 이루고 있다고 지적하였다.
종족집단에 따라서는 중간의 한두 단계가 생략될 수도 있고, 파조 밑에
다시 분파가 이루어져 몇 단계가 늘어날 수도 있다(최재석 1960).

계보조직의 구성원은 출생과 동시에 자동으로 성원권을 취득하여 집
단귀속이 운명적이며, 혈통의 계보에 따라 여러 단계의 종족집단에 중복
된 성원권을 갖는다. 그러므로 계보조직은 거주지역을 초월한다. 비록
멀리 떨어져 살고 있더라도 같은 조상의 자손이면 동조의식(同祖意識)을
바탕으로 긴밀한 족결합을 이루게 된다. 당내집단을 기초로 하는 계보조
직의 최상위 조직은 시조를 공동 조상으로 하는 동성동본집단이며, 동성
동본집단의 조직체를 흔히 대종회라 부른다.[1]

지역조직은 계보에 상관없이 특정 지역에 거주하는 종원들을 구성원
으로 하는 조직이다. 특정 조상(시조, 파조, 입향조 등)의 자손 중에서
다른 지역에 거주하는 자손을 제외하고 같은 지역에 거주하는 종원들로
구성한다. 조직의 구성이 인위적이고 종원의 자유의사에 의해서 참여한
다는 점이 집단귀속이 자동적이고 운명적인 계보조직과 다른 점이다. 이
러한 지역조직을 흔히 화수회라 부른다.[2] 따라서 화수회는 혈연의 분지
에 따른 중첩적인 구조를 갖지 못하고 동일 지역에서는 하나의 단일 조
직만 존재하게 된다.

화수회는 농촌지역에도 존재하지만 주로 도시지역을 중심으로 조직

---

1) 전국적인 범위의 종족집단 조직체에 대한 명칭은 대종회뿐만 아니라 종친회, 대동
   종약원 등 종족집단에 따라 다양하게 사용하고 있으나 여기에서는 대종회라 부르
   기로 한다.
2) 지역조직을 종친회라 부르기도 하지만 여기서는 화수회라 부르기로 한다.

되었다. 산업화와 도시화가 촉진되어 한 마을에서 대를 이어 세거하던 종족 성원들이 마을을 떠나 각처의 도시지역으로 이주하면서 화수회가 등장하였다. 종족 성원의 도시 유출은 문중 조직의 근간을 이루는 마을 내의 당내집단을 와해시켰고, 마을 단위의 문중 활동을 크게 위축시켰다 (이창기 1976 1977 1980; 최재석 1983b). 활동의 근거지인 종족마을을 떠나 도시지역으로 이주한 종족 성원들은 뿌리 깊은 부계 혈연의식을 떨쳐버리지 못한 채 도시지역의 변화된 환경 속에서 새로운 활동을 모색하지 않을 수 없게 되었다. 조상을 공유했던 가까운 종족 성원들은 각처에 흩어져 긴밀한 접촉이 불가능하게 되었지만, 도시 내에는 각처에서 이주해 온 많은 원친들이 거주하고 있다. 종족마을을 떠나온 사람들은 이제 혈연의 원근과 계보에 관계없이 같은 도시지역에 거주하고 있다는 사실만으로 결속하게 되었다.

혈통의 계보를 중심으로 조직된 계보조직과 거주지역을 중심으로 조직된 지역조직은 활동 내용에도 상당한 차이가 있을 것으로 보인다. 그러므로 계보조직인 대종회와 지역조직인 화수회는 구별할 필요가 있다. 그런데 이 양자는 조직의 명칭을 엄격하게 구별하지 않고 대종회, 종친회, 화수회 등의 명칭을 혼용하고 있어서 혼동하는 경우가 많다. 특히 서울지역에 근거를 둔 조직에서 이러한 혼동의 가능성은 크다. 예를 들어 서울과 그 인근 지역에 거주하는 종족 성원들을 기반으로 활동하는 지역조직이 '중앙종친회' 또는 '중앙화수회'란 명칭을 사용한다면 이 조직이 전국적인 범위의 종족 성원들을 총괄하는 계보조직인지 서울과 그 인근 지역에 거주하는 종족 성원들로 구성된 지역조직인지 구별하기가 쉽지 않은 것이다. 이러한 혼동 양상은 최재석(1968)의 연구에서도 발견되고 있으나 이광규(1980)의 연구에서 두드러진다. 서울지역의 57개 종족집단의 조직을 분석한 이광규의 연구에서는 성과 본을 같이 하는 최대 범위의 계보조직과 그 하위의 파별 계보조직을 같이 다루고 있을 뿐만 아니라, '서울종친회' '서울화수회' 등 지역단위의 조직임이 분명한 것도 계보조직과 구별하지 않은 채 모두 함께 다루고 있어서 조직의 특성을 제대로 파악하는데 어려움을 주고 있다. 아직 계보조직과 지역조직의 차이에까지 관심을 넓히지 못한 초기 연구 단계에서 나타나는 현상이라 할 수 있다. 최재석은 1975년에 간행된 『한국농촌사회연구』(최재석 1975: 198)에서 농촌지역의 문중조직과 도시지역의 화수회는 차이가 있음을 구체적으로 밝히고 있다.

III. 벽진이씨 대종회

1. 연혁

벽진이씨 대종회는 시조 이총언의 모든 자손을 망라하는 계보조직으로서 1981년에 결성하였다. 대종회가 조직되기 이전에는 1954년에 조직된 대구화수회가 그 기능을 대신하고 있었다. 시조의 시향제(時享祭) 봉행과 시조의 재실인 경수당(敬收堂)3)의 유지보수, 시조의 유허비 건립 등 중요한 사업을 대구화수회가 중심이 되어서 추진하였다. 1961년에 간행한 대동보(신축보) 발간 사업도 대구화수회가 주관하였다. 대구화수회나 대종회와 같은 공식조직이 결성되기 이전에는 각파 문중이나 마을 문중의 대표들이 비공식적으로 접촉하여 문의(門議)를 일으키고 중요한 사업을 추진하였을 것으로 짐작된다.

대종회가 조직되기 이전에 그 전신으로 볼 수 있는 경수회(敬收會)라

---

3) 시조 이총언을 위한 재사(齋舍)를 일컫는다. 시조의 신위를 모신 비현사(丕顯祠)와 2世부터 10世까지 9대에 걸친 11위의 조상 신위를 모신 세덕사(世德祠), 시조 벽진장군 유허비가 경내에 있다.

는 모임이 1973년에 결성되었지만, 종족집단 전체를 대표하는 조직이라 기보다는 종사에 관심을 가진 유지들의 모임이라는 성격을 가진 것으로 보인다. 대표자로서 당장(堂長, 1976년에 의장으로 명칭을 변경하였다) 만을 추대하였을 뿐 하부 조직이 보이지 않는다. 1980년에 부의장 2명과 총무, 재무, 간사, 감사를 선임하여 조직의 체계를 갖추고 이듬해(1981) 에 대종회를 출범시켰다.

1980년대에 들어서 전국적인 조직으로서 대종회가 결성되었다고 하는 것은 우리 사회의 사회경제적 변화와 깊이 관련되어 있을 것으로 보인다. 종족마을 중심으로 생활하던 종족 성원들이 대도시로 이주하고, 이들이 도시사회에서 경제적으로 성장하여 안정적인 생활 기반을 구축하면서 여러 지역에 지역조직(화수회)이 결성되는 등의 변화가 1980년대에 전국적인 조직을 결성하게 된 배경이 아닌가 한다. 종족집단의 조직이 활성화되기 위해서는 조상의 위세, 종족 성원의 수와 밀도, 문중재산 등이 뒷받침되어야 하지만 현존 종족 성원들의 사회경제적 지위도 중요한 요소가 되는 것이다(이창기 1991).

1981년 대종회 창립 당시에는 대종회의 사무실을 성주군 벽진면 해평동 경수당 내에 둔다고 하였으나, 1999년에 대구 시내에 대종회관(벽진회관)을 매입한 이후에는 대구시 대명동 벽진회관 내에 둔다고 개정하였다. 이로부터 대구시는 벽진이씨 종족집단의 활동 중심지가 되었다.

2. 조직

1) 파의 구성

벽진이씨 대종회는 혈연의 분지에 따라 4개의 상파(上派)와 그 하위에 12개의 대파(大派), 96개의 지파(支派)로 나누어진 3단계의 피라밋 조직으로 구성되어 있다. 이러한 분파조직은 이사나 종의원을 선출하고 임원을 구성하는데 기초가 된다.

상파는 6세에서 11세 사이에서 분파된 산화공파, 대장군파, 금릉공파, 문정공파를 말한다. 이들 4개의 상파 종회장들은 대종회의 당연직 부회장이 된다.

대파는 상파에서 분지된 12개의 파로 구성되어 있다. 산화공파는 6개 파, 대장군파는 4개 파로 분지되어 있으나 금릉공파와 문정공파는 자손의 수가 많지 않아 분파하지 못하고 단일 파를 이루고 있다. 대파의 대표들은 당연직 이사가 된다.

대파에서 다시 분파된 96개의 파를 지파라 한다. 지파는 대체로 종족마을 단위로 형성되어 있다. 이들 지파의 대표들이 종의원회를 구성한다. 지파의 대표도 각 파에서 선출해서 대종회에 통보하게 되어 있지만 각 지파는 상설조직을 구성하지 못한 경우가 많아 임원회에서 위축하는

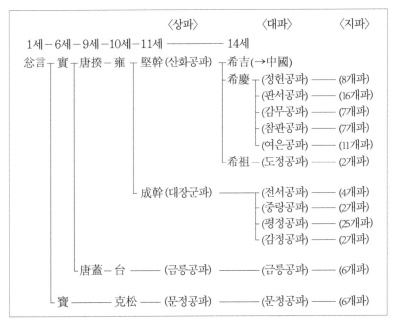

〈그림 7-1〉 벽진이씨 대종회의 분파도

경우가 많다. 벽진이씨 대종회의 분파 내용은 다음 〈그림 7-1〉과 같다.

2) 총회, 이사회, 종의원회, 합동회의

대종회의 조직은 총회 밑에 이사회, 합동회의, 종의원회, 임원회를 두어 매우 복잡한 구조를 이루고 있다. 전체 종원의 의견을 수렴해야 한다는 명분과 운영의 효율성을 높이고자 하는 현실적 필요성 사이에서 고뇌한 흔적이 보인다.

총회는 대종회의 최고 의결기관으로서 정기총회와 임시총회가 있다. 정기총회는 매년 음력 10월 초2일 저녁에 개최한다. 음력 초3일이 시조를 비롯한 상대 10대의 조상 12위에 대한 추향대제일(秋享大祭日)이라 전날 저녁에 각지에서 제관들이 모두 모이기 때문이다. 총회는 제관 50인 이상의 참석으로 개회한다. 총회의 기능은 다음과 같다(종약 제16조).

1) 본회의 기본 운영계획 및 합동회의의 의결에 관한 사항
2) 종약의 제정 및 개정에 관한 사항
3) 제례에 관한 사항
4) 회장, 감사의 선출에 관한 사항
5) 중요 사업에 관한 사항
6) 예산 및 결산에 관한 사항
7) 기타 중요 안건

그러나 총회가 최고 의결기관이기는 하지만 종족집단과 같은 개방적인 조직에서 다수가 운집한 총회에서 중요한 사항을 의결한다는 것은 많은 어려움이 따른다. 그래서 실제로는 합동회의에서 의결된 사항을 보고받고 인준하는 형식으로 운영된다. 이러한 사정은 종약의 변화에서도 나타나고 있다. 즉 1999년의 종약에는 총회의 기능을 '다음 사항을 심의·의결한다'고 규정하고 있으나 2003년의 종약에서는 '소집목적에 부응한 안건을 보고받아 수인(受認)한다'는 표현으로 수정하였다. 총회에 최고

의결기관으로서 상징적인 의미만을 부여하고 실적적인 의결기관은 합동회의가 담당하고 있다. 총회 기능의 이러한 변화는 조직을 효율적이고 기동성 있게 운영하고자 하는 의지의 표현으로 이해된다.

이사회는 12개의 대파의 대표 16인으로 구성된다. 종족 성원의 수가 특히 많은 파에는 이사를 추가해서 판서공파에는 2인, 평정공파에는 4인을 배정하고 있다. 각 대파의 종회장은 당연직 이사가 되며, 추가된 4인은 해당 파에서 추천한다.

2003년 종약 개정 이전에는 이사회가 벽진이씨 대종회의 실질적인 의결기구로서 기능하였다. 1999년 종약에 의하면 이사회는 다음 사항을 심의·의결하는 것으로 규정하고 있다(종약 제17조).

 1) 총회의 위임사항
 2) 총회에 회부할 의안에 관한 사항
 3) 종약의 제정 및 개정에 관한 사항
 4) 본회 재산의 조성 유지 관리 및 증식에 관한 사항
 5) 예산 편성 및 결산안에 관한 사항
 6) 재산관리규약의 제정 및 개정에 관한 사항
 7) 기타 중요 안건

1999년 종약에 나타난 이사회의 기능은 회장, 감사의 선출을 제외한 회무 전반에 걸쳐 있어서 실질적인 최고 의결기관으로서 손색이 없었다. 그러나 2003년의 종약에는 이러한 기능의 대부분을 합동회의로 이관하고 이사회의 기능에 대해서는 별도로 규정하지 않았다. 소수의 이사들에 의해서 종의가 결정되는 것을 방지하고 폭넓게 종의를 수렴하기 위하여 각 지파의 대표들과 실무 임원들까지 포함하는 합동회의로 심의·의결 기능을 이양한 것으로 보인다.

종의원회는 96개 지파의 대표들로 구성된다. 지파는 대체로 종족마을을 단위로 해서 형성되어 있어서 마을의 입촌조를 중심으로 결합한다.

종족마을은 전통적인 농경사회에서 면접적 접촉이 가능한 범위이기 때문에 결합력이 강하고 일상적인 종족 활동도 이 마을을 중심으로 이루어져 왔다. 그러므로 이 지파는 종족 성원들을 대종회로 연결하는 중요한 통로가 되며, 대종회의 각종 사업을 추진하는 기본 바탕이 된다. 그런 점에서 종의원회는 종의를 수렴하는 가장 큰 규모의 대의기구라 할 수 있다. 종의원의 연령분포는 대개 60대 이상이다. 40~50대의 종의원은 거의 찾아볼 수 없다.

그러나 종래에는 종의원회가 대의기구의 기능을 제대로 수행하지 못하였다. 1999년까지 시행된 종약에는 종의원회의 기능이 지극히 형식적인 수준을 벗어나지 못하였다. 이사회에서 의결된 사항을 보고받아 추인하고 총회에 이를 보고하며, 제례의 집사분정(執事分定)에 관한 사항만을 심의·의결하는 것으로 규정하고 있다. 제례의 집사분정 외에는 거의 기능이 없었던 것이다. 2003년의 종약에 와서 합동회의 구성원으로서 중요 사항의 심의·의결에 참여하게 되었다. 총회를 상징적인 의사결정기구로 두면서 이사회에 집중되어 있던 의사결정 기능을 각파의 대표와 실무 집행 임원을 망라하는 합동회의로 이관한 것은 정원이 명확하지 않은 총회가 실질적인 의사결정기구가 될 수 없다는 현실을 인정하면서 종의를 폭넓게 수렴하고자 하는 대종회 운영의 합리화 과정으로 평가된다.

합동회의는 2003년 종약 개정 때 신설된 기구로서 이사, 종의원, 실무 임원이 모두 참여한다. 이사회, 종의원회, 임원회를 통합한 연석회의라 할 수 있다. 대종회의 주요 사항을 심의 의결하도록 종약에 규정하여 대종회의 실질적인 의사결정기구가 되었다. 합동회의의 구성원은 약 140여 명에 이른다.

3) 임원회

대종회의 각종 사업을 구체적으로 추진하고 집행하는 일은 임원회가 맡는다. 임원회는 회장, 부회장(7인), 총무(1인), 재무(1인), 제례(3인), 문화(3인), 사업(3인), 당유사(3인), 사무장(1인)으로 구성되어 있으며, 2인의 감사와 약간 명의 고문을 두고 있다.

대종회장은 벽진이씨 종족집단을 대표하는 인물로서 대종회 합동회의에서 선출하고 총회에 보고하여 인준을 받는다. 그러나 실제에 있어서는 회장단과 고문 등 주요 인사들의 비공식적 논의와 조정과정을 거쳐 사전에 내정하고 합동회의에서 인준받는 형식을 취한다. 의견이 합치되지 않을 때에는 합동회의에서 투표로 결정하기도 한다. 2003년의 대종회장 선출이 이러한 경우이다. 대종회장을 투표로서 선출하였다는 것은 대종회의 새로운 면모를 보여주는 사례로서 주목된다.

대종회장은 종사에 관심을 가지고 열심히 참여하는 인사 중에서 사회적 명망이 있고 시간적 여유를 가진 70대 이상의 인물이 주로 추대된다. 역대 회장의 면모를 살펴보면 젊은 연령층에서 대종회장을 맡은 경우는 찾아볼 수 없다. 종파냐 지파냐 하는 종지의 문제도 전혀 고려되지 않으며, 항렬도 중요한 기준이 되지 못한다.

부회장은 1999년 종약에 의하면 서울, 부산, 대구 화수회장과 4개의 상파 중에서 종족 성원의 수가 많은 산화공파와 대장군파의 종회장 등 5명으로 구성되어 있었다. 대종회는 기본적으로 계보조직이지만 지역을 단위로 하는 화수회가 활발하게 활동하고 있는 현실을 반영하여 주요 도시의 화수회장을 당연직 부회장으로 추대한 것이라 볼 수 있다. 그런데 2003년의 종약 개정 후에 1999년에 포함되지 않았던 금릉공파와 문정공파의 2개 상파 종회장과 대전 화수회장을 부회장에 포함시켜 정원을 8명으로 늘렸다. 지역단위의 종족 활동이 활성화되고 있고, 종회의 기능이 확대되고 있음을 보여주는 것으로 생각된다.

회장단 이외의 임원으로는 총무, 재무, 제례, 문화, 사업, 당유사(堂有司), 사무국장이 있다. 이들은 회장이 임명한다. 실무 임원들의 역할은 대종회의 조직 운영에 관한 일반업무를 제외하고는 대체로 문헌 발간과 제사 및 유적 보존 등 조상에 관련된 업무가 주가 되고 있다.

임원회에는 실무를 담당하는 임원 이외에 감사와 고문이 포함되고 있다. 감사는 합동회의에서 선출하고 총회에 보고한다. 고문도 합동회의에서 추대하는데 대개 전임 회장을 추대하고 있다.

3. 사업

종족집단의 중요한 기능으로는 조상제사 기능, 사회적 위세 표시 기능, 종족 성원들 사이의 협동·친화 기능을 들 수 있으나 협동·친화 기능은 8촌 이내의 당내집단에서만 두드러지게 나타나고 있고, 당내집단을 벗어나면 조상제사와 사회적 위세 표시 기능이 중심이 되고 있으며, 그 중에서도 사회적 위세 표시 기능이 가장 핵심적인 기능이라 지적하고 있다(최재석 1966). 그렇다면 벽진이씨 대종회에서는 이러한 기능들이 어떻게 나타나고 있는지 살펴보기로 하자.

벽진이씨 대종회의 종약 제2조에는 대종회의 목적을 ①시조 벽진장군을 비롯한 10대 12위 조상의 제향, ②선조의 유적과 본회 재산의 유지 관리, ③경조수족(敬祖收族)의 세 가지로 규정하고, 제5조에 이러한 목적을 달성하기 위한 사업을 규정하고 있는데, 조상제사, 유적관리, 문서 발간, 재산관리, 종원 간의 친목과 복리 증진, 효열 포상, 인재 양성을 위한 장학, 충효 사상의 고취 등 다방면에 걸쳐 있다. 그러나 2003년 대종회 총회에 보고된 사업내용을 살펴보면 춘추 대제를 제외하고는 연례적으로 시행하고 있는 사업은 별로 발견되지 않는다. 제향 경비를 제외하면 재정의 대부분은 재산을 관리하고 조직을 운영하기 위한 경상경비로 지출하고 있다. 종원 간의 친목이나 복리 증진을 위한 경비로 볼 수 있는 경조사비도 극히 적은 부분에 지나지 않을 뿐만 아니라 그것도 전·

현직 회장이나 총무 등 주요 인물에 한정되어 있다.

조상을 현창(顯彰)하기 위한 물적 시설의 건립이나 문서발간 사업은 부정기적으로 시행되고 있는데, 시조의 재실(경수당) 유지보수와 비석 건립, 족보와 문헌록 발간이 대표적인 예이다.

벽진이씨 대종회가 1981년에 창립된 이후 발간한 기록문서로는 족보와 문헌록이 대표적인 것이다. 벽진이씨의 족보는 1652년(임진보)에 처음 간행된 이래 1710년(경인보), 1826년(병술보), 1864년(갑자보), 1912년(임자보), 1961년(신축보), 1996년(병자보) 등 총 7차에 걸쳐 발간되었다. 병자보는 1996년에 발의되어 만 3년에 걸친 역사 끝에 1999년 1월에 완간되었다. 10책 1질의 양장본으로 약 10,000질이 발간된 병자보의 발간은 약 9억 원이 투입된 대종회 최대의 사업이었다. 대종회는 이 족보의 발간으로 회관 건물을 매입하고 상당한 기금을 확보하게 되었다.

최근에 대종회에서 심혈을 기울이고 있는 사업은 『벽진이씨 문헌록』의 발간이다. 『벽진이씨 문헌록』은 각종 기록을 참고하여 유명 조상들의 이력을 소상하게 기록한 책으로 1910년에 발간되었다. 그런데 1910년에 간행된 이 문헌록은 구하기도 힘들 뿐만 아니라 한문으로 작성되어 현대의 종족 성원들이 쉽게 접할 수가 없었다. 이에 대종회에서는 기존의 문헌록을 번역하여 재간행하는 한편 1900년 이전에 출생한 현조들 중에서 구 문헌록에 누락된 조상들의 문헌록을 속집으로 간행하고자 기획하였다. 현재 구 문헌록을 번역한 제1권이 발간되었고, 속집인 제2권은 편집중에 있다.

이상에서 살펴본 바와 같이 벽진이씨 대종회의 주요 사업들은 시조를 비롯한 상대 조상의 제사를 봉행하고, 조상과 관련된 유적을 보존하고 관리하며, 조상의 업적을 후손들에게 알리는 숭조사업(崇祖事業)에 집중되어 있다. 종원 간의 친목과 복리 증진을 위한 사업은 극히 미미한 수준이다.

4. 재정

종족마을을 기반으로 하는 전통사회의 종족집단은 전답과 임야 등 많은 문중재산을 소유하여 여기에서 나오는 수입으로 각종 사업을 추진해 왔다. 이러한 문중재산은 종족 성원들로부터 거출하여 마련하기도 하지만 부유한 종족 성원들의 기부로 마련하는 경우도 많았다(최재석 1965). 그러나 문중재산이 극히 미약하여 소요경비를 충당하기 어려운 경우에는 부득이 종족 성원들의 찬조금에 의존할 수밖에 없을 것이다. 최근 도시지역이나 도시개발의 영향을 크게 받는 도시 근교에서는 현금이나 현금수입이 보장되는 빌딩, 주택 등의 형태로 기본재산을 운용하는 경향이 늘어나고 있다(조강희 1988).

이러한 경향은 벽진이씨 대종회에서도 나타나고 있다. 1999년에 족보를 발간하기 전까지 벽진이씨 대종회의 기본재산은 경수당 인근의 전답 5,600여 평과 대지 2,400여 평 정도였다. 여기에서 나오는 수입금으로는 대종회의 다양한 사업을 추진하기에 매우 부족한 수준이다. 고정된 사무실을 마련하지도 못하였고, 전임 사무원을 둘 수도 없었다. 부족한 경비와 특별사업비는 거의 찬조금에 의존할 수밖에 없었다.

그러나 이러한 사정은 1999년 족보발간 이후에 크게 변모하고 있다. 1996년에 착수하여 1999년에 완간되기까지 만 3년에 걸쳐서 약 9억 원이 투입된 큰 사업이었지만 수단비(收單費)와 책 대금, 예금이자 등 총수입금이 약 18억 원에 이르러 이 수익금으로 대구시 남구 대명동에 대종회관을 매입하고 3억 원 이상의 현금을 기금으로 확보하게 되었다. 대종회관은 대지 60평에 연건평 250평의 지하 1층, 지상 5층 건물로 대종회 사무실과 회의실로 사용하는 2개 층을 제외한 4개 층을 임대하고 있다. 이로써 벽진이씨 대종회는 상근하는 사무장의 급료를 포함한 경상 재정의 대부분을 기본재산의 수익금으로 충당할 수 있게 되었다. 2004년도

예산편성안에 따르면 예산총액의 약 95%를 기본재산의 수익금으로 충당하고, 나머지 5%는 춘추 대제에 참여하는 헌관 및 제관들의 향촉대 헌금과 족보 판매 수입금으로 편성되어 있다. 경상비 이외에 부정기적으로 시행하는 특별사업은 찬조금을 모금하여 충당할 것으로 보인다.

IV. 벽진이씨 대구화수회

1. 연혁

벽진이씨의 화수회는 서울, 부산, 대구, 대전 등 대도시는 물론이고 종족 성원들이 많이 거주하고 있는 김천, 구미, 영천, 포항, 성주, 창녕, 마산·창원, 울산, 밀양, 의령 등 영남지역의 중소도시와 남원, 제주 등지에도 조직되어 있다.

대구화수회는 대구와 대구 인근 지역에 거주하는 종원들로 구성된 지역조직으로서 휴전 직후인 1954년 3월에 조직되어 2004년에 창립 50주년을 맞았다. 대구화수회가 처음 발족할 당시에는 '대구'라는 지역명을 사용하지 않고 '벽진이씨화수회'라 하였다. 전국적인 조직으로서 대종회가 조직되기 이전이라 지역조직이라는 의식보다는 전국의 벽진이씨 전체를 총괄하는 대표조직으로 의식하였던 듯하다. 실제로 대구화수회는 대종회가 조직된 1981년까지 대동보 발간과 춘추 향사 및 시조의 유적을 보존 관리하는 중요한 종사를 주관하였다. 이러한 전통이 오늘날까지 남아있어서 대종회관 입구의 화수회 현판도 '벽진이씨화수회'로 표기되어 있다. 대구화수회의 창립에 이어 1954년 9월에는 서울에서도 화수회가 발족 되었고, 마산(1965년), 부산(1971년) 등지로 확대되었다.

1954년에 대구화수회를 조직하였다는 것은 전쟁의 와중에서 많은 농촌 주민들이 고향을 떠나게 되었고, 종전 후 이들이 대거 도시지역에 정착하게 되는 우리 사회의 인구이동 양상이 반영된 것으로 보인다. 대구 인근 지역은 벽진이씨 종족 성원들이 많이 거주하던 지역이었고, 전쟁 과정에서도 대구가 직접 피해를 입지 않았기 때문에 많은 벽진이씨 종족 성원들이 종전 후 대구에 정착한 것으로 보인다. 고향을 떠나 도시라는 낯선 환경에 적응하면서 지연과 혈연으로부터 단절된 소외의 감정을 새로운 혈연적 유대를 형성함으로써 극복하고자 하는 것은 전통적인 혈연의 유대를 바탕으로 종족마을을 이루어 살아오던 이들에게는 매우 자연스러운 현상이었을 것으로 짐작된다. 이러한 욕구가 화수회를 조직한 기본적인 동기로 이해되며, 종족 성원들이 많이 밀집한 대구에서 가장 먼저 화수회가 결성된 요인이라 볼 수 있다.

도시지역의 부계 혈연조직이 종전 후에 등장하기 시작하는 경향은 최재석과 이광규의 연구에서도 나타나고 있다. 최재석이 조사한 서울의 온양방씨 화수회와 대구서씨 종회도 1957년과 1964년에 처음 조직되었으며(최재석 1968), 계보조직과 지역조직을 구분해서 분석하지는 않았지만, 이광규가 조사한 서울지역에서도 50년대 중·후반과 60년대, 70년대에 두루 분포되어 있다(이광규 1980). 이렇게 본다면 도시지역의 부계 혈연조직은 전쟁으로 인한 농촌인구의 도시 이주와 뒤이어 산업화가 진행되면서 촉진된 도시화가 중요한 계기가 되었음을 알 수 있다. 벽진이씨의 도시지역 화수회가 종전 직후 대구에서 결성된 것을 시발로 서울, 부산, 대전, 김천, 구미, 영천 등지로 확산된 것은 최근 우리 사회의 이러한 변화 양상을 단적으로 보여 주는 좋은 사례가 될 것이다.

그러나 많은 종족 성원들이 동일 지역에 거주하고 있다고 해서 화수회의 활동이 활발하게 전개되는 것은 아니다. 부계 혈연집단의 조직적인 활동이 화성화되기 위해서는 조상의 위세나 성원의 수와 밀도뿐만 아니라 종족 성원들의 사회경제적 지위가 향상되고 조직적 활동을 뒷받침할

수 있는 경제적 기반이 튼실해야 한다(이창기 1991). 이러한 현실적 여
건이 충분히 마련되기 전까지는 조직이 결성되더라도 활동이 미미하거
나 소수의 열성적인 종족 성원들을 중심으로 하는 제한된 활동에 그칠
가능성이 크다. 벽진이씨 대구화수회의 경우에도 이러한 사정이 여실히
나타나고 있다. 1954년에 화수회가 조직되기는 하였지만 1970년대까지
는 그 활동은 대단히 미미하였던 것으로 보인다. 참여하는 종족 성원의
수가 많지 않았고, 재정은 소수 종족 성원들의 찬조금에 거의 의존하고
있었으며, 사업의 내용도 매우 단순하였다. 그러나 1980년대 초반에 적
극적인 모금 활동을 통해서 회관 건립 부지를 확보하고, 이를 바탕으로
1980년대 후반에 상가건물을 매입하여 경제적 기반을 확보함으로써 활
동이 활성화되기 시작했다. 우선 참여자가 크게 증가하는 모습이 두드러
지게 나타나고 있다. 사업의 내용에서도, 비록 단순하기는 하지만, 종족
성원들을 결집하고 대종회와 청년회의 사업을 뒷받침하는 후원기관으로
서 역할을 충실히 수행하고 있다.

2. 조직

벽진이씨 대구화수회의 조직은 모든 회원이 참여하는 총회, 심의의결
기관인 이사회, 실무 집행기관인 임원회로 구성되어 있다.

총회는 화수회의 최고 의결기관으로서 상징적 의미를 지니지만 의결
기능보다는 회원 상호 간의 친목을 도모하는 축제의 성격을 갖는다. 총
회의 중요 안건으로서 경과보고, 감사보고, 결산보고, 사업계획 및 예산
안 심의, 임원선출 등이 상정되지만 대개는 임원회나 이사회에서 심의한
내용을 보고 받고 승인하는 형식을 취한다. 보다 중요한 프로그램은 함
께 식사하며 정담을 나누고 여흥을 즐기는 것이다. 회장, 부회장, 감사의
선출이 총회의 기능으로 회칙에 규정되어 있지만, 대개는 전형위원을 구

성해서 임원회나 이사회에서 미리 협의해 둔 안을 확정하고 전체 참석 회원의 동의를 얻는 형식을 취한다. 정기총회는 매년 5월에 개최한다.

이사회는 임원회를 거쳐 상정되는 의안을 심의하는 화수회의 실질적인 의결기관이라 할 수 있다. 이사회는 당연직 이사와 선출직 이사로 구성된다. 당연직 이사는 회장단을 포함한 실무 임원들이며, 선출직은 임원회의 심의를 거쳐 회장이 위촉한다. 2003년도의 선출직 이사는 48명으로 전체 이사의 총수는 65명에 이른다. 대종회의 종의원과는 달리 화수회의 이사에는 40대와 50대도 다수 포함되어 있다. 이들은 매년 일정액의 이사회비를 부담하는데 화수회 재정의 중요한 부분을 차지한다.

이사회는 년 2~3회 개최되는데 대개 매년 5월의 정기총회를 앞두고 한 차례 개최되고, 추계 대제를 앞두고 한 차례 개최된다. 그 외 중요한 안건이 있을 때 회장이 소집한다. 신년교례회나 지역으로 영전해 온 주요 족친의 환영회를 겸한 이사회가 개최되기도 한다.

임원회는 회장, 부회장(6명), 사무국장, 재무부장, 문화부장, 업무부장, 섭외부장, 청년부장으로 구성되어 각기 업무를 분담하고 있다. 회장과 부회장은 총회에서 선임되고, 청년부장은 청년회의 회장이 당연직으로 맡고 있지만, 사무국장과 각 부장은 회장이 임명한다. 이들은 당연직 이사가 된다.

이 외에 전임 회장들로 구성된 고문단이 있으며, 총회에서 선출되는 2명의 감사가 있다.

임기 2년의 화수회 회장은 총회에서 선출하도록 회칙에 규정되어 있지만, 회장단과 고문단을 중심으로 협의하여 내정하고, 사실상 이사회에서 확정된다. 총회에서는 형식상의 인준 절차만을 거치는 것이 관례로 되어 있다. 그러면 화수회의 회장은 어떤 인물들이 선출되고 있는가?

1954년에 창립된 이래 현재의 회장까지 회장을 역임한 13명의 면면들을 살펴보면 연령 계층으로는 60세 이상이 대부분을 차지하고 있고,

직업으로는 2명의 변호사를 제외하고는 모두가 중소기업을 운영하는 사업가들이었다. 연령과 재력이 중요한 기준이 되고 있음을 보여주고 있다. 이들은 대부분 앞선 시기에 이사나 실무 임원을 맡았던 전력이 있고, 여러 차례 부회장을 역임하고서 회장으로 선임되고 있다. 사회적으로 잘 알려진 명망가라고 해서 갑자기 회장으로 옹립되는 사례는 찾아볼 수 없다. 조직의 연륜이 쌓이지 않은 초기를 예외로 한다면 화수회의 회장은 화수회의 활동에 관심을 가지고 오랜 기간 적극적으로 활동했던 경력과 60세 이상의 연령 조건, 그리고 경제적 능력이 갖추어진 인물 중에서 선출되고 있다.

부회장도 다년간 이사나 감사, 또는 실무 임원으로 활동했던 경력을 가진 자들이 대부분이라는 점에서 회장과 마찬가지로 조직에 대한 충성심이 가장 중요한 요건이 되고 있다. 다만 여러 명의 부회장 중에는 비교적 젊은 연령층이 한두 명 포함되고 있고, 경제적 능력이 크게 요구되지 않는다는 점에서 회장과 다소 차이가 있다.

이런 점에서 보면 벽진이씨 화수회의 임원들을 종단적으로 관찰해보면 이사→실무 임원 또는 감사→부회장→회장→고문의 과정을 순차적으로 거치는 나름의 체계를 형성하고 있다.

3. 사업

화수회의 중요한 목적이 지역에 거주하는 종족 성원들 상호 간에 친목을 도모하는 것이기 때문에 연중 가장 큰 사업은 총회를 성대하게 개최하는 것이다. 많은 회원이 참석할 수 있도록 독려하고, 참석자들이 흐뭇한 시간을 가질 수 있도록 프로그램을 준비해야 한다. 총회를 통해서 형성된 이러한 유대감과 소속감은 대종회가 주관하는 각종 숭조사업에 적극적으로 참여하게 만드는 바탕이 된다. 그래서 일 년 예산의 가장 많은 부분이 총회 경비로 지출된다. 2001년 5월에 개최된 총회의 경비는 연중 지출 총액의 1/2을 넘어서고, 2003년에도 전체 경비의 1/3을 초과하고 있다. 여기에 신년교례회나 주요 족친의 환영회를 겸한 이사회 및 회원의 경조사 부조까지 합한다면 그 비율은 더욱 커지게 된다. 종족 성원들의 결속을 다지고 친목을 도모하는 것이 화수회의 가장 중요한 사업임을 여실히 보여주고 있다.

총회 이외의 화수회 사업으로는 대종회가 주관하는 춘추 대제의 참석과 지원, 산하의 독립조직인 청년회의 행사와 장학사업 지원 등이 있으나 소요 예산은 총회에 비해 현저하게 작은 규모이다.

그중에서 관심을 끄는 것은 회원의 경조사 부조의 내용이다. 대종회의 경조사 부조는 대체로 전·현직 회장단이나 총무 등 유력 인사들에게 한정되어 있으나, 화수회의 경조사 부조는 이러한 제한이 없고 비록 적은 금액이지만 화수회에 참여하고 있는 모든 회원들의 상례와 자녀 결혼에 일정액을 부조하고 있었다. 이 점이 숭조사업을 중시하는 대종회와 친목을 중시하는 화수회의 중요한 차이점의 하나로 지적될 수 있을 것 같다.

4. 재정

벽진이씨 대구화수회는 기본재산으로 대구시 삼덕동에 위치한 55평의 상가건물과 약 1억 6천만 원의 현금기금을 보유하고 있다. 이 상가건물에서 나오는 임대료와 기금에서 발생하는 이자 수입이 화수회 재정의 큰 부분을 차지한다. 2003년 5월에 개최된 총회의 보고 자료에 의하면 당 회계 연도 수입 총액의 약 절반, 연간 지출 총액의 3/4을 건물 임대료와 이자 수입으로 충당하고 있다.

벽진이씨 대구화수회에서 기본재산을 마련한 것은 1980년이다. 회원

들 대상의 모금과 장학회 기금, 청년회 기금을 합하여 대구시 황금동에
회관 건립을 위한 대지 113.5평을 매입하였다. 그러나 이 토지는 회관을
건립하기에 입지 조건이 적합하지 않고 일정한 수익도 없어서 1987년에
이 토지를 매각해서 안정적인 수익이 보장되는 상가건물을 매입하였다.

상가건물의 임대 수입은 화수회 운영에 큰 도움을 주었다. 매년 재정
흑자를 기록하여 적립기금도 대폭 증가하였고, 기금이 늘어남에 따라 이
자 수입도 비례해서 늘어났다. 1억 6천만 원의 적립기금은 이러한 과정
을 거쳐서 마련된 것이다. 기본재산에서 나오는 수입 이외에 특별찬조금
과 이사회비가 큰 몫을 차지한다.

벽진이씨 대구화수회에는 일반 회원들이 의무적으로 내는 회비 제도
가 없다. 일 년에 한 번 개최하는 총회에 참석할 때 기본 참가비를 낼
뿐이다. 총회 때 제공되는 식사비와 음료대의 일부를 참석자들이 부담하
는 것이다. 이 회비는 총회 경비의 1/3에도 미치지 못한다.

총회 참가회비가 재정에 큰 도움이 되지 않을 뿐만 아니라 임대 수입
과 이자 수입이 늘어나서 재정에 여유가 생기자 2001년 5월 정기총회
때부터는 총회 참가비도 받지 않기로 하였다. 회비면제는 총회 참가자
수를 증가시키는 데 크게 기여한 것으로 보인다. 그동안 200명 전후로
참여하던 회원들이 회비를 무료로 한 이후에는 배로 늘어나서 2001년에
는 550명, 2002년에는 600명이나 참가하게 되었다.

대종회의 활동이 경제적 기반을 튼튼히 하면서 안정되고 활성화되는
바와 같이 화수회의 활동도 재정 능력에 크게 영향을 받는다. 도시 근교
의 한미한 종족집단이 도시개발에 따라 막대한 보상금을 받고, 이를 바
탕으로 문중 활동이 활성화된 예(조강희 1988)도 재정 능력이 종족 활동
에 크게 영향을 미치는 좋은 사례이다.

V. 계보조직(대종회)과 지역조직(화수회)의 특징

1. 조직의 목적 − 숭조기능과 친목기능

김두헌은 종법 제도를 '혈족 관념을 기초로 하는 친친사상(親親思想)과 조상숭배를 중심으로 하는 존존사상(尊尊思想)에 의해 구성된 족결합의 제도'라 하였다(김두헌 1969:86). 조상을 숭배하는 숭조기능과 종족 성원의 결속을 다지는 친목기능이 종족활동의 두 축을 이루고 있다는 것이다. 이를 여러 종족집단에서는 경조수족(敬祖收族)이나 숭조돈목(崇祖敦睦)이라 표현해 왔다.

그러나 종족조직의 성격에 따라서 조상을 위한 숭조사업과 종족 성원의 결속을 위한 친목사업을 중요시하는 정도에는 많은 차이가 있다. 대체로 계보조직은 숭조사업을 중시하고, 지역조직은 친목사업에 중점을 두고 있다.

앞서 살펴본 바와 같이 벽진이씨 대종회는 주로 조상의 제사를 봉행하고 조상의 유적을 본존·관리하는 일에 관심을 집중하고 있고, 예산도 대부분이 여기에 투입되고 있다. 자손을 조상에게 연결시키고 전체 종족 성원의 계보를 체계적으로 정리하기 위해서 수십 년에 한 번씩 간행하는 족보발간도 대종회의 큰 사업이다. 이에 비해서 지역조직인 화수회는 조상제사나 유적관리에도 관심을 가지기는 하지만 그것은 어디까지나 대종회의 사업을 돕고 지원하는 보조적인 사업이며, 보다 중요한 사업은 지역의 종족 성원들이 한자리에 모여서 친목을 돈독히 하고 결속을 다지는 일에 집중하고 있다. 지역 종족 성원들의 축제의 모임인 총회가 가장 중요한 사업이 되고 있으며, 예산의 1/3 내지 1/2이 여기에 투입되고 있는 것은 화수회의 이러한 특성을 선명하게 보여주는 것이다.

계보조직인 대종회는 자손을 조상에 연결시키고 조상을 기리기 위한 숭조사업이 일차적인 목적이 되고 있으며, 지역조직인 화수회는 현존 종족 성원들의 결속과 친목 도모를 일차적인 목적으로 삼고 있다는 점이 계보조직과 지역조직의 가장 큰 차이점이다.

2. 결합의 중심 – 종손과 문장 그리고 선출직 지도자

일반적으로 종족집단에서는 종손(宗孫)이 종족결합의 중심인물이 되고 종족 성원들의 존숭(尊崇)의 대상이 되고 있다. 종손이 연소하거나 지도력을 발휘하기 어려운 경우에는 문장(門長)이 종족결합의 중심인물이 되어 문중의 중요한 대소사를 주도하게 된다. 문장은 항렬과 연령이 높고 학덕을 갖춘 인물로 추대되며, 일단 문장으로 추대되면 종신토록 그 지위를 유지한다. 본가(本家)가 중심이 되는 일본이나 족장(族長)이 중심이 되는 중국과는 달리 한국의 종족집단에는 종손과 문장으로 결합의 중심이 이원화되어 있는 것이다(최재석 1964).

그러나 전통적인 인물을 중심으로 하던 종족집단의 운영방식이 점차 공식조직을 결성하여 운영하는 방식으로 변화하면서 종래 종손이나 문장이 수행하던 역할을 공식조직의 대표가 대신 수행하는 경향이 늘어나고 있다. 이러한 경향은 이미 1970년대에도 나타나고 있었으며(이창기 1980), 최근의 파문중의 종족활동에서도 관찰되고 있다(이창기 2014). 이러한 공식조직 중심의 종족집단 운영방식은 결합범위의 폭이 넓은 대종회나 대도시 화수회에서 더욱 두드러지게 나타나는 것으로 보인다.

벽진이씨 대종회와 화수회에서도 종손과 문장의 존재가 별로 부각되지 않는다. 벽진이씨 대종회에는 종손이 아예 존재하지 않았다. 시조의 14세손인 종손(諱 希吉)이 고려말에 중국으로 건너간 이후 이 벽진이씨 종족집단에서는 종손의 존재가 사라져 버렸다. 경국대전에 적장자가 유고하면 중자가 봉제사한다(若嫡長子無後則衆子奉祀, 『經國大典』, 禮典,

奉祀條)고 규정하여 형망제급(兄亡弟及)을 허용하고 있음에도 벽진이씨 종족집단에서는 지손이 종손이 될 수 없다는 원칙을 지금까지 고수하고 있다. 시조를 비롯한 상대 조상 12위의 춘추 향사에도 종손 없이 제사를 모신다. 헌관도 각 파의 추천을 받아서 합동회의에서 결정한다. 항렬이 높고, 나이가 많고, 덕망이 있는 분(行高年長有德望)으로 추대한다는 불 문율이 있지만, 실제 헌관을 추대할 때는 대종회 사업에 기여도가 높은 노년층 중에서 선임한다. 초헌관은 대개 80세 이상의 고령자가 맡고 있 으며, 아헌과 종헌도 70세 이상의 종원이 담당한다. 항렬은 중요한 기준 으로 작용하지 않는다.

대종회나 화수회에서 종손이 부각되지 않는 현상은 이미 최재석에 의 해 지적된 바가 있다. 즉 온양방씨 화수회에서는 중심 조상의 제사를 종 손 없이 거행하고 있었으며, 대구서씨 종회에서도 나이 어린 종손이 초 헌을 올리기는 하였지만, 조직을 운영하는 중심인물로 우대되지는 않았 다(최재석 1968). 종손의 존재는 결합범위가 비교적 좁은 마을 단위 종 족집단이나 명망이 있는 현조 중심의 파 단위의 종족집단에서 좀 더 뚜 렷해지는 것으로 보인다.

전국적인 규모의 계보조직에서 종손의 존재가 부각되지 않는 이러한 현상이 일부 종족집단에 한정된 것인지 아니면 많은 종족집단에서 일반 적으로 나타나는 현상인지는 더 많은 사례를 검토해 볼 필요가 있다.

또한 벽진이씨의 대종회나 화수회에 문장이라 지칭되는 인물도 뚜렷 하게 부각되지 않았다. 대종회나 화수회에 전임 회장을 관례적으로 추대 하는 고문이 있어서 문장과 유사한 모습을 보여주고 있지만, 문중의 최 고 어른으로서 상징성을 가지고 종신토록 그 지위를 보장받는 전통적인 문장과는 성격이 다른 것으로 보인다.

이런 점을 본다면 전국적인 범위에 걸친 대종회나 지역조직인 화수회 에서는 종손이나 문장과 같이 고정된 전통적 문중 지도자보다는 총의에

의해 선출되는 공식적인 지도자가 결합의 중심이 되고 있다고 할 수 있
으며, 이러한 지도자의 선출에는 연령도 중요한 하나의 요인으로 작용하
고 있지만, 집단에 대한 기여도와 사회경제적 지위가 중요한 요인으로
작용하고 있다고 할 수 있다.

3. 성원 간의 관계 – 연령의 권위와 항렬의 권위

　전통적인 종족집단에서는 항렬(行列)과 연령(年齡)에 따른 위계 서열
이 뚜렷하고, 그중에서도 연령보다는 항렬의 권위가 우위에 서는 것으로
알려져 있다. 그러나 벽진이씨 종족집단의 공식조직에서는 항렬의 권위
가 부각되지 않는다. 대종회나 화수회의 최고 지도자라 할 수 있는 회장
의 선임에 항렬은 전혀 고려의 대상이 되지 않는다. 화수회 역대 회장들
의 항렬을 비교해 보면 시조의 32세손에 해당하는 항렬에서 가장 많이
담당하기는 하였지만 31세에서 35세에 걸쳐 있으며, 조카항렬(姪行)에서
아저씨항렬(叔行)로, 손자항렬(孫行)에서 할아버지항렬(祖行)로 교체된
경우도 있는 것이다. 회장을 역임한 자 중에 32세손이 가장 높은 빈도를
보이는 것은 60대 이상의 노년층에 32세가 많이 분포되어 있고, 그들 중
에 사업가들이 다수 존재하기 때문으로 보인다. 대종회의 이사나 종의
원, 화수회의 이사 선임에서도 항렬을 중시한 흔적이 보이지 않는다.
　공식조직의 임원선임에서 항렬의 권위가 별로 부각되지 않는 데에 비
해서 연령의 권위는 다소 중요한 고려의 대상이 되고 있다. 대종회 회장
들이 거의 70대 이상의 노년층에서 담당하고 있고, 각 파의 대표로 구성
되는 대종회의 종의원들도 대개 60대 이상의 노년층들이 주를 이루고
있다. 다만 화수회의 회장은 60대가 주로 담당하고 있고, 화수회의 이사
에 40~50대의 장년층들이 다수 포함되어 있는 것으로 보아 지역조직인
화수회보다는 계보조직인 대종회가 연령의 권위를 더 중요시하는 경향

이 있는 것으로 보인다. 종족조직의 공식 임원을 노년층이나 장년층에서 많이 담당하는 것은 이 연령층이 조상이나 문중에 관한 관심이 높고, 종족 활동에 시간과 금전을 할애할 수 있는 여유가 있다는 현실적 조건이 반영된 것이라 볼 수 있지만, 전통적 인간관계가 강하게 작용하고 있는 종족조직에서 젊은 층이 리더쉽을 발휘하기 어려운 상황도 고려의 대상이 된 것으로 보인다.

항렬과 연령의 권위가 공식조직에서는 별로 영향을 미치지 않지만, 개인적인 관계에서는 행위 양식의 중요한 기준으로 작용하고 있다. 자주 만나지 못해서 서로 친숙한 사이가 되지 않았다고 하더라도 개인적으로 접할 때는 항상 세대와 연령을 따져서 그에 알맞은 언어와 행동을 취하려고 노력한다. 손아랫사람이 손윗사람을 부를 때는 연령과 세대의 차이에 따라 '형님', '아재(아저씨)', '대부님'이라 호칭하고 경어를 사용한다. 연령 차이가 커지면 더욱 정중하게 대한다. 그러나 손윗사람이 손아랫사람을 대할 때는 이러한 기준을 엄격하게 적용하지 않는다. 한 세대 또는 두 세대 아래 사람을 '조카'나 '손자'라 부르지는 않는다. 항렬이 높고 나이가 많다고 하더라도 친숙한 사이가 아니면 '해라'를 하지도 않는다. 연령 차이를 고려해서 '하게' '하시게' '하십시오' 등 적절한 용어를 선택한다. 특히 나이가 많고 항렬이 낮은 자와 나이가 어리고 항렬이 높은 자의 사이에는 매우 조심스럽게 서로 경어를 사용하는 것이 일반적이다. 7~8세 이내의 연령 차이에서는 항렬이 우선한다는 일반적 관행은 대종회나 화수회에서는 별로 지켜지지 않는다. 이러한 관행은 일상생활에서 면접적 접촉이 가능하여 서로 친숙한 관계를 유지할 수 있었던 당내집단이나 마을 단위의 종족집단에서 주로 통용되었던 규범적 기준인 것으로 보인다. 이런 면에서 대종회나 화수회에서는 항렬의 권위가 매우 약화되어 있고, 오히려 연령의 권위가 항렬의 권위에 우선하는 경향을 보인다.

대도시 종족집단에서 항렬의 권위가 별로 보이지 않고 성원 상호 간

의 언어 사용에서 연령의 권위가 강하게 나타나는 현상은 최재석의 조사
연구에서도 보고되었다. 최재석은 연령의 권위는 친족집단뿐만 아니라
친족 외부 사회에서도 통용되는 우리 사회의 일반적 규범인 데 비해 항
렬의 권위는 혈연적으로 가깝고 친숙한 사이에서 비로소 적용될 수 있는
규범으로서 1년에 한두 차례 만나는 도시지역의 종족집단 모임에서는
항렬의 권위가 적용되기 어렵다는 점을 지적하고 있다(최재석 1968).

VI. 결론

이상에서 필자는 대구광역시에 소재한 벽진이씨 대종회와 대구화수
회를 중심으로 계보조직과 지역조직의 특징을 살펴보았다. 그 결과 계보
를 중심으로 조직된 대종회와 지역을 중심으로 조직된 화수회는 활동 내
용에 상당한 차이가 있음을 발견할 수 있었다. 계보조직은 조상을 위한
숭조사업에 일차적인 목적을 두고 있으며, 지역조직은 종원들 간의 결속
을 위한 친목사업에 일차적인 목적을 두고 있다는 점이 가장 뚜렷한 차
이였다.

전통적인 종족집단에서 결합의 두 축을 이루고 있던 종손과 문장의
존재는 전국적인 범위의 계보조직(대종회)나 대도시 지역조직(화수회)에
서는 별로 부각되지 않았다. 항렬의 권위가 연령의 권위에 우선하는 경
향도 뚜렷하게 나타나지 않았다. 문중재산이 종족 활동에 큰 영향을 미치
고 있는 것은 계보조직(대종회)이나 지역조직(화수회)이나 마찬가지였다.

종족조직은 결합의 범위에 따라 여러 단계로 나누어질 수 있다. 계보
조직도 동성동본 전체를 아우르는 조직이 있고, 현조를 중심으로 하는
파별 조직, 입촌조를 중심으로 하는 종족마을 중심의 조직, 고조부를 중

심으로 하는 당내조직 등으로 나눌 수 있고, 지역조직도 성과 본을 같이 하는 동성동본 전체 성원을 대상으로 하는 조직뿐만 아니라 특정 조상의 자손들을 대상으로 하는 파별 화수회도 있다. 이러한 여러 단계의 조직들은 저마다 조금씩 다른 특징을 가질 것으로 보인다. 예컨대 전국적인 범위의 대종회나 대도시 화수회에서는 종손과 문장의 존재나 항렬의 권위가 크게 부각되지 않았지만, 결합의 범위가 비교적 좁은 마을 단위의 종족집단이나 파별 종족집단에서는 좀 더 뚜렷하게 나타날 수 있을 것이다.

지금까지의 종족집단에 관한 연구는 주로 종족마을 단위의 문중 조직을 대상으로 이루어졌고, 그 결과에 바탕을 두고 종족집단의 특징을 정리해 왔다. 이제 결합범위의 단계별로 종족집단의 특성을 구체적으로 비교해서 분석해 볼 필요가 있다.

최근 우리 사회는 인구의 도시 집중 현상이 급속히 진행되어 종족마을이 빠른 속도로 소멸해가고, 대부분의 종족 성원들이 도시지역에서 생활하게 되었다. 각박한 도시 생활 속에서 공조동족(共祖同族)의 결속을 다지고자 하는 종족 성원들의 욕구가 도시지역의 화수회 활동을 지속하고 강화하는 요인으로 발현될 수 있다. 이런 점에서 도시지역의 종족집단에 대한 연구도 적극적으로 이루어져야 할 필요가 있다.

이 논문은 종족집단의 계보조직과 지역조직에 관한 연구의 첫걸음에 불과하다. 벽진이씨의 대종회와 대구화수회를 통해서 계보조직과 지역조직의 특성을 조명해 본 사례 보고에 지나지 않는다. 그러므로 이 연구의 결과를 다른 종족집단에도 적용시켜 일반화하는 것은 한계가 있다. 더 많은 사례연구가 축적되기를 기다린다.

참고문헌(제7장)

김두헌(1969), 『한국가족제도연구』, 서울대출판부.

이광규(1980), 「도시친족조직의 연구」, 『학술원논문집: 인문사회과학편』 19, 학술원.

이영숙(1984), 「도시 화수회의 조직과 기능 연구: 안동권씨화수회의 경우를 중심으로」, 영남대석사학위논문,

이창기(1976), 「한국동족집단의 변화에 관한 연구」, 고려대학교 대학원 석사학위논문.

___(1977), 「동족집단의 기능변화에 관한 연구」, 『한국사회학』 11, 한국사회학회.

___(1980), 「동족조직의 변화에 관한 연구, 『한국학보』 21, 일지사.

___(1991), 「한국동족집단의 구성원리」, 『농촌사회』 창간호, 한국농촌사회학회.

___(2014), 「영해 도곡리 무안박씨의 문중조직과 종족활동」, 『민족문화논총』 57, 영남대민족문화연구소.

조강희(1988), 「도시화과정의 동성집단연구」, 『민족문화논총』 9, 영남대 민족문화연구소.

최재석(1960), 「동족집단의 결합범위」, 『논총』 1, 이화여자대학교 한국문화연구원.

___(1964), 「한·중·일 동양3국의 동족비교」, 『한국사회학』 1, 한국사회학회.

___(1965), 「동족집단」, 『농촌사회학』, 진명출판사.

___(1968), 「동족집단조직체의 형성에 관한 고찰」, 『대동문화연구』 5.

___(1975), 『한국농촌사회연구』, 일지사.

___(1983a), 『한국가족제도사연구』, 일지사.

___(1983b), 「산업화와 문중조직」, 『교육논총』 13, 고려대 교육대학원.

제8장

종족집단 간의 친화관계

Ⅰ. 서론

1. 한국 종족집단의 특성

한국의 종족집단은 사회적으로 명망이 있는 현조(顯祖)를 구심점으로 하여 그 직계 자손들로 구성된 집단이다. 유명한 조상의 혈통을 공유하는 혈연집단이며, 그 조상의 사회적 지위를 계승하였다고 의식하는 신분집단이며, 그 조상이 남긴 정신과 유업을 면면히 이어가고자 하는 문화공동체이다. 비혈연자의 참여를 배제함으로써 혈연적으로 철저한 배타성을 띠며, 유명한 조상과 자기 자신을 동일시하여 자신과 자기가 속한 종족집단이 타 종족집단에 비해 신분적으로 우월하다고 의식하는 신분적 우월감이 매우 강하다(이창기 1991). 혈연적 배타성과 신분적 우월감은 조상의 문화적 전통을 계승하고 유지 발전시키고자 노력함으로써 더욱 강화된다. 이런 점에서 한국 종족집단은 혈통의 계승, 신분지위의 계승, 문화적 전통의 계승을 주요한 특징으로 하며, 이를 위한 다양한 활동을 전개한다.

한국 종족집단이 갖는 이러한 특성은 내적으로는 종족 성원의 결속을 강화하고 종족집단의 활동을 활성화하는 주요한 요인이 될 수 있지만, 외적으로는 타 종족집단에 대한 경쟁의식을 유발하여 대립과 갈등을 일으키기도 한다. 그동안 한국 종족집단 연구에서는 이러한 점에 유의하여 종족집단 간에 심각한 대립과 갈등이 야기된 사례를 적지 않게 보고하였다.

종족집단 간의 갈등은, 갈등이 발생하게 된 원인과 갈등이 표출되는 양상, 갈등의 폭과 강도에 있어서 많은 차이가 있기는 하지만, 한국 농촌 사회에서 드물지 않게 찾아볼 수 있다. 혈연적 배타성과 신분적 우월감을 바탕으로 '배타적족결합'(이창기 1991)을 이루는 한국 종족집단의 기본 성격으로 미루어 보면 서로 다른 종족집단 사이에 경쟁과 대립, 나아가서는 심각한 갈등이 유발될 가능성은 충분히 예견할 수 있는 일이다. 한국 농촌사회에 종족마을이 널리 분포되어 있음에도 두 성씨 이상이 공존하는 종족마을이 매우 드물고 한 성씨가 지배적인 지위를 점하고 있는 일성(一姓) 종족마을 즉 집성촌(集姓村)이 널리 분포되어 있는 이유도 바로 여기에 있다. 두 성씨나 세 성씨가 어떤 연유로 일정 기간 한마을에 집단으로 거주하게 되더라도 그것은 대개 일정 기간에 한정되고, 세월이 흐르면 세력이 약한 종족집단은 점차 밀려나 마침내 한 성씨가 수적으로나 질적으로 그 마을을 지배하는 일성 종족마을로 변화하게 되는 것이다. 이리하여 한국 사회에는 종족집단 사이에 대립과 갈등이 상존하고 종족마을은 한 성씨가 지배적인 집성촌이 일반적이라는 인식이 일반화하게 되었다.

2. 종족집단의 갈등 양상

종족집단 간의 갈등에 대한 최초의 보고는 이만갑의 『한국농촌의 사회구조』(1960)에서 찾아볼 수 있다. 경기도의 6개 촌락을 조사하여 보고한 이 연구에서 이만갑은 '상이한 종족집단이 같은 촌락 또는 인접한 촌락에 있을 때 그 종족집단들 사이에는 거의 하나의 예외도 없이 감정적인 대립이 존재하고 있다'고 지적하면서(p.70) 양반 출신의 광주이씨와 상민출신의 밀양박씨 사이의 신분갈등(p.40), 산지소유권 송사로 야기된 영일정씨와 연안이씨 사이, 영일정씨와 해주오씨 사이의 갈등(p.57)을 소개하고 있다. 그러나 이러한 갈등은 표면적으로 드러나거나 집단 갈등으로 비화되지는 않고 주민들의 의식 속에 대립 감정으로 잠재되어 있는 것으로 보인다. 이 보고서에서 이만갑은 공주 동학사 경내의 삼은각(三

隱閣)에 배향되어 있는 포은, 목은, 야은의 위패 서차 문제로 야기되어 전국적인 분쟁으로 확대된 영일정씨와 한산이씨 사이의 갈등도 소개하고 있다(p.78~79). 조상의 위패 서차 문제로 인한 갈등은 서원에 복수의 인물을 배향할 때 간혹 발생하기도 하는데 제자들 사이의 갈등이 문중 간의 갈등으로 비화되기도 한다.

고황경 외 3인이 경기도 천안군, 경상북도 군위군, 전라남도 담양군의 여러 마을을 조사해서 발표한 『한국농촌가족의 연구』(1963)에도 경북 군위군 군위면 외량2동의 남양홍씨와 외량3동의 연안이씨 사이에 조선 시대의 분묘 문제로 오랫동안 알력이 계속되고 있었다는 사실을 간략하게 소개하고 있다(p.198).

여영부는 1970년에 종족집단의 갈등을 주제로 한 석사학위 논문을 발표하였다(여영부 1970). 종족갈등을 집중적으로 다룬 최초의 논문이다. 여영부는 이 논문에서 종족 내의 갈등과 종족 간의 갈등을 나누어서 살펴보고 있다.

종족 내의 갈등으로는 안동 하회마을 풍산류씨 종족집단의 겸암(형) 파와 서애(아우)파 사이의 갈등과 경주 양동마을의 여강이씨(회재 이언 적의 양자 후손)와 옥산마을의 여주이씨(회재 이언적의 서자 후손) 사이의 갈등을, 종족집단 간의 갈등으로는 예천군 승본동의 함양어씨와 안동 김씨 종족집단 사이에 나타나는 갈등과 양동마을의 여강이씨와 경주손씨 종족집단 사이의 갈등 양상을 보고하였다.

이광규는 이상에서 보고된 종족집단의 갈등을 종합해서 정리하여 그의 저서 『한국의 가족과 종족』(1990:256~271)에 수록하였고, 여중철은 양동마을을 집중 조사하여 문중 간의 갈등뿐만 아니라 반상 갈등이나 지주소작 갈등을 포함한 「동족부락에서의 제 갈등」(1992)을 발표하였다.

특히 양동리의 여강이씨와 경주손씨 사이의 갈등은 양동을 대상으로 한 여러 논문과 조사보고서에서 두루 소개되어 종족집단 간에 야기된 갈등의 대표적인 사례로 널리 알려지게 되었다.

II. 종족집단 간의 친화관계

한국 종족집단이 혈통의 계승, 신분의 계승, 문화의 계승을 포함하는 가계계승의식을 바탕으로 배타적족결합을 이루고 있어서 종족집단 사이에 경쟁의식이 강하고 때로는 심각한 갈등을 유발하기도 하지만, 좀 더 자세하게 관찰해보면 사회적으로 명망이 있는 두 성씨 이상이 한마을에 오랜 세월 세거하면서도 심각한 갈등을 표출하지 않고 공존하는 마을이 적잖이 발견되고 있으며, 인근 지역에 거주하고 있는 서로 다른 종족집단들 사이에 특별한 유대관계를 형성하고 있는 경우도 나타나고 있다. 배타적족결합의식이 종족집단 간의 대립과 갈등을 유발할 수도 있지만, 다른 한편으로는 종족의식의 한 축을 이루는 조상숭배의식이 훌륭한 자기의 조상과 특별한 유대관계를 가졌던 타 종족집단의 조상에 대해서도 자기 조상 못지않게 숭경하는 마음이 간절하여 그 후손들 사이에서 특별히 우호적인 감정을 형성하고 강한 유대감을 오랫동안 지속할 수 있게 되는 것이다. 이러한 사례는 흔히 발견되는 것은 아니지만 배타적족결합을 이루는 한국 종족집단의 특성에 비추어 보면 매우 이례적인 일이 아닐 수 없으며, 종족집단 간에 특별한 유대와 협동·친화 관계를 형성하게 된 요인을 살펴보는 것은 매우 흥미로운 일이다.

이 논문에서는 기존 논문에서 소개된 사례와 필자가 관찰한 사례들을 바탕으로 종족집단 간에 형성되는 친화관계의 양상을 살펴보고 그 요인이 무엇인지 찾아보고자 한다.

1. 전남 화순 쌍봉마을의 제주양씨와 하동정씨

박정석은 전남 화순군 이양면 쌍봉마을을 대상으로 이 마을에 세거하는 두 종족집단 사이에서 빈번하게 혼인을 교환하여 서로 협동하고 친화하는 관계를 맺어오고 있음을 보고한 바가 있다(박정석 2005). 이 마을은 1519년에 제주양씨 양팽손(梁彭孫, 1488~1545)이 입촌하고, 뒤이어 1545년에 하동정씨 정경정(鄭慶廷)이 입촌한 이후 두 종족집단이 빈번하게 혼인관계를 맺어오면서 그 후손들이 세거하여 제주양씨와 하동정씨의 종족마을을 형성하였다.

두 집안 사이의 혼인은 정경정의 아들 정홍서(鄭鴻瑞, 1545~1617)가 제주양씨와 혼인하면서 시작되었지만 19세기에 들어서 빈번하게 혼인이 교환되었다.

쌍봉마을 제주양씨 중에서 다수를 점하고 있는 양윤백(梁潤伯, 1743~1803)의 자손들의 혼인관계를 살펴보면 총 176명 중 23명(남자 15명, 여자 8명)이 하동정씨와 혼인하였는데, 이 중 15명(남자 11명, 여자 4명)은 마을 내의 하동정씨와 혼인하였다. 쌍봉마을 하동정씨 중에서 다수를 점하고 있는 정재린(鄭在麟, 1806~1856)의 자손들도 제주양씨와 빈번하게 혼인하였는데 총 242명 중 34명(남자 18명, 여자 16명)이 제주양씨와 혼인하였고, 이 중 9명(남자 9명)이 마을 내의 제주양씨와 혼인하였다.

이처럼 쌍봉마을의 제주양씨와 하동정씨가 빈번하게 혼인을 교환하고 그 자손들이 번성해서 두 가문은 서로를 좋은 혼반으로 의식하여 마치 한 집안 같은 관계를 유지해오고 있다.

두 성씨 사이에 혼인으로 맺어진 유대관계는 좌우의 갈등이 첨예하였던 6·25전쟁을 거치면서도 흐트러지지 않았다. 한 집안은 좌익에 가담하는 사람이 많고, 한 집안은 우익 인사가 많았음에도 서로가 서로를 보호하는 방패막이가 되어 인명 피해가 없었다고 한다.

이러한 두 집안의 친화관계는 마을 내의 계조직에서도 서로 협동하는 모습으로 나타나고 있다. 쌍봉마을에는 부모상을 당했을 때 협력하기 위한 상포계가 4개가 조직되어 있는데, 계원을 확인할 수 있었던 3개 상포계의 계원 성씨 분포를 보면 다음과 같이 양씨와 정씨가 나란히 참여하고 있다.

동상위친상포계(同喪爲親喪布契, 1942년 결성)
  : 제주양씨 19명, 하동정씨 7명, 기타 1명
제일위친계(第一爲親契, 1952년 결성)
  : 계원 미상
무상위친계(戊喪爲親契, 1958년 결성)
  : 제주양씨 15명, 하동정씨 5명, 기타 3명
경상위친계(庚喪爲親契, 1960년 결성)
  : 제주양씨 17명, 하동정씨 8명, 기타 7명

종족 사이에 갈등이 심하거나 종족의식이 매우 강한 마을에서는 종족별로 상포계를 조직하는 사례가 적지 않은 데(이 책 제6장 참조)에 비하면 쌍봉마을의 모든 상포계에 두 성씨가 나란히 참여하는 것은 양자 사이의 원만한 관계를 보여주는 것으로 판단된다.

두 성씨 사이의 친화와 협력관계는 〈효자아우당추모계〉의 결성에서 두드러지게 나타난다. 아우당 정순경(我憂堂 鄭淳敬, 1876~1944)은 지극한 효자로 이 지역사회에 널리 알려진 인물인데, 그의 행적을 기리는 비석을 세우기 위해 1967년에 추모계를 결성하였다. 여기에 하동정씨 38명, 제주양씨 23명, 기타 4명 등 총 65명이 참여하고, 계의 대표도 제주양씨가 맡았다. 하동정씨 인물의 추모비 건립에 제주양씨가 이처럼 적극적으로 참여한 것은 정순경이 마을의 제주양씨를 부인으로 맞아들여 제주양씨의 취객(娶客) 즉 사위가 된다는 개인적인 연분도 있지만 오랜 세월 중첩된 혼인으로 두 가문 사이에 형성된 친화관계가 크게 작용한 것

으로 보인다.1)

2. 영주 무섬마을의 반남박씨와 선성김씨

영주시 문수면 수도리 무섬마을은 태백산에서 발원한 내성천과 소백산에서 발원한 서천이 마을을 삼면으로 돌아 흘러 안동 하회마을, 예천 회룡포와 더불어 3대 물돌이 마을로 잘 알려진 마을이다. 마을 내에 고택이 잘 보존되어 있어 2013년에 대한민국 국가민속문화재 제278호로 지정되었으며, 9채의 가옥이 경상북도 민속자료와 문화재자료로 지정되어 있다.

이 마을은 반남박씨(潘南朴氏)와 선성김씨(宣城金氏, 선성은 예안의 옛 지명))가 세거하는 양성 집성촌이다. 2023년 현재 약 40호가 거주하고 있는데 두 성씨 이외에 타성은 한 집도 없다.

반남박씨로 무섬마을에 처음 입촌한 인물은 만죽재 박수(晚竹齋 朴檖, 1642~1709)이다. 박수는 강 건너 서쪽에 있는 머럼마을에서 태어나 혼인 후 무섬마을로 분가하여 정착하였다. 박수는 모친이 선성김씨이고, 자부, 사위, 증손서를 선성김씨 집안에서 맞아들여 대대로 선성김씨와 깊은 인연을 맺었다.

선성김씨로 무섬마을에 처음 입촌한 인물은 김대(金臺, 1732~1809)이다. 김대는 박수의 손자 박이장의 딸(박수의 증손녀)과 혼인한 후 처가가 있는 무섬마을에 정착하여 선성김씨 무섬마을 입촌조가 되었다.

박수와 김대가 무섬마을에 정착한 이후 근대에 이르기까지 반남박씨와 선성김씨 사이에는 빈번하게 혼인을 교환하면서 많은 인물을 배출하여 박·김 양성의 집성촌으로 지역사회에 널리 알려지게 되었다. 두 집안

---

1) 쌍봉마을의 종족 간 혼인관계와 계조직에 관한 자세한 내용은 박정석, 「마을 내 동족집단간 혼인과 계조직」(『지방사와 지방문화』 8-1, 2005) 참조.

의 후손들은 선대의 거듭된 혼인으로 맺어진 인연을 소중하게 생각하면서 일상생활에서도 허물없이 내왕하면서 한집안처럼 돈독한 관계를 이어 왔다. 설에는 상대 문중의 어른들에게도 세배하고, 생일에는 서로 방문해서 축하 인사를 나눈다.

두 집안의 돈독한 관계는 해방 전까지 김대의 장인인 박이장의 묘사에 김대의 후손들이 참례했던 데에서 잘 나타나고 있다. 해방 후 좌우의 이념 대립이 극심했던 시기에도, 마을에는 우익에 가담했던 자도 있었고 좌익에 가담했던 자도 있었지만, 서로 감싸서 인명 피해가 전혀 없었다고 한다.

두 집안의 혼인관계를 간략하게 정리하면 다음과 같다.

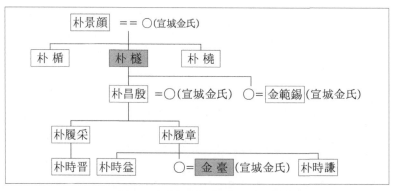

〈그림 8-2〉 반남박씨와 선성김씨의 혼인관계

두 집안 사람들은 이러한 유대감을 영구히 이어가기 위하여 마을이 국가민속문화재로 지정되던 2013년을 전후하여 다음과 같은 향약을 제정하고 마을의 발전을 위해 두 문중이 함께 협력하기로 다짐하였다.

1. 우리 토착 반남박씨와 선성김씨는 본래 선대로부터 인척 관계에서 시작, 한마을을 이루어 오늘에 이르렀다. 이에 우리는 우리 마을 시원을 생각하여, 너와 나 구별이 없이 하나 된 마음, 하나 된 우리로서 무섬마을에 대한

정체성을 강화하고 향촌 사랑에 뜻을 함께한다.

2. 우리 반남박씨와 선성김씨는 겸허·효·신의·예의·자애 등의 인간관계를 존중하는 전통 윤리사상을 받들어 마을을 정화하고, 인정이 넘치는 분위기를 조성하는 데 최선을 다한다.

3. 우리 반남박씨와 선성김씨 양성은 허물어져만 가는 전통 윤리사상의 현대적 의의를 되살려, 경로효친의 바탕 위에 가족과 친족간의 친애를 더욱 돈독히 하며, 특히 경로사상 고취에 힘쓴다.

4. 우리 반남박씨와 선성김씨 양성은 이기적 개인주의를 극복하여, 분열과 대립을 조정·통합하는 데 역량을 강화하고, 향촌 공동체의 일체감과 결속력을 강화하여 유기적인 조화를 이루도록 노력한다.

5. 우리는 인간과 자연의 일체화된 조화를 강조하여, 선조들이 물려주신 '천혜의 마을'을 가꾸기에 전력을 경주하며, 날로 심해져만 가는 환경오염과 자연 파괴 행위 등을 일절 금하고, 이를 지속적으로 강력히 단속한다.

3. 영해 원구리의 영양남씨, 무안박씨, 대흥백씨

경북 영덕군 영해면 원구리는 영양남씨, 무안박씨, 대흥백씨의 삼성(三姓) 종족마을이다. 세 성씨로 이 마을에 처음 입촌한 인물은 남비(南秠, 생몰년 미상)와 남한립(南漢粒, 생몰년 미상) 부자, 박양기(朴良基, 생몰년 미상)와 박영기(朴榮基, 생몰년 미상) 형제, 백인국(白仁國, 1530~1613)으로 알려져 있다. 이들은 1500년을 전후하여 차례로 이 마을에 입촌하였다. 세 성씨의 중심인물은 남경훈(南慶薰, 1572~1612), 백인국(白仁國, 1530~1613), 박세순(朴世淳, 1539~1612)이다. 남경훈은 퇴계의 학맥을 이어 영해지역에 유학을 진작시키고 임란에 부친 남의록(南義祿)과 함께 의병을 일으켜 참전하였으며, 사후 지역 유림의 공의로 불천위에 봉해졌다. 일찍이 무과에 급제한 박세순은 임란 당시에 군자감 정(軍資監正)으로서 경주 판관이던 조카 박의장(朴毅長)을 도와 800석의 군량미를 조달하여 경주성 탈환에 큰 공을 세우고 사후 공조 참의에 추증된 인물이다. 백인국은 퇴계의 제자인 김언기(金彦璣)의 문하에서 수학하고 6읍 교수를 역임하며 영해지역에 성리학을 펼치는 데 크게 기여한 인물로, 임란 때에는 향인을 솔병하여 축산포에서 왜적을 방어했고, 독자 백민수(白民秀)를 화왕산성 곽재우 진영에 보내 참전케 하여 선무원종공신 3등에 책록되고 내자시 직장(內資寺直長)의 관직을 제수받았다. 오늘날 원구마을에 거주하는 세 성씨는 모두 이들의 자손이다.

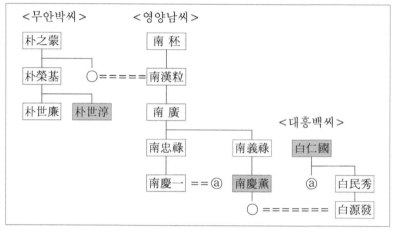

〈그림 8-2〉 원구리 세 성씨의 혼인관계

이 세 성씨는 입촌 초기부터 영양남씨를 중심으로 영양남씨와 무안박씨, 영양남씨와 대흥백씨 사이에 주요 인물들의 혼인이 이루어졌다. 영양남씨로 처음 원구에 입촌한 남한립은 무안박씨 영해 입향조인 박지몽(朴之蒙)의 여식과 혼인하여 울진에서 처가 인근 마을인 원구로 이거하여 정착하였다. 무안박씨 원구 입촌조인 박영기는 남한립의 처남이 된다. 대흥백씨 입촌조인 백인국은 남경훈의 사촌인 남경일을 사위로 맞아들이고, 남경훈의 딸을 손자 백원발(白源發)과 혼인시킨다. 입촌 초기에 이루어진 이러한 혼인관계가 많은 인재를 배출하는 결과를 가져오자 영양남씨와 무안박씨, 영양남씨와 대흥백씨는 서로 선호하는 혼반 즉 길반(吉班)으로 의식하여 후대에도 빈번하게 계속 혼인이 이어졌다. 무안박씨와 대흥백씨 사이에는 상대적으로 혼인의 빈도가 다소 떨어지지만, 영양남씨를 중심으로 처가의 외가, 외가의 외가로 연결되어 간접적인 인척관계가 형성된다(이창기 2006a). 영해지역의 5대성씨의 하나로 평가될 만큼 지역사회에서 명망이 있는 세 성씨는 양반으로서의 긍지가 강하고 종족의 정체성도 뚜렷하다. 장례를 위한 상조계가 문중별로 조직되어 있고 부녀자들의 교유관계가 종족집단 내부에 한정되어 있다(이창기 2006b). 배타적족결합을 이루는 한국 종족집단의 특성에 비추어 보면 자칫 갈등이 발생할 소지를 안고 있다고 할 수 있지만, 세 성씨는 혼인을 통해서 형성한 긴밀한 유대관계를 바탕으로 오랜 세월 동안 큰 마찰 없이 한마을에서 세거하고 있다.

원구마을의 세 성씨 사이의 유대관계는 동제의 운행과 전통적으로 행해오던 줄다리기에서 잘 나타나고 있다.

원구마을에서는 음력 정월 15일 첫새벽에 동제를 지낸다. 대개의 동제는 마을 주민 전체의 안녕과 풍농을 기원하는 공동체 의례이므로 마을 주민이면 누구나 제관이 될 수 있는 자격이 있지만, 이 마을에서는 세 성씨만이 제관이 될 수 있다. 세 성씨 이외의 타성은 절대 제관이 될 수 없다. 제관은 각 문중에서 한 명씩 미리 선정해 두었다가 정월 초사흗날 전체 주민이 모여 회식하는 자리에서 세 문중의 대표들이 확정한다. 이런 점에서 원구마을의 세 종족은 각기 종족의 정체성을 뚜렷이 하면서도 서로 협동하여 제의공동체를 형성하고 있다고 할 수 있다.

원구마을에서는 정월 대보름에 줄다리기 행사를 개최했다. 설을 쇠고 나면 세 문중이 각각 줄을 준비하여 보름날 마을 앞 공터나 강변에 나와서 세 팀으로 나뉘어 경기를 진행한다. 타성은 각자 연고를 가진 종족집단의 성원이 되어 경기에 참여한다. 줄다리기는 두 팀이 경쟁하는 경기이기 때문에 먼저 줄을 걸기 위해 치열하게 경쟁한다. 그러다가 어느 두 팀이 줄걸기에 성공하면 한 팀은 윗마을, 다른 팀은 아랫마을로 나뉘어

지역대결의 줄다리기가 진행된다. 탈락한 문중의 성원들은 거주지역에 따라 어느 한 팀에 가담하여 줄을 당긴다. 줄준비와 줄걸기의 과정에서 혈연의식에 바탕을 둔 종족 간의 경쟁으로 출발해서 줄을 걸고 난 이후에는 지역 대결의 줄다리기를 거쳐 주민 모두가 하나가 되는 뒷풀이로 이어져 공동체의 축제로 승화시키고 있다.

원구마을의 동제와 줄다리기에서 나타나는 이러한 모습은 종족집단 간의 협동과 친화 관계를 보여주는 좋은 사례가 되고 있다. 오랜 세월 세 성씨가 두드러진 갈등을 표출하지 않고 협동하고 친화하는 관계를 지속할 수 있었던 것은 주요 조상들의 혼인과 후손들의 중첩된 혼인을 통한 유대가 크게 작용한 것으로 보인다.[2]

4. 영암 영보마을의 전주최씨와 거창신씨

김창민은 전남 영암군 덕진면의 영보지역에 세거하는 전주최씨와 거창신씨 사이의 친화와 협동 관계를 보고한 바가 있다. 전주최씨와 거창신씨는 영암지역에서 잘 알려진 명문 사족으로서 양반의 위상을 두고 서로 경쟁하면서도 영암지역의 전통문화를 보존하고 계승하는데 긴밀히 협력하고 있다(김창민 2003).

영보는 자연촌락이 아니라 영암군 덕진면 영보리를 중심으로 조선시대 영보동계를 시행했던 12개 자연촌락을 아우르는 지역명이다. 군서면 구림리와 더불어 영암지역의 대표적인 반향으로 알려져 있다. 이 지역에는 전주최씨와 거창신씨, 남평문씨가 혼인을 통해 차례로 입주하여 세거하였는데, 남평문씨가 17세기 초에 영암읍 장암리로 이거하여 종족활동의 터전을 구축함으로써 영암지역에는 전주최씨와 거창신씨가 중심을

---

2) 세 성씨 사이의 혼인관계와 동제나 줄다리기에서 나타나는 협력관계에 관한 자세한 내용은 이 책 제5장과 제6장 참조.

이루게 되었다. 혼인을 통해서 영보에 정착하게 된 세 성씨의 연비관계
는 다음과 같다.3)

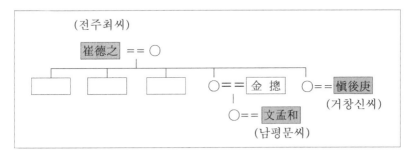

〈그림 8-3〉 전주최씨와 거창신씨의 혼인관계

전주최씨로 영보지역에 처음 정착한 인물은 연촌 최덕지(烟村 崔德
之, 1384~1455)이다. 최덕지는 전주지역에 살다가 문과에 급제하고 김제
군수, 남원부사를 역임한 인물로 관직에서 물러난 후 1445년에 처가가
있는 영보에 들어와 정착하였다. 최덕지가 영보에 정착한 이후 그의 후
손들 중에서 많은 인재가 배출되어 영암지역의 대표적인 사족으로 자리
를 잡았다.

거창신씨로 영보에 처음 입촌한 인물은 최덕지의 사위인 신후경(愼後
庚)이다. 최덕지는 신후경의 아버지 신기(愼幾, 1411~1493)와 평소 교분
이 있었는데 영보에 정착한 후 신기가 전라감사로 부임하자 그의 막내아
들을 사위로 삼아 영보에 정착하게 하였다. 신후경이 영보에 정착한 이
후 후손들 중에 많은 인물이 배출되어 거창신씨는 전주최씨와 함께 영보
의 대표적인 사족으로 자리를 잡았다.

이 두 성씨는 지역 안에서는 양반으로서의 정체성을 확고히 하면서

---

3) 영보지역 사족들의 정착과정과 향촌활동에 관한 자세한 내용은 김영욱(2003)의 논
   문 참조.

서로 경쟁하고, 외부 사회에 대해서는 반향으로서의 영보지역의 위상을 드높이기 위해 서로 긴밀하게 협조하고 있다. 영보지역의 위상이 높아지는 것은 곧 이 지역에 터를 잡고 세거해 온 자신들의 위상을 드높이는 것으로 인식하기 때문이다. 두 가문의 협조 양상은 영보정(永保亭)의 유지 관리와 풍향제(豐鄕祭)의 운영에서 잘 나타난다.

영보정은 구림리의 회사정(會社亭), 장암리의 장암정(場巖亭)과 더불어 영암지역의 대표적인 정자로서 보물 제2054호로 지정되어 있다. 영보정은 최덕지와 그의 사위인 신후경이 건립하여 동계의 집회소로 사용하였다고 하는데 정확한 창건 연대나 창건 장소는 명확하지 않다. 세월이 흘러 건물이 퇴락하자 1630년경에 최덕지의 7대손인 최정(崔珽)과 신후경의 6대손인 신천익(愼天翊)이 현재의 장소로 옮겨 중건하였다고 한다. 영보정이 영보의 위상을 보여주는 중요한 상징물이지만 주요 조상이 창건하고 중건함으로써 두 문중에도 소중한 문화유산이 되고 있어서 양반의 위상을 두고 서로 경쟁하면서도 영보정을 유지하고 관리하는 데는 긴밀하게 협조하고 있다. 이러한 협조 관계는 영보정을 중심으로 진행되는 풍향제에서 여실히 나타난다.

풍향제는 영보의 열두 마을 주민과 출향인들이 기금을 조성하여 5월 5일을 '영보의날'로 정하고 1979년부터 매년 풍농을 기원하는 제사와 민속놀이를 곁들여 진행하는 지역축제이다.4) 풍향제는 구림리의 '왕인축제'와 비교되면서 영보의 위상을 높이는 중요한 행사가 되고 있지만, 실제 행사는 전주최씨와 거창신씨를 중심으로 운영되고 있다. 풍향제추진위원회의 회장은 최씨와 신씨가 교대로 맡고 있으며 두 문중의 종손은 당연직 추진위원이 된다. 삼헌관은 군수와 유도회장 등 기관장들이 담당하지만, 그 외의 제관은 주로 최씨와 신씨가 담당한다. 행사에 참여하는 참여자들도 최씨와 신씨가 다수를 점하고 있다. 이처럼 영보의 풍향제는

---

4) 영보의 풍향제에 관한 자세한 내용은 홍석준(2003)의 논문 참조.

열두 개 마을의 주민들이 모두 참여하는 지역축제의 형식을 띠고 있지만
실제 행사의 추진과 참여는 전주최씨와 거창신씨를 중심으로 이루어지
고 있으며, 이 과정에서 두 문중은 긴밀하게 협력하고 있다. 그 배경에는
두 문중의 입촌조가 장인과 사위의 관계로 맺어진 혼인관계가 크게 작용
하고 있는 것으로 보인다.

5. 영덕 인량리 재령이씨와 원구리 무안박씨의 〈兩村契〉

경북 영덕군 창수면 인량리에 세거하는 재령이씨와 영해면 원구리에
세거하는 무안박씨는 '양촌계(兩村契, 2000년부터 '양촌회'로 명칭 변
경)'를 결성하여 해마다 정기적인 친목 모임을 개최하면서 오랜 세월 특
별한 친화관계를 이어오고 있다.

인량리 재령이씨의 입향조는 울진현령을 지낸 이애(李璦, 1480~1561)
이다. 이애는 성종 때 영해부사로 부임하는 중부의 책방으로 따라왔다가
당시 영해 대성인 진성백씨와 혼인하여 인량에 정착하게 되었다. 그의
후손들 중에는 뛰어난 학자들이 많이 배출되었다. 손자 운악 이함(雲嶽
李涵), 증손 석계 이시명(石溪 李時明), 현손 존재 이휘일(存齋 李徽逸)과
갈암 이현일(葛菴 李玄逸) 형제 등 3대 4명이 불천위로 봉해지는 영예를
얻어 영해지역의 명문 사족이 되었다(이창기 2015:11).

원구리 무안박씨의 중심인물은 영해 입향조 박지몽(朴之蒙)의 손자인
경수당 박세순(慶壽堂 朴世淳, 1539~1612)이다. 박세순은 일찍이 무과에
급제하여 절충장군 첨지지중추부사 겸 오위장(折衝將軍 僉知知中樞府事
兼 五衛將)을 역임하였으며 사후 공조 참의에 추증되었다. 임란 당시에
는 군자감 정(軍資監正)으로서 경주 판관이었던 조카 박의장을 도와 800
석의 군량미를 조달하여 승전에 크게 기여하였으며, 이 공으로 선무원종
공신(宣撫原從功臣) 2등에 녹훈되었다. 이 집안은 영해지역의 대표적인

무인 가문이다. 박세순을 비롯하여 아들 박진장, 손자 박륵, 중형 박세렴, 조카 박의장과 박홍장, 종손자 박유가 모두 무과에 급제하여 두루 요직을 거쳤다(이창기 2015:143~145).

　이 두 가문은 혼인으로 긴밀하게 연결되어 있다(〈그림 8-4〉 참조). 이함의 장남 이시청은 박홍장의 딸(b)과 혼인하고, 차남 이시형은 박의장의 딸(a)과 혼인하였다. 박의장과 박홍장은 형제이므로 사촌 자매가 친동서가 된 것이다. 또 퇴계의 학맥을 이어받아 당대의 영남 유학을 대표하는 대학자로 성장한 이시명의 차남 이휘일과 삼남 이현일 형제는 박륵의 두 딸(c, d)을 아내로 맞아들였다. 친자매가 친동서(이휘일이 숙부 이시성 앞으로 입양되어 양가로 따지면 사촌 동서)가 된 것이다. 박륵은 박의장의 삼남으로 태어나서 후사가 없는 당숙 박진장 앞으로 입양되었으므로 생가로 따지면 박의장의 딸 b와 박홍장의 딸 a는 박륵의 딸 c, d에게 각각 고모와 종고모가 되는데 이들은 혼인 후 시백모가 되었다. 이처럼 사돈 관계가 중첩되는 혼인을 흔히 '겹사돈혼인'이라 한다. 두 가문의 후손들은 중첩된 겹사돈혼인으로 맺어진 선조들의 이러한 깊은 인연을 매우 자랑스럽게 생각하면서 오랜 세월 동안 서로 우호적인 관계를 유지해왔다. 이에 후손들은 이 인연을 길이길이 이어가기 위하여 양촌계

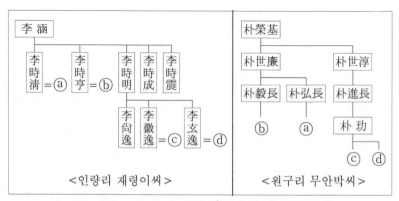

〈그림 8-4〉 재령이씨와 무안박씨의 겹사돈혼인

(兩村契)를 결성하고 해마다 정기적인 모임을 개최하여 우의를 다지고 있다.

양촌계가 언제 결성되었는지는 명확하지 않다. 1990년 계 모임 후에 문서 일체를 분실하여 구체적인 경과를 상고할 수가 없다. 연로한 회원들도 선대로부터 이어받아 모임의 결성 시기에 대해서는 잘 모르고 있다. 이현일의 손자 대에서 시작되었다는 설도 있고, 현 종손의 증조부 대에서 시작되었다는 설도 있으나 확실하지 않다. 어느 쪽의 견해를 따르든 양촌계의 역사는 백 수십 년은 족히 넘을 것으로 보인다. 현재는 1992년 모임 이후의 참석자 명단과 재무 기록만 남아있다.

1992년 이후 양촌계의 활동 내용을 보면 해마다 입하(立夏)를 전후한 시기에 정기 총회를 개최하고 때로는 관광을 겸한 특별 행사를 가지기도 한다. 모임에 참여하는 참석자는 주로 영해지역에 거주하는 후손들이며, 매회 30~50명 정도가 참여하고 있다. 임원으로는 임기 2년의 회장, 총무, 감사 각 1인과 유사 2인을 선임하는데 임원은 양 가문에서 교대로 맡아 이성일실(異姓一室)의 우의를 다지는 친목의 기회로 이어오고 있다.

인량리의 재령이씨와 원구리의 무안박씨 사이에 결성된 양촌계는 주요 선조들의 중첩된 혼인을 계기로 형성된 특별한 인연을 바탕으로 구체적인 조직을 결성하여 지속적으로 친화관계를 이어오는 대표적인 사례로 들 수 있다.

6. 울산 학성이씨 越津門中과 밀양박씨 松亭門中의 〈講誼契〉

이창언은 밀양박씨 송정파의 울산 정착 과정과 종족활동의 전개 양상을 보고하면서 학성이씨 월진문중과 밀양박씨 송정문중 사이의 긴밀한 친화관계를 소개한 바가 있다(이창언 2007).

울산광역시 동구 송정동에 세거하는 밀양박씨의 입향조는 괴천 박창우(傀泉 朴昌宇, 1636~1702)이다. 박창우는 영천의 선비 집안에서 태어나고 자랐다. 부친(朴晛)과 백부(朴曘)는 지산 조호익(芝山 曺好益, 1545~1609)의 문인으로서 포은 정몽주를 모신 임고서원(臨皐書院)의 운영에 중심적인 역할을 담당했던 영천지역 유림의 중추적 인물이었다. 그런데 박창우는 17세기 초에 발생한 임고서원의 병배분쟁(竝配紛爭)[5]에 부친과 함께 깊이 관여하면서 많은 가산을 소진하여 경제적으로 큰 어려움을 겪고 있었다. 이때 울산의 유림에서 박창우를 초빙하여 울산으로 이주하게 되었다. 당시 울산지역의 유림에서는 서원 건립을 추진하면서 여러 가지로 어려움을 겪고 있었는데 서원 운영에 경험이 풍부하고 경향 각처의 유력 인사들과 활발하게 교류하였던 박창우가 서원 건립 추진에 크게 도움이 될 것으로 판단한 것으로 보인다. 박창우는 울산 이주 후에 두 아들과 함께 구강서원(鷗江書院)의 건립과 사액 과정에 크게 기여하였고, 후손 중에서 많은 인물이 배출되어 울산지역의 유수한 사족으로 자리 잡았다.

박창우의 울산 이주에 적극적으로 노력한 인물이 이휴정 이동영(二休亭 李東英, 1635~1667)이다. 이동영은 태화강변의 월진(越津, 현 울산광역시 신정1동)에 세거하던 학성이씨의 유복한 선비 집안에서 태어났다. 미수 허목의 문하에서 수학하고 1666년에 박창우와 함께 생원시에 합격하였으나 벼슬에 뜻을 두지 않고 향리에서 후학의 양성과 유학의 발전에 진력하였다. 울산의 유림이 구강서원의 건립을 추진할 때 중추적인 역할을 담당하면서 영천에 거주하던 박창우를 생활의 기반이 될 수 있는 가옥과 토지를 마련해 주고 울산으로 초빙하였다. 이로써 박창우와 이동영

---

5) 포은 정몽주를 제향하던 임고서원에 여헌 장현광을 포은과 나란히 병향(竝享)하려는 여헌문인과 병향을 반대하고 배향(配享)해야 한다고 주장하는 지산문인 사이의 위차논쟁(位次論爭). 장현광은 1643년에 배향되었다.

은 형제 이상의 깊은 인연을 맺게 되었다. 박창우가 울산으로 이주한 이
듬해에 이동영이 서른두 살의 젊은 나이로 사망함으로써 이들의 우의가
오래 지속되지는 못하였지만, 이동영은 박창우에게 울산에서 생활할 수
있는 모든 편의를 제공한 은인이었고, 박창우는 구강서원의 건립과 사액
과정에 적극 참여하여 울산지역의 유학 발전에 크게 기여한 이동영의 학
문적 동지였다.

후손들은 두 선조의 이러한 인연을 소중하게 생각하여 오랜 세월 서
로 긴밀하게 교류해 오다가 두 집안의 우의를 더욱 공고히 하고 긴밀한
관계를 영구히 지속하기 위하여 1938년에 강의계(講誼契)를 결성하였다.
강의계는 해마다 두 문중이 번갈아 주관하고, 두 선조의 묘제 때에는 양
문중이 어포를 마련하여 참례하도록 규정하고 있다. 필자가 참관하였던
2016년의 강의계 모임은 밀양박씨 송정문중의 주관으로 문중 재사인 괴
천정에서 개최되었는데, 울산지역 거주자뿐만 아니라 부산 서울 등지에
거주하는 양 문중의 족친들이 100여 명 가까이 참석하였고, 몇몇 타성의
문중 대표와 전현직 국회의원도 내빈으로 참석하였다. 행사장 입구에는
현수막을 걸고, 마당에는 차일을 여럿 설치하여 마치 큰 잔치를 방불케
하였다. 종족집단 사이의 지속적인 유대는 주로 선조들의 혼인을 계기로
형성되었는데, 학성이씨 월진문중과 밀양박씨 송정문중 사이의 친화관
계는 선조들의 보은과 우의를 바탕으로 친목계를 결성하고 친화관계를
지속하고 있는 대표적인 사례이다.

III. 종족집단 간 친화관계의 형성요인

이상에서 우리는 종족집단 사이에서 형성되는 협동과 친화관계를 살

펴보았다. 여섯 개의 사례 중에서 5개 사례가 혼인을 매개로 친밀한 관계를 맺어온 사례였다. 그만큼 전통사회에서 혼인은 가족과 종족의 범위를 넘어서서 사회관계를 넓혀나가는 중요한 통로였다.

혼인 관계는 한 세대가 지나면 내외손(內外孫)의 관계로 혈연관계에 버금가는 친밀한 관계가 된다. 외갓집은 늘 그리움의 대상이고, 외조부모 또한 핏줄을 이어받은 조상이 되는 것이다. 그래서 조상을 숭배하는 마음이 외가에까지 미치고, 외조부모도 핏줄을 이어준 조상으로 인식된다. 이러한 조상숭배의식과 동조의식이 후손들에게 계승되어 서로 특별히 친밀한 관계를 지속하게 된다. 이런 점에서 혼인으로 맺어진 내외손 관계는 혈연관계의 연장으로 이해할 수 있는 것이며, 경배하는 조상들이 맺은 관계는 후손들에게도 소중한 관계로 수용되고 계승되는 것으로 볼 수 있다.

종족집단 사이의 친화관계가 주로 혼인관계에 바탕을 두고 이루어지는 데에 비해 울산의 학성이씨 월진문중과 밀양박씨 송정문중 사이에서 결성된 '강의계'는 좀 특이한 사례에 속한다고 할 수 있다. 학문적인 동지 또는 보은과 의리로 맺어진 선조의 돈독한 관계가 후손들에게로 이어져서 오늘날까지 친밀한 관계가 지속되고 있다. 이 또한 경배하는 조상들이 맺은 관계를 후손들이 소중하게 계승한 것이다. 이러한 관계는 찾아보면 더 발견될 수 있을 것으로 생각한다.

정치적 연대나 경제적 상호의존으로 맺어져서 후손들에게까지 협동 친화관계가 이어지는 사례는 발견되지 않았다. 이러한 관계는 일시적으로 형성되더라도 그 범위가 가족 혹은 가까운 친인척의 범위에 한정되고, 관계의 지속도 당대로 끝나고 후손들에게까지 계승되지는 않는 듯하다.

종족집단 사이의 관계를 갈등의 측면에서뿐만 아니라 협동과 친화의 관점에서도 좀 더 깊이 조명해 볼 필요가 있다.

참고문헌(제8장)

고황경 외 3인(1963), 『한국농촌가족의 연구』, 서울대출판부.

김영옥(2003), 「조선 후기 동성마을의 형성 배경과 사족들의 향촌 활동: 전라도 영암 영보리 사례를 중심으로」, 『지방사와 지방문화』 6-2, 역사문화학회.

김창민(2003), 「영보의 친족조직과 친족집단 간 관계」, 『지방사와 지방문화』 6-2, 역사문화학회.

박정석(2005), 「마을 내 동족집단간 혼인과 계조직」, 『지방사와 지방문화』 8-1, 역사문화학회.

여영부(1970), 「한국 동족집단 갈등에 관한 사회학적 연구」, 고려대 석사학위 논문.

여중철(1992), 「동족부락에서의 제 갈등」, 한국문화인류학회 제24차 전국대회 발표 논문.

이광규(1990), 『한국의 가족과 종족』, 민음사.

이만갑(1960), 『한국농촌의 사회구조:경기도 6개 촌락의 사회학적 연구』, 한국연구도서관.

이창기(1991), 「한국동족집단의 구성원리」, 『농촌사회』 창간호, 한국농촌사회학회.

　　　　(2006a), 「삼성 종족마을의 혼인연대」, 『역사와 사회』 71. 한국사회사학회.

　　　　(2006b), 「종족구성과 마을조직」, 『지방사와 지방문화』 9-2. 역사문화학회.

　　　　(2015), 『영해지역의 반촌과 어촌』, 경인문화사.

이창언(2007), 「밀양박씨 송정파의 울산정착과 종족활동의 전개」, 『민족문화논총』 35, 영남대민족문화연구소.

홍석준(2003), 「지역축제를 통해 본 지역정치와 정체성: 전남 영암 영보 풍향제의 사례」, 『지방사와 지방문화』 6-2, 역사문화학회.

제9장

산업화 시기 종족집단의 변화[*]
-1970년대 중반의 세 종족집단의 사례-

* 이 글은 1970년대 중반에 조사하여 발표한 저자의 석사학위논문 「동족집단의 변화에 관한 연구」(고려대학교 대학원, 1976)를 재 정리한 것이다. 석사학위 취득 후 「동족 집단의 기능 변화에 관한 연구」(『한국사회학』 11, 1977, 한국사회학회), 「동족 조직의 변화에 관한 연구」(『한국학보』 21, 1980, 일지사)로 발표하였다.

I. 서론

1. 문제의 제기와 연구 목적

혈연집단은 인간의 사회생활에 가장 기본적인 집단이다. 특히 전통적인 가치의식과 행위규범이 강하게 잔존하고 있는 한국 사회의 사회구조를 이해하는 데는 혈연집단(가족과 종족)의 분석이 선행되지 않으면 안 된다.

한국의 전통적 가족 윤리는 가계의 계승과 유지발전을 지상의 가치로 인정하고 조상숭배와 자손의 번영을 중시한다. 이러한 가족 의식은 종족 집단에까지 확대되어 강력한 결합의식과 종족 특유의 조직 및 기능을 가지게 하였다.

종족집단에 관한 연구는 여러 연구자에 의해서 적지 않은 연구가 이루어졌다. 그러나 지금까지의 연구는 주로 종족집단의 현실태를 조사해서 보고하는 데 집중되어 있고, 종족집단의 변화 양상을 추적하고 변화의 요인을 분석하는 데는 관심이 저조하였다. 종족집단의 변화에 대해서 단편적으로 언급한 연구가 전혀 없는 것은 아니지만 그 대부분은 종족집단의 변화를 주제로 분석한 것이 아니라 종족집단의 현실태를 조사하여 보고하는 과정에서 부수적으로 다룬 것들이어서 매우 피상적이고 산만한 묘사에 그치고 있다.

사회현상은 항상 변화의 과정에 있다. 한국 사회도 구한말 신분제도의 타파, 일제강점기의 강제 동원 체제, 해방 이후 서구문물의 유입, 6·25전쟁, 산업화와 도시화 등은 한국인의 의식구조와 사회조직을 크게 변화시켰다. 이러한 사회변화에 따라 종족집단도 끊임없이 변화해가고 있다. 그중에서도 농촌 주민들이 대거 도시로 이동하는 소위 이촌향도(離

村向都) 현상은 종족집단의 조직과 기능을 변용시키는 데 직접적인 영향을 미쳤을 것으로 보인다.

　농업을 중심 산업으로 하였던 한국 사회는 산업화가 촉진되면서 많은 농촌 인구가 도시지역으로 대거 전출하여 인구의 도시 집중 현상을 심화시켰다. 인구의 도시 집중 현상은 1966년 이후에 빠른 속도로 진행되었다. 1950년대에 도시지역(시 지역과 읍 지역)에 거주하는 인구가 약 30% 정도였는데 1966년에 42.6%, 1970년에는 50.2%, 1975년에는 59.1%로 급격하게 증가하였다(각 연도 총인구조사 자료). 전체 인구의 절반 이상이 도시지역에 거주하게 되었고, 그만큼 농촌 인구는 빠른 속도로 줄어들게 된 것이다.

　인구의 도시 집중 현상은 한 마을에서 함께 생활하던 가까운 혈족들을 각지의 도시지역으로 흩어지게 하였고, 당내집단과 종족마을을 기반으로 하는 종족집단의 활동을 크게 위축시켰다.

　이 논문은 산업화와 도시화가 빠른 속도로 진행되고 있는 1970년대 중반에 종족집단의 조직과 기능이 어떻게 변화하고 있는지 살펴보기 위해 기획되었다. 빠르게 변화하고 있는 현재의 모습을 기록해 두는 것은 곧 사라질지도 모르는 현상을 보존하는 길이 되기도 할 것이고, 미래에 종족집단이 어떤 모습으로 변화할 것인지 예측할 수 있게 한다는 점에서 매우 의미 있는 일이라 생각한다.

2. 연구 방법과 조사 대상

　사회현상의 변화를 연구하는 방법은 동일한 대상의 과거와 현재를 비교해서 분석하는 통시적 연구(通時的 硏究, diachronic study)와 많이 변화한 대상과 별로 변화하지 않은 대상을 현재 시점에서 서로 비교하는 공시적 연구(共時的 硏究, synchronic study)로 크게 나눌 수 있다. 이 연구에서는 특정 종족집단의 과거 모습과 현재 모습을 비교하는 통시적 방법과 전통을 잘 보존하고 있는 종족집단과 종족 활동이 많이 약화된 종족집단을 비교하는 공시적 방법을 병행해서 종족집단의 변화 양상을 추적해 보고자 한다.

이를 위해서 선택한 연구 대상은 경북 금릉군 부항면 희곡리 수동의 벽진이씨(碧珍李氏) 종족집단이다. 그리고 경북 월성군 강동면 양동리의 경주손씨(慶州孫氏) 종족집단과 여강이씨(驪江李氏) 종족집단을 비교집단으로 선택하였다. 수동의 벽진이씨는 유명 인물을 배출하지도 못하고 종족 활동이 많이 약화된 한미한 가문이고, 양동의 경주손씨와 여강이씨는 유명한 인물을 배출하여 종족의 위세가 강하고 종족 활동이 매우 활발한 가문이다. 이 세 가문의 과거 종족 활동과 현재의 모습을 비교함으로써 산업화가 빠르게 진행되고 있는 시기의 변화 양상을 살펴보면서, 전통이 잘 보존되어있는 유명 종족집단과 종족 활동이 많이 약화된 한미한 종족집단의 비교를 통해서도 변화의 한 측면을 관찰해보고자 한다.

일반적으로 한국인은 타인에게 자기 종족집단의 적나라한 모습을 공개하기를 꺼리고, 되도록 좋은 면만을 강조하려는 경향이 있어서 전혀 연고가 없거나 예비지식을 갖지 않은 마을을 대상으로 조사작업을 진행한다는 것은 매우 어려운 일이다. 그러나 이 연구의 조사 대상인 두 마을의 세 종족집단은 과거 여러 차례의 방문 관찰을 통해서 충분한 예비지식을 가지고 있었고, 마을 생활과 종족 활동을 자세히 알고 있는 주요 정보제공자(informant)들과도 친숙한 인간관계를 맺고 있었기 때문에 조사에 많은 도움을 받을 수 있었다.

이 연구를 위한 조사는 1976년 3월부터 5월까지 전후 5차에 걸쳐서 진행되었다. 조사 방법은 필자 단독으로 조사지를 방문하여 주민들의 마을 생활을 관찰하고, 종족 활동에 중심적으로 참여하고 있는 인사들을 면접하여 필요한 사항을 파악하였다. 아울러 각 문중에서 보관하고 있는 문중 활동 기록문서를 분석하여 자료를 보완하였다. 이 연구와 같이 넓은 범위를 대상으로 하지 않고 폐쇄성이 강한 한두 개의 문중을 집중적으로 분석하는 연구에서는 참여관찰을 통한 사례연구가 크게 도움이 되리라 생각된다.

3. 조사 대상 종족집단의 개관

경북 금릉군 부항면 희곡리 수동마을은 김천시에서 서쪽으로 약 30km 떨어진 산간마을로 벽진이씨가 10대 이상 세거한 집성촌이다. 1976년 5월 현재 벽진이씨가 20호, 타성이 12로 총 32호가 거주하고 있다.

경북 월성군 강동면 양동리는 경주시에서 약 20km, 포항시에서 약 12km 떨어진 자연촌락으로 경주손씨와 여강이씨가 세거하는 대표적인 이성 종족마을이다. 1972년 8월 현재 경주손씨 23호, 여강이씨 84호, 기타 성씨 59호로 총 166가구가 거주하고 있다(여중철 1974). 여강이씨에 비해 경주손씨의 수가 매우 적으나 조상의 위세가 강하고 인근 마을에 경주손씨가 많이 거주하고 있어서 예로부터 '손·이 양성 마을'로 널리 알려진 마을이다.

1) 수동 벽진이씨

수동 벽진이씨는 고려말 공민왕 때에 공조전서를 지낸 이존인(李存仁, 생몰년 미상)의 후손이다. 부항면에는 이존인의 후손들이 세 마을에 집성촌을 이루고 있는데 수동도 그중의 한 마을이다. 이존인이 부항면에 은거한 이후 과거에 급제하거나 환로에 진출한 인물을 배출하지 못하여 종족의 사회적 위세는 높지 않으나 금릉군 일원에 널리 분포한 종족의 일파로서 이 지역에서는 향반으로 인식되고 있다. 수동 벽진이씨는 이존인의 8대손인 호상재 이언국(湖上齋 李彥國, 1614~1703)을 중심 조상으로 한다. 이언국은 수직(壽職)으로 통정대부를 제수받았다고 전해지나 자세한 내용은 상고할 수 없다.

수동 벽진이씨는 이언국의 전 자손을 포괄하는 대종중을 결성하고, '망호재(望湖齋)'란 재실을 건립하여 종족 활동의 중심으로 활용하고 있다. 대종중은 이언국의 4대조부터 아들 상춘(尙春), 상원(尙元)에 이르는 6대의 묘제와 묘소 및 재실의 관리를 담당한다. 이언국의 장손자 기종(起宗)의 후손 3개 파는 다시 중종중을 결성하여 이기종과 아들 3형제(興錫, 興載, 興萬)의 묘제와 묘소 관리를 맡고 있다. 이언국의 차남 상원의 후손들은 일찍이 마을을 떠나 마을에는 단 2가구만 거주하고 있어서 별도의 종족 활동은 거의 드러나지 않고 있다. 중종중 밑에는 3형제의 후손들이 종파, 중파, 계파로 나뉘어 각각 사종중(私宗中)을 형성하고 있다.

수동 벽진이씨의 세계와 분파 내용은 다음 〈그림 9-1〉과 같다.

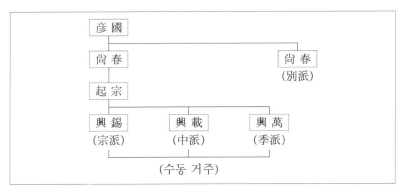

〈그림 9-1〉 수동 벽진이씨 세계도

2) 양동 경주손씨

양동의 경주손씨는 입촌조 손소(孫昭, 1433~1484)와 그의 아들 우재 손중돈(愚齋 孫仲暾, 1464~1529)의 후손들이다. 손소는 이시애의 난을 평정하는 데 공을 세워 적개공신(敵愾功臣) 2등에 녹훈되었으며, 공조참

의, 안동부사, 진주목사를 역임하고 양민(襄敏)의 시호를 받아 불천위가
되었다. 손중돈은 세 차례의 도승지와 네 차례의 대사간을 역임하고 공
조판서·이조판서, 경상·전라·충청·함경도의 관찰사를 거쳐 우참찬에 이
른 인물이다. 중종 때 청백리에 녹선되고, 경주의 동강서원(東江書院)과
상주의 속수서원(涑水書院)에 제향되었다. 시호는 경절(景節)이다.

양동 경주손씨의 문중조직은 '문회(門會)'와 '파회(派會)'의 2단계로
이루어져 있다. 문회는 손소의 전 자손들로 구성되고 의결기관인 문사위
원회와 집행기관인 유사회를 설치하여 운영한다. 문회 밑에는 가구수가
많은 파들이 9개의 파회를 조직하여 파별 활동을 하고 있다. 가구수가
적어 독립된 파를 조직하지 못한 파는 종파에 통합되어 활동한다. 양동
에는 이 중 4개의 파(宗派, 南浦公派, 靑虛齋派, 沙潮派)에 속하는 후손
들이 거주하고 있다. 양동 경주손씨들의 종족 활동은 대종손을 중심으로
하는 문사위원회가 주도하고 있고, 마을에 거주하는 각 파의 종족원은
수가 많지 않아 파회의 활동은 활발하지 못하다. 양동 경주손씨의 세계
와 분파 내용을 간략히 정리하면 다음 〈그림 9-2〉와 같다.

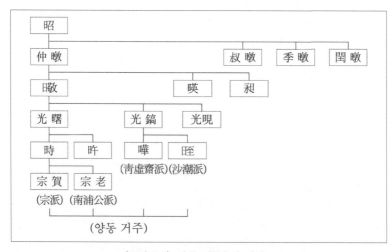

〈그림 9-2〉 양동 경주손씨 세계도

3) 양동 여강이씨

양동의 여강이씨는 회재 이언적(晦齋 李彦迪, 1491~1553)과 그의 아우 이괄(李适)의 자손들이다. 이언적은 조선 5현의 한 사람으로 추앙되는 조선 중기의 대표적인 성리학자로서 이조·예조·형조의 판서를 거쳐 좌찬성이 되었으나 양재역 벽서사건에 연루되어 강계로 유배되었다가 그곳에서 사망하였다. 사후 문묘에 종사되고, 경주 옥산서원 등에 배향되었다. 시호는 문원(文元)이며, 불천위로 모신다.

양동에는 이언적의 양자 응인(應仁)의 다섯 아들 중 네 아들의 후손인 4개 파(無添堂派, 養拙堂派, 雪川亭派, 守拙堂派)와 이언적의 아우 이괄(李适)의 후손들로 이루어진 향단파(香壇派)가 거주하고 있다. 이언적의 서자 전인(全仁)의 후손들은 양동에서 약 10km 떨어진 안강읍 옥산리에 정착하여 옥산파(玉山派)를 이루었다.

양동 여강이씨의 입촌조는 이번(李蕃)이다. 이번은 경주손씨 입촌조인 손소의 여식과 혼인하여 처향인 양동에 정착하게 되었다. 양동의 여강이씨는 경주손씨의 외손이 된다.

여강이씨의 종족조직은 입촌조 이번의 후손들을 망라하는 문회가 있고, 각 파에는 파회가 조직되어 있으나 수졸당파를 제외하고는 파회의 활동이 활발하지 못하다. 양동에 거주하는 여강이씨 72가구 중 수졸당파가 과반수를 점하고 나머지 파에 속하는 거주자는 각각 10호 미만으로 그 수가 적을 뿐만 아니라 무첨당파와 수졸당파를 제외하고는 종손들이 모두 외지에 나가 있어서 마을 내에서 파별 종족 활동을 하기에 어려움이 있기 때문이다. 양동 여강이씨의 세계와 분파 내용은 다음 〈그림 9-3〉과 같다.

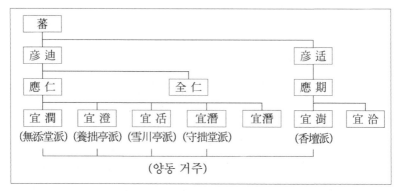

〈그림 9-3〉 양동 여강이씨 세계도

Ⅱ. 종족조직의 변화

1. 당내집단의 축소와 붕괴

　당내집단은 고조를 공동 조상으로 하는 본종유복친(本宗有服親)의 범위에 해당한다. 가구주를 중심으로 보면 대체로 8촌 이내의 가까운 부계친으로 구성되며, 기제사와 차례를 함께 지낸다. 흔히 이 범위를 '집안'이라 부르고, 분가한 형제 사이에서 사용하던 '큰집' '작은집'이라는 칭호도 이 범위에서 주로 사용된다. 보다 규모가 큰 '하나의 가족'이라는 일체감이 강하게 남아 있기 때문으로 보인다. 이 당내집단은 종족조직의 최소 단위로서 종족마을을 구성하는 기초가 된다. 그러나 당내집단은 농촌 주민들의 이촌이 증가하면서 빠른 속도로 축소하거나 붕괴하고 있다.

　다음 〈표 9-1〉은 1960년과 1975년의 수동 벽진이씨의 가구수와 당내집단의 변화를 정리한 것이다. 1960년 이전에 총 46가구(계보가 다른 1가구 제외)가 마을에 거주하고 있었는데 1975년에는 19가구로 반 이하로 줄었다. 15년 동안 분가 독립한 자연증가 가구수를 감안하면 1/3이하로 줄었다고 볼 수 있다. 1960년에 9개가 존재했던 당내집단도 3개 집단 (가구수 0~1)이 소멸되었고, 남아있는 6개 집단도 가구수가 2~4호로 축소되었다. 현재 마을에 거주하고 있는 19가구의 가구주들이 대개 중년 이상의 고령층이고 자녀들이 외지로 나가 있는 경우가 많아서 이 가구주들이 사망하면 머지않은 장래에 당내집단은 완전히 소멸할 것으로 전망된다.

　반드시 이촌에 의한 것만은 아니지만 양동의 경주손씨와 여강이씨 종족집단도 마을 안의 당내집단이 축소 소멸하고 있는 것은 수동 벽진이씨와 마찬가지이다. 양동은 입촌의 역사가 오래되었고(수동은 10대, 양동은 18대) 자손들이 번성하여 전국 각지에 산재해 있어서 마을 안에는 당내친이 많이 거주하고 있지 않다. 양동의 두 가문은 자녀에 대한 교육열이 강하여 해방 이후, 특히 1960년 이후에 많은 가족이 자녀 교육을 위해 도시로 떠나게 되어 마을 내의 가구수는 현저하게 감소하였다.

〈표 9-1〉 수동 벽진이씨 당내집단의 변화

당내집단	1960년 가구수	1975년 가구수
A	7	3
B	5	2
C	4	3
D	3	1
E	6	4
F	3	1
G	9	3
H	6	0
I	3	2
계	46	19

〈표 9-2〉 양동의 가구 변화

연도	경주손씨	여강이씨	타성	계
1930	52	146	75	273
1972	23	84	59	166

〈자료〉 조선총독부(1935:822), 여중철(1974).

〈표 9-2〉를 보면 1930년에 273호이던 양동의 가구수가 1972년에 166호로 줄어들었는데 타성에 비해서 손씨와 이씨의 감소가 더 두드러진다. 이처럼 마을 내의 종족집단의 가구수가 많이 감소한데다가 여러 파로 나누어져 있어서 여강이씨의 수졸당파를 제외하고는 마을 안에서 당내집단을 거의 형성하지 못하고 있다. 농촌 주민들의 이촌이 계속 진행되면 수졸당파의 당내집단도 머지않아 소멸될 것으로 전망된다.

당내집단의 축소 내지 소멸은 필연적으로 당내집단 내부의 협동친화 관계의 변화를 가져올 것으로 보인다.

2. 중심인물의 권위 약화

전통적으로 한국의 종족집단은 주로 종손, 문장, 문중어른들, 유사에 의해 운영되어 왔다. 종손은 해당 종족의 가장 높은 조상의 가계를 이어받고 조상의 영혼을 모시고 있는 자로 의식하여 다른 종족원에 비해 우대받았다. 문장은 문중의 최고 어른으로서 대외적으로 문중을 대표하고, 대내적으로는 종족을 통제하는 중심인물이었다. 문중어른들은 문장과 교유하면서 자문에 응하기 때문에 비공식 집단이지만 문중 일에 영향력이 매우 크다. 유사는 실질적인 문중 일의 집행자이다.

그러나 한국의 종족조직이 종손, 문장, 유사, 문중어른들에 의해 운영되고 있다고 하지만 문중에 따라서는 종손이 결합의 중심이 되는 곳도 있고 문장이 문중 활동을 통괄하는 곳도 있다. 대체로 문중의 구성 범위가 넓거나 조상의 업적이 뚜렷하지 못한 종족, 또는 종손이 빈곤하거나 연소하여 지도력을 충분히 발휘하지 못하는 종족에서는 종손의 구심력이 약해지고 문장의 존재가 상대적으로 뚜렷해지는 것 같다. 이런 점에서 한국의 종족은 본가에 결합의 중심이 있는 일본이나 족장을 중심으로 하는 중국과는 달리 종손과 문장의 양쪽에 결합의 중심이 있다고 하겠다 (최재석 1964).

그런데 이러한 전통적인 문중 지도자들의 역할은 최근의 급격한 사회 변화에 따라 많이 약화되는 듯하다.

수동 벽진이씨 종족집단에서는 전통적 한국 종족집단에서 볼 수 있는 바와 같은 종손의 권위가 뚜렷하게 나타나지 않는다. 마을 주민의 대부분이 마을 내 종족의 종손이 누구인지는 알고 있으나 종가와 종손을 특별히 우대하는 의식이나 태도는 나타나지 않는다. 평소 종가의 호칭도 '종가'라 하지 않고 약 30년 전 집을 새로 신축한 이후 '새집'이라 불러오고 있으며, 노종부(종손의 모)의 친정 지명을 딴 택호로 불리고 있다. 일상생활의 협동 관계에서도 종손이라 하여 우대되지도 않고, 문중 일에 대해서도 종손의 발언권이 강하지 않다. 명망이 있는 조상의 가계를 계승한 것도 아니고, 가세가 넉넉하거나 교육을 많이 받은 것도 아니기 때문으로 보인다.

수동 벽진이씨의 종손에 대한 태도는 형식적인 면에서 다소 엿볼 수 있으며, 형식적인 대우를 통해서 전통적인 종손의 지위의 명맥을 이어가고 있다. 즉 수동 벽진이씨 종족의 임시 종회는 대개 종손댁에서 개최된다. 정기적인 연차 종회는 입촌조의 재실에서 개최하지만, 특별히 논의할 사항이 있거나 중간결산이 필요할 때는 종손댁에서 임시 종회를 개최한다. 묘사를 지낼 때는 항상 종손이 초헌관이 되고 묘사 후 종손 집에는 반드시 음식을 보낸다. 문중과 관련된 외부 행사에 참여하고 돌아오면 일단 종손에게 경과를 보고하는 것을 예의라고 생각한다. 조사 기간에 약 4km 떨어진 마을에서 개최되었던 김천시·금릉군 벽진이씨 화수회에 10여 명이 참여하였는데 이때에도 연장자 3인이 종손댁에 찾아와서 그날의 경과를 보고하고 돌아갔다. 그러나 이러한 것들은 종손이 문중 활동의 중심이 되거나 종손의 권위가 높기 때문이 아니라 의례적인 '인사치레'에 지나지 않는 것으로 보였다.

종택이 퇴락하거나 종손이 어려움을 당하면 문중재산이나 종족이 힘을 합하여 종가를 도와주는 일은 흔히 있는 일이다. 수동 벽진이씨 종족에서도 종손이나 종가에 대한 존중도는 높지 않지만 문중재산으로 종손을 부조한 경우는 찾아볼 수 있다. 1950년 이후 약 20년 동안 대종중과 중종중에서 종가에 제공한 부조의 내역을 보면 총 8회에 걸쳐서 종손 신병 치료, 종손생활비, 장남 학비, 장남 결혼, 장남 사고, 종손 장례 등에 소액을 부조하였다. 이러한 부조는 종손우대의 한 표현으로 볼 수도 있겠지만, 실제 그 내용을 보면 형식적이고 의례적인 범위를 벗어나지 못하고 있다. 오랫동안 종손의 생활이 빈곤하였음에도 생활의 기반이 되는 토지를 마련해주거나 가옥을 개축하는 일에는 전혀 보조한 적이 없고, 곤경을 당하거나 길흉사에 일시적으로 소액을 부조하는 데 그치고 있다. 이러한 부조는 종손이나 종가의 어려움을 문중이 해결하여야 한다는 의식에서가 아니라 의례적인 축의금 혹은 위로금의 성격을 가진 것으로 보인다. 부조액이 문제해결에 도움이 되지 않을 정도의 약소한 수준에 머무르는 것은 문중재산이 넉넉지 못한 현실적 제약 때문이겠지만, 종손에 대한 대우가 매우 형식에 그치고 있다는 점을 나타내는 것으로 볼 수 있다.

종가와 종손을 도와주어야 한다는 보종관념(補宗槪念)은 종손의 지도력이나 생활태도 등 개인적 요인에 의해서도 크게 영향을 받는 것 같다.

종손과 종가를 존중하는 관념이 강하면서도 현실적으로는 문중재산의 처분이나 개인적인 생활의 불성실 등으로 종손의 권위가 약화되어 있는 현상은 양동의 여강이씨 종족에서도 찾아볼 수 있다. 70세인 현 종손은 지역 유림을 통해서 매우 활발한 대외 활동을 하고 있으나 과거 여러 차례에 걸쳐 문중 토지를 매각하여 사적으로 사용한 전례가 있어서 종족원들로부터 신뢰를 받지 못하고, 종가와 종손을 도와주어야 한다는 의식도 매우 약화되어 있었다. 그래서 현재는 문중 토지의 등기를 종손 개인 명의로 하지 않고 문중 공동명의로 등기하여 종손이 임의로 처분하지 못하도록 규제하고 있다고 한다.

밖으로 문중을 대표하고 안으로는 종족통제의 중심인물이 되는 문장도 대종(大宗)보다는 소종(小宗)을 중시하고, 문중보다는 가족을 앞세우는 개인주의 사조가 보급됨에 따라 종손의 경우보다 더욱 빠른 속도로 그 권위가 약화되고 있는 것 같다.

수동 벽진이씨의 문장(73세)은 5년 전부터 문장 역할을 맡고 있으나 항렬과 연령이 가장 높아서 문장으로 예우하고 있을 뿐 문장으로서의 뚜렷한 권위를 가지는 것은 아니다. 문중 일에 적극적으로 참여하거나 간섭하는 일도 없고 종족원들로부터 특별한 존경을 받는 것도 아니다. 문중 일을 처리할 때 반드시 문장의 승인을 받아야 한다거나 자문하는 일도 거의 없다. 종손과 유사 및 각파 대표(대종중은 4파, 중종중은 3파)가 모여서 구성하는 임시 종회에는 대개 참여해서 같이 의논하지만, 문장의 자격으로서라기보다는 그가 속한 파(종파)를 대표해서 참여한다는 의식이 강하다. 이것은 곧 문중 일에 대한 문장의 권위가 매우 약해졌음을 의미하는 것으로 볼 수 있다. 이렇게 약화된 문장의 권위로써 종족원을 통제한다는 것은 더욱 어려운 일일 것이다. 개인의 윤리적 행동에 대한 통제는 이미 개별 가족이나 부모에게 이양되고 있기 때문이다.

현 문장의 선친이 문장을 맡고 있던 약 20년 전만 해도 문장의 권위가 지금처럼 약화되지는 않았다고 한다. 그때는 문중 일을 논의하기 전에 반드시 문장께 먼저 상의하고, 종족원 중에 행실이 불량한 자가 있으면 문장이 불러서 훈계하였다고 한다. 젊은 청년들이 마을 안에서 담배를 물고 걸어 다닐 수도 없었고 술을 먹고 주정을 하다가도 문장댁이나 문중어른들댁을 지나칠 때만은 정신을 차릴 만큼 문장이나 문중어른들의 권위가 남아 있었다고 한다.

최근 수동에는 혼전 성관계로 말썽이 된 경우가 두 사례 있었으나 문장이나 문중어른은 물론 종족원 중에 어느 누구도 풍기문란이나 반윤리성을 공식적으로 거론하지 아니하였다. 오히려 그런 문제는 본인들이나 양가에서 해결할 문제라 하여 논평을 회피하고 있었다. 또 가족 간의 다툼으로 지서에 고소하는 사례가 있었는데 이때에도 문중이나 문장을 비롯한 문중의 중심인물들이 시비를 가려 견책하거나 분쟁을 중재하려고 노력하지 않았다. 다만 평소 양가와 가까이 지내던 이웃들이 개별적으로 화해를 권유하였을 뿐이다. 이러한 일들은 문중의 중심인물들의 권위가 약화되고 종족원에 대한 문장의 통제 기능이 상실되었음을 의미하는 것으로 볼 수 있다. 다만 수동에서 문장에 대한 예우를 굳이 찾는다면 묘사를 지낸 후에 의례적으로 종손댁과 문장댁에 음복 음식을 보내는 정도이다. 문장에 대한 이러한 의례적 예우는 문장이란 지위에 대한 예우로 볼 수도 있지만 다른 한편으로는 연령과 항렬이 높은 문중어른에 대한 예우의 일종으로 볼 수도 있지 않을까 한다.

문장의 역할이나 권위의 약화는 양동에서도 찾아볼 수가 있다. 양동은 수동보다도 종족결합이 강한 마을이기 때문에 수동과 같이 문중 중심인물의 역할이 그렇게 약화되었다고 할 수는 없지만, 종손의 존재가 뚜렷한데 비해 문장의 존재는 상대적으로 매우 미미하다. 여강이씨는 초등학교 교장을 역임하고 정년퇴직한 분이 문장의 역할을 했으나 그가 이촌한 후 문장의 존재가 드러나지 않고 있다. 문장이라는 용어도 '아무개가 문장이다'라고 특정인을 분명하게 지적하지 않고 '아무개가 문장격이지'라고 표현한다. 문장이라는 지위가 문중 내에서 공식화되지 않았음을 보

여주는 것이다. 종손에 비해 문장의 존재가 뚜렷하지 않은 것은 경주손
씨의 경우도 마찬가지다. 조상의 업적이 뚜렷한 종족은 그렇지 못한 종
족보다 종손의 존재가 뚜렷해지기 때문에 상대적으로 문장의 존재는 낮
아지는 것으로 보인다. 또 한편으로는 양동이 넓은 범위에 걸친 종족의
중심마을이기 때문에 전체 종족집단의 중심인물이 크게 부각되고, 마을
안에 있는 중심인물의 존재는 별로 드러나지 않는 것으로 보인다.

3. 새로운 조직의 대두

종족집단의 조직을 주도적으로 움직여 오던 전통적인 인물의 권위가
약화되면서 문중조직을 보다 안정적으로 운영하기 위한 노력이 각 종족
집단에서 나타나고 있다. 이러한 노력은 비공식적인 인물 중심의 운영을
벗어나 공식적인 조직을 통해서 문중을 운영하고자 시도하는 모습으로
나타나고 있다.

조선조 오현의 한 사람이며 문묘에 배향된 회재 이언적(晦齋 李彦迪)
의 후손들로 이루어진 양동의 여강이씨는 선조의 명성이 높았던 만큼 종
족의 위세도 강하고 종손에 대한 존중의 정도도 강하다. 그러나 현재의
종손이 많은 문중재산을 건사하지 못하고 탕진하여 종족원들에게 신뢰
를 받지 못하고 문중 활동에도 주도적인 지도력을 발휘하지 못하였다.
그래서 여강이씨 종족집단은 대종손을 중심으로 활동하기보다는 오히려
파종손을 중심으로 단합하는 경향이 있고, 지역 중심의 화수회 활동이
활발해진 것으로 보인다. 양동의 여강이씨들은 이언적의 양자 응인(應
仁)의 자손들로 '문회'를 형성하고 있으나1) 문회는 전체적인 결합력도

---

1) 서자 전인(全仁)의 후손들은 안강읍 옥산리를 중심으로 옥산파를 형성하고 본관도
  이언적 이전부터 사용하던 여주를 계속 사용하고 있다. 양동과 옥산 사이의 갈등
  에 관해서는 여영부(1970) 참조.

약하고 활동도 활발하지 못하다. 그 대신 종족원들이 많이 거주하고 있
는 대도시를 중심으로 화수회를 결성해서 종족 활동을 전개하고 있다.
그 대표적인 것을 살펴보면 다음과 같다(여중철 1974).

동근회(同根會, 양동중심)	100여호
원심회(源心會, 경주중심)	500여호
흥심회(興心會, 대구중심)	500여호
세심회(洗心會, 부산중심)	450여호
이심회(以心會, 서울중심)	200여호

이들은 주로 이언적의 학문과 인격을 널리 소개하기 위해서 책자를
발간한다거나 강연회를 개최하는 등의 활동을 전개해 왔다. 최근에는 대
구의 흥심회(최근 良佐會로 개칭)가 중심이 되어 〈회재선생 숭모사업
회〉를 발족시켰다.

　수동 벽진이씨 종족집단은 종손에 대한 존경도가 낮고 문중 일을 중
심적으로 운영하던 문장과 문중어른들의 역할이 약화되면서 문중조직을
운영하는 중심세력에 공백을 가져왔다. 이 공백을 메우는 것이 종손, 유
사 및 각 파별 대표로 구성되는 '임시종회'이다. 이 임시종회에는 문장도
거의 빠지지 않고 참석하지만, 문장 자격이 아니라 그가 속한 종파 대표
로서 참여한다. 따라서 임시종회의 구성은 5~6명 정도의 소수로 이루어
진다. 이 모임은 사실상 수동 벽진이씨 종족집단의 의결기관인 동시에
집행기관인 셈이다. 임시종회는 파별 대표나 유사가 소집한다. 임시종회
를 소집할 때는 의례적이더라도 사전에 종손과 협의를 거친다. 그러나
종손이 단독으로 임시종회를 소집하는 경우는 거의 없다. 장소는 대개
종손댁에서 개최된다. 1년에 한 번씩 모이는 정기종회는 음력 10月 25日
(대종중)과 10月 26日(중종중)에 개최된다. 이때는 일 년 결산보고와 유
사 선임이 있을 뿐 구체적인 의사결정은 대개 임시종회에서 이루어진다.

정기종회 때는 문중에서 점심과 술을 제공하기 때문에 각 가족의 대표들이 모여 회식하는 친목을 위한 모임이란 성격이 강하다. 이 자리에 모인 종족원은 문중 운영에 대해서 별로 관심을 가지지도 않는다. 유사의 선정도 각 파별로 돌아가면서 맡게 되고 각 파에서도 거주 가구수가 몇 호 되지 않기 때문에 윤번제로 맡는 것이 상례가 되었다. 능력이나 인품은 별로 고려하지 않는다.

수동 벽진이씨의 임시종회와 유사한 형태이면서 한층 발전되고 공식화하여 위원회를 구성한 것이 경주손씨의 '문사위원회'와 '유사회'이다.

경주손씨의 종손(57세)은 중학교 교사로 재직하다가 1973년부터 통일주체국민회의 초대 대의원(강동면)을 역임하고 현재는 경상북도 교육위원으로 활동하고 있다. 10,000여 평의 토지를 소유하여 경제적으로 여유가 있을 뿐 아니라 학식(대졸)과 인품을 겸비하여 종족원들의 신망이 높다. 그래서 종족 활동도 종손을 중심으로 전개하고 있고, 문중 일에 대한 종손의 발언권도 매우 강하다.

종손의 존재가 뚜렷하고 종족결합의 중심이 되고 있음에도 불구하고 경주손씨 종족집단은 1958년 현 종손의 노력으로 '문사위원회'를 구성했다. 문중의 최고의결기관인 문사위원회의 회규는 다음과 같다.

〈경주손씨 문사위원회 회규〉
1. 위원회는 문의에 대하여 문사를 의결함.
2. 위원수는 25인으로 정하되 10인 이상으로 성원됨.
3. 위원회는 위원중 3인 이상의 동의로써 서무(庶務)에 의하여 수시 소집할 수 있음.
4. 위원회는 연1회 대종회를 가져야 함.
5. 위원회는 임시의장이 회를 장악하고 서무 3인을 두고 사무 처리함.
6. 위원선임은 대종회시 호선함.
7. 위원임기는 1년으로 하되 중임할 수 있음.
8. 위원회의 권능은 다음과 같음.

① 제반 문사의 기안추진
② 문의의 결합
③ 유사회의 지휘 감독
④ 문중재산 일체의 관리
⑤ 상벌에 관한 것.
⑥ 문규의 창설 폐합 등에 관한 것.
9. 유사회규는 별도 규약으로 정함.
10. 위원회 총본부는 서백당(書百堂)2)에 둔다.

부칙
11. 본규는 무술(戊戌) 4월 21일(1958. 6. 8)부터 시행함.
12. 초대 위원의 임기는 다음 대종회 시까지로 함.

위 회규에서 보는 바와 같이 문사위원회의 기능은 문사의 기안추진, 문의통합, 유사회의 지휘 감독, 재산관리, 상벌, 문규의 제정 등 문사 전반에 걸쳐서 토의·의결할 수 있도록 하여 최고 의결기관임을 분명히 하고 있다.

문사위원의 선출은 음력 3월 7일 손중돈의 불천위 대제가 끝난 후에 개최되는 대종회(이들은 일반적으로 문회라 부른다)에서 행해지는데 25인의 위원 중 유사회 총무 1인과 각 선소(先所)3)의 정유사 5인은 당연직으로 포함되고 나머지 19명은 파와 지역을 고려해서 고르게 선임한다. 종손은 당연직 위원에 포함되지 않는다. 종손의 지도력에 문제가 있을 때를 대비한 제도적 장치가 아닌가 한다. 그러나 현 대종손은 항상 선출직 위원으로 선임되어 위원회에 참여한다. 위원들은 경주 일원에 거주하는 종족원으로 구성되어 필요할 때는 언제라도 신속히 회의가 소집될 수 있으며 각파와 지역, 연령 등을 고려하여 문중 전체의 의사를 효과적으

---

2) 서백당(書百堂)은 경주손씨 대종가의 당호이다.
3) 선소(先所)는 선조의 영혼이 깃든 처소 즉 문중의 공유시설물 및 그 설치 장소를 의미한다.

로 통합할 수 있도록 구성한다.

문사위원회의 회의는 음력 12월 12일의 정기회의와 수시로 개최되는 임시회의로 나눌 수 있다. 정기회의의 고정 의안은 각 소의 예결산을 심의하고 유사를 개선하는 일이다.

문사위원회에는 회장을 따로 두지 않고 회의가 있을 때마다 임시의장을 선출하여 회의를 진행하는데 대체로 종손이 임시의장이 된다. 현재의 종손이 문중 활동의 중심이 되고 있음을 나타내는 좋은 예라 볼 수 있다.

문사위원회의 결성을 주관하였던 현 종손은 그 취지를 다음과 같이 설명하고 있다.

> "대개의 종손들이 봉제사, 접빈객으로 생활이 빈곤해지고 자기 명의로 되어 있는 문중재산을 임의로 처분하는 경우가 있어 종족원의 빈축을 사는 경우가 많다. 문사위원회의 결성은 재산의 효율적인 집단관리를 통하여 종손에 의한 문중재산의 임의처분을 예방할 수 있는 것이 그 첫째 이유라 할 수 있다. 두 번째는 문중 활동이 종손과 몇몇 인사에 의해 운영됨으로써 때로는 한쪽에 치우친 처분을 할 수가 있고, 그로 인해서 많은 종족원이 불평·불만을 가져 종족 전체의 융화단결을 저해할 수가 있다. 종족원의 의혹과 불평·불만의 소지를 없애고 대동단결을 도모하는데 문사위원회는 매우 유익하다고 생각한다."

종손 중심으로 문중을 운영하게 되면 종손 한 사람의 능력과 인성에 따라 문중 전체가 받는 영향이 매우 크다. 종손은 출생과 더불어 운명적으로 결정되기 때문에 항상 유능하다는 보장이 없다. 나이가 너무 어리거나 학식과 덕망이 부족하여 지도력을 발휘하지 못할 수도 있다. 어떤 인물이 종손이 되더라도 그의 영향을 받지 아니하고 문중을 안정적으로 운영하기 위해서 마련한 조직적 집단지도 체제가 바로 문사위원회로 나타난 것이다. 문사위원회가 처음 결성되었을 때는 여러 가지 불편한 점도 많고 미숙한 점도 많았으나 지금은 모든 종족원들이 문사위원회를 최

고 의결기관으로 인식하여 문중 운영에 대한 불평불만이 해소되었으며
대동단결의 계기가 되었다고 한다.

현재까지의 문사위원회의 활동은 종손의 주도 아래 움직여 왔고 종손
의 발언이 거의 반영되었다. 종손이 문사위원회의 소집과 의안 상정을
주도하였으며, 회의 시에는 의장으로 선임되어 회의를 주관하였다. 이것
은 문사위원회에 대한 현 종손의 영향력이 매우 크다는 것을 나타내는
것이다. 그러나 종손이 지도력을 상실하고 종원들에게 신망을 잃는다면
문사위원회의 임시의장을 종손이 아닌 다른 인물로 선임함으로써 문사
위원회가 종손을 견제하고 통제할 수 있는 기구가 될 수 있다.

문사위원회가 설치된 4년 후인 1962년 1월 제29차 문사위원회에서
유사회의 창설을 결의하였다. 유사회는 실무를 담당하고 있는 각 선소의
유사들로 구성된 조직으로서 문사위원회의 지휘 감독 아래에 움직이는
집행기관의 성격을 가진다.

1962년 2월 제30차 문사위원회에서 통과된 유사회의 회규를 보면 다
음과 같다.

〈유사회 회규〉
1. 본 회의 목적은 예산의 집약화를 기하고 수지출을 일원화함에 있다.
2. 본 회원은 문거, 영당, 상·하 달전, 동강 각 소의 정·부유사로 정함.[4]
3. 본 회는 문사위원회의 의결에 의한 범위 내에서 제반 사항이 집행된다.
4. 본 회는 총무 1인과 간사 1인을 둔다.
5. 총무는 회내(會內)를 지휘 감독하며 유사회에서 선출하여 문사위원회의
   인준을 받아야 한다.
6. 간사는 본 회의 결의사항을 집행하고 제반 사무를 정리한다.
7. 본 회의 임무는 다음과 같다.

---

4) 문거와 상·하 달전은 입촌조 손소 내외와 손중돈 내외의 묘소가 있는 곳이며, 영
   당은 재실 관가정(觀稼亭)에 있는 손소의 영정을 모신 사당을, 동강은 손중돈을
   모신 동강서원(東江書院)을 말한다.

① 예산안 작성 제시
② 수지출의 집행
③ 각 소 운영에 관한 사항
④ 결산의 보고
8. 본 회의는 총무 혹은 회원 중 3인 이상의 동의로써 수시 소집한다.
9. 임시 긴급을 요할 때는 추가경정예산을 심의 결정할 수 있다. 단, 문사
위원회의 의결을 얻지 못한 지출에 대해서는 해당액을 변상한다.
10. 본 회원의 임기는 1년으로 한다.
11. 본 회의 회계연도는 음력 12월 1일부터 다음 해 11월 말일로 함.
12. 본 회는 연도 말에 결산보고를 하여야 함. 단, 문사위원회에서 필요하
다고 인정할 시는 하시라도 수지출 진행사항을 제시하여야 한다.

부칙
13. 본 회 창설 당시의 각 소의 유사는 총무에게 시행일부터 2주 이내에
다음 사항을 인계하여야 한다.
① 1962년 1월 23일 현재 회계상황과 현품 및 현금.
② 비품 및 부동산 목록
14. 본 회규의 개정은 문사위원회의 의결로써 할 수 있다. 단, 재적 위원
과반수 출석으로 2/3 이상의 동의가 있어야 한다.
15. 본 회규는 신축년 12월 12일(1962. 1. 17)부터 시행함.

이 회규를 보면 유사회의 임무는 공유재산인 각 소를 관리·운영하고
수입과 지출을 집행하는 재정적 실무임을 알 수 있다. 종족집단의 재산
관리가 매우 허술했던 종래의 일반적 경향을 보완하기 위하여 경주손씨
종족집단에서는 유사회를 문사위원회의 철저한 감독 아래에 두고 긴급
한 추가경정예산의 집행에 대해서도 문사위원회의 추인을 받지 못하였
을 때는 변상하도록 하는 책임 운영을 규정하고 있다.
이렇게 해서 양동의 경주손씨 종족집단은 종손이 학식과 능력을 겸비
하여 문중 활동에 중추적 역할을 담당하고 있음에도 불구하고 의결기관
인 문사위원회와 실무집행기관인 유사회를 조직하여 종족집단에서 흔히

발견되는 종손과 문장 등 몇몇 인사에 의한 전단을 예방할 수 있는 제도
적 장치를 마련하고 있다.

　이상에서 살펴본 종족집단의 조직은 전통적으로 중시되던 종손이나
문장, 문중어른들의 권위와 역할이 감소되고, 조직을 통해서 문중을 운
영하고자 하는 시도가 나타나고 있다.
　양동의 두 종족과 같이 종족의 위세가 강한 집단에서는 아직도 종손
의 존재가 뚜렷하지만, 여강이씨에서 볼 수 있는 바와 같이 종손의 지도
력이 취약한 경우에는 파별 활동이나 대도시 중심으로 결성된 화수회의
활동이 활발해지는 모습을 볼 수 있다.
　종손이나 문장의 역할이 약화된 수동 벽진이씨 종족집단은 종손과 유
사 및 파별 대표자를 포함한 임시종회가 지도력의 공백을 대체하고 있다.
　경주손씨의 문사위원회와 유사회는 비공식적인 대표자 모임을 공식
화하고 제도화한 것이라 할 수 있다. 운명적으로 결정되는 종손이나 항
렬과 연령 등 전통적 권위에 바탕을 둔 문장이나 문중어른들이 주도하던
문중 운영을 공식적인 조직을 통해서 운영하고, 의결과 집행을 분리하여
문의를 통합하고 문중재산을 합리적으로 관리하고자 하는 시도는 종족
조직의 새로운 형태라 평가할 수 있다.

Ⅲ. 종족기능의 변화

1. 제사기능의 변화

　종족집단의 기능은 종족원의 융화단결과 상호부조, 자손의 번영과 발
전, 사회적 위세의 표시 등 여러 가지로 말할 수 있으나 그중에서도 가

장 중요시하고 있는 것은 조상숭배, 특히 제사를 지내는 기능이라고 할수 있다. 제사는 조상을 위하고 경모하기 위한 의식이지만 현실적으로는 종족 성원의 결속과 집단의식을 강화하는 데 보다 더 큰 의의가 있다.

최재석은 경남 함양군 지곡면 하동정씨 종족집단의 문중 기록을 분석하여 문중재산이 조상제사에 쓰이는 예가 가장 많음을 밝혀내고 제사의 기능이 종족집단의 가장 중요한 기능이라고 지적하고 있다(최재석 1966).

수동 벽진이씨 종족집단에서도 대종중의 위토에서 나오는 소작료의 절반이 제사비용에 사용되었고, 경주손씨의 문사위원회 일지에 기록된 토의안건에도 불천위 대제, 영당 차례, 동강서원의 향사, 묘제에 관한 건이 대부분을 차지하고 있었다.

그러나 문중재산의 용도나 문회의 토의안건이 제사에 치중하고 있다고 해서 제사의 기능이 강화되고 있다는 것은 아니다. 종족집단의 기능 중에서 제사의 기능이 여전히 높은 비중을 차지하고 있지만, 종족집단의 다른 기능이 전반적으로 약화되는 것과 마찬가지로 제사의 기능도 여러 면에서 점차 약화되는 모습을 관찰할 수 있다.

1) 기제사와 차례의 간소화

제사는 4대조 이내의 조상에 대해서 기일에 지내는 기제와 명절에 지내는 차례, 일년에 한번 묘소에서 지내는 묘제(묘사 혹은 시제라고도 한다)등으로 구분할 수 있다.

기제는 부모, 조부모, 증조부모, 고조부모에 대한 제사로서 8촌 이내의 당내친이 고인의 기일에 봉사자 집에 모여서 지낸다. 기제는 가묘(家廟)를 세우거나 집 안에 벽감(壁龕)을 만들어 신주를 모셔 두었다가 제사를 지내는 것을 이상으로 하고 있으나 오늘날은 가묘나 벽감에 신주를 모시는 집은 극히 드물고 대부분은 일회용 지방(紙榜)으로 신주를 대신한다.

수동에서는 가묘나 벽감을 설치한 집은 한 집도 없었고 모두가 지방으로 대신하고 있었다. 양동에서는 6.25전에는 5가구 정도에 가묘가 있었으나 현재는 경주손씨 종가와 여강이씨 종가에만 남아 있다. 신주를 모시지 않고 사당 건물만 남아 있는 집도 1가구가 있다. 6.25전까지는 제사를 모시는 집에서는 모두 벽감을 두고 있었으나 6.25전쟁 후 대부분 없어지고 현재는 3~4호에만 벽감이 남아 있다. 나머지 대부분은 지방으로 대신하고 있다.

기제사의 참여 범위도 이촌으로 인해서 많이 축소되고 있다. 마을 내에 거주하는 당내친이 있으면 같이 모여서 제사를 지내지만, 마을 떠나 원거리에 거주하는 당내친이 기제사에 참여하는 경우는, 부모나 조부모의 기제사에 참여하기 위해서 귀향하는 경우를 제외하면 거의 찾아보기 어렵다.

차례는 춘분, 추분, 하지, 동지 등 계절의 중심이 되는 날에 지내는 계제(季祭)와 설, 추석, 한식, 단오, 유두, 중구 등 명절에 지내는 절제(節祭)가 있었다고 하나 오늘날 실제로 행해지는 차례는 설과 추석이 일반적이다. 근래에까지 한식과 단오에 차례를 지내는 집도 있었으나 지금은 거의 찾아보기 어렵다. 수동에서는 설과 추석에만 차례를 지내고 추석에 출산, 사망 등 부득이한 사정으로 차례를 봉행하지 못했을 때만 중구에 지낸다. 경주손씨도 한식 차례(묘전에서 지냈다)를 15년 전부터 폐지하였다.

제사의례를 간소하게 치르는 모습은 여러 측면에서 나타나고 있다. 경주손씨는 기제사를 지낼 때도 곡을 하였으나 수년 전부터 기제사에서 곡을 하는 관행을 폐지하였다. 수동 벽진이씨 종족집단에서는 기제와 차례에 기본 제수로 가오리, 낙지, 홍합, 문어다리 등의 건어를 사용하였으나 실용적이지 못한 건어에 많은 경비가 지출된다고 하여 10년 전부터 건어의 사용을 폐지하였다.

제사의례의 간소화는 가정의례준칙5)의 보급에서도 나타난다. 상례에
적용하는 가정의례준칙의 주요 내용은 상복을 폐지하고 100일에 탈상하
는 것이다. 조상숭배의식이 강한 한국인에게 상복을 폐지하고 100일 만
에 탈상하라는 정부의 조치는 쉽게 받아들이기 어려울 것으로 예상되었
지만 의외로 별 저항 없이 잘 보급되고 있다. 세 종족이 모두 상복을 폐
지하고 두건만 사용하고 있다. 삼년상은 대부분 일 년(期年)으로 단축되
었고, 100일에 탈상하는 사례도 적지 않다. 양동과 같이 반상관념이 강
하고 저명한 종족마을에서 상복을 폐지하고 삼년상을 1년 혹은 100일로
단축하는 것은 획기적인 변화라 할 수 있다. 양동에 거주하는 어느 종족
원은 가정의례준칙에 주민들의 반발이 크지 않더냐는 질문에 '반발은커
녕 속으로는 모두 기다리고 있었던 것 같더라'고 하였다. 간소화하고자
하는 동기는 형성되어 있었지만 남의 눈을 의식하여 실행하지 못하다가
정부의 법적 조치를 명분으로 쉽게 수용한 것으로 보인다.

2) 제천(祭遷)의 생략

봉사손이 4대가 넘으면 기제사를 계속 모실 수가 없으므로 기제사를
그만두고 묘제로 옮기거나, 4대 이내의 지손 중에서 항렬이 가장 높은
연장자가 제사를 모셔가기도 한다. 이처럼 제사를 옮기는 것을 제천이라
한다.

수동에서는 봉사손이 4대가 넘으면 지손에게 제천하고 위토도 함께
양도하였다. 그런데 도시에 거주하는 지손이 제사를 모시기에 불편한 점
이 많아지자 제천을 생략하는 사례가 나타나고 있다(〈그림9-5〉).

종손 A가 고조부 W의 제사를 모시다가 A가 사망하자 W의 제사는

---

5) 가정에서 치르는 관혼상제(冠婚喪祭) 의례의 절차를 간소하게 고쳐 낭비를 막고
   건전한 생활 자세를 기르는 데 목적을 두고 정부가 1973년 5월 17일에 제정, 공포
   한 규칙이다.

지손 중에서 항렬이 가장 높고 연장자인 B에게 이양되었다. B는 2년 동안 제사를 모시다가 번잡한 도시 생활을 이유로 기제사를 그만두고 묘제로 옮길 것을 제안하였다. B의 다음 계승권자는 C이지만 C도 역시 도시에 거주하고 있어서 마을에 거주하는 D가 W의 제사를 모시기로 하였다. D도 3년간 제사를 모시다가 결국 묘사로 옮기고 말았다. 수동에서 4대 이내의 지손이 생존해 있으면서 기제사를 그만두고 묘제로 옮긴 것은 처음 있는 일이었다. 경주손씨 문중에서도 종손이 4대가 넘으면 별묘에 위패를 모시고 지손이 제사를 모셨으나 6·25 이후에 제천의 관행이 없어지게 되었다.

제천을 생략하는 이러한 현상은 조상 제사에 대한 관념이 점차 희박해지고 있음을 나타내는 것이라 할 수 있을 것이다. 제사의 대상이 되는 조상의 대수를 줄이고자 하는 의식은 통계조사에서도 나타나고 있는데, 4대봉사에 대한 의식 조사에서 40%에 가까운 응답자들이 부모와 조부모 양대만 기제사를 지내는 것이 바람직하다는 데 동의하고 있다(정철수 1976).

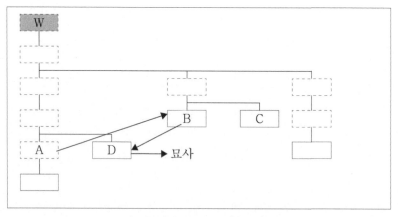

〈그림 9-5〉 벽진이씨 제천 사례

3) 묘제 경비의 감소

4대손이 모두 사망하면 기제사를 중지하고 묘제만 지내게 된다. 양동에서는 두 종족 모두 기제사를 지내는 중이라도 묘제를 지내지만, 수동에서는 기제사를 지내면 묘제는 지내지 않는다.

묘제는 음력 10월 중에 지내는 것이 일반적이다. 기제사와 차례는 봉사손이 주재하며 제사 경비도 봉사손이 부담하는 데 비해 묘제는 후손들이 구성하는 문중에서 담당하기 때문에 문중조직의 가장 큰 일은 일 년에 한 번 묘제를 거행하는 것이라 할 수 있다.

수동 벽진이씨의 대종중과 중종중의 묘제 경비지출 내역을 보면 위토에서 나오는 소작료의 절반 이상이 묘제의 경비로 사용되고 있는데 1950년대 후반부터 제수 비용이 현저하게 줄어들고 있다. 이러한 현상은 묘제에 관한 관심이 점차 희박해지고 있는 것으로 볼 수 있지 않을까 한다.

제수의 비율이 감소하는 것은 제사 비용 이외의 경비지출 증가도 한 원인이 되고 있다. 과거에는 시조의 향사, 시조나 파조를 위한 각종 행사에 자비로 참여하는 종족원이 많았으나 지금은 자비로 참여할 만큼 문중 일에 적극적인 사람이 별로 없어서 문중에서 경비를 부담하여 대표를 파견하고 있다. 그리고 시조나 파조의 재실 중수, 비석 건립 등의 경비도 종족원에게 분담시키지 않고 대부분을 문중에서 부담하고 있으며, 타 문중 선조의 문집도 개인이 부담하지 않고 문중에서 부담하여 구입하고 있다. 그만큼 문중의 재정 지출이 늘어나게 되었다. 이러한 현상도 종족원들의 숭조관념이나 문중 일에 관한 관심이 낮아지고 있음을 보여주는 것이라 할 수 있다.

1949년부터 1975년까지 수동 벽진이씨 대종중과 중종중에서 지출한 묘제의 제수 비용은 다음 〈표9-3〉과 같다.

〈표 9-3〉 수동 벽진이씨의 묘제 비용 변화

연 도	대 종 중		중 종 중		연 도	대 종 중		중 종 중	
1949년	벼	20말	현금14,980원		1963년	〃	42말	〃	120말
1950년	〃	77말	벼	81말	1964년	〃	24말	〃	35말
1951년	〃	45말	〃	40말	1965년	〃	30말	〃	35말
1952년	〃	60말	〃	67말	1966년	〃	15말	〃	56말
1953년	〃	60말	〃	71말	1967년	현금	3,800원	현금	3,000원
1954년	〃	57말	〃	55말	1968년	벼	30말	현금	4,240원
1955년	〃	48말	〃	56말	1969년	〃	36말	벼	30말
1956년	〃	30말	〃	53말	1970년	〃	30말	〃	25말
1957년	〃	30말	〃	53말	1971년	〃	30말	〃	25말
1958년	〃	30말	?		1972년	〃	30말	〃	26말
1959년	〃	30말	?		1973년	〃	30말	〃	25말
1960년	〃	24말	?		1974년	현금	1,7000원	現金	15,030원
1961년	〃	42말	?		1975년	벼	270斥	벼	25말
1962년	〃	42말	?						

4) 묘제 형식의 변화: 망제(望祭)

묘사 경비의 감소와 함께 묘사의 운행방식에도 변화가 있다. 벽진이씨 대종중에서 묘제를 거행하는 조상은 입촌조 이언국과 그 윗대 4대조까지, 그리고 이언국의 아들 형제인데 이들의 묘소는 마을에서 3km 떨어진 대금산에 있어서 매년 음력 10월 11일에 묘소에서 제사를 올렸다.

그러나 중종중에서 봉행하는 이언국의 손자(起宗)와 증손자 3형제(興錫, 興載, 興萬)의 묘소는 마을에서 약 18km 떨어진 전북 무주군 무풍면에 있다. 과거에는 무주에 위토를 마련해 놓고 대금산 묘제 다음 날 현지에 가서 묘제를 봉행하였으나 거리가 멀어 묘제를 봉행하기가 매우 매우 불편하였다. 그래서 1960년부터는 대종중의 대금산 묘제와 중종중의 무주 묘제를 현지까지 가지 않고 마을에 있는 재실 망호재(望湖齋)에서 지방을 모시고 제사를 지내기로 하였다. 문중에서는 이러한 묘제 운행 방식을 망제(望齋)라고 부른다. 3개 파의 사종중에서 모시는 묘제도 대종중과 중종중의 망제가 끝난 후 재실에서 망제로 봉행한다.

제사 의례의 간소화는 묘제에 참석하는 제관들의 복장에서도 나타난다. 과거에는 묘제에 참여하는 제관은 항상 한복에 갓을 쓰고 참석하였다. 일부 노인들은 도포까지 착용하였다. 그러나 지금은 양복이나 평상복을 입고 참여하는 제관이 대부분이고 갓을 쓰거나 도포까지 입는 제관은 매우 드물다. 수동 벽진이씨 문중에서 망제로 묘제를 대신하고 제관들의 복장이 평상복으로 바뀌는 이러한 현상은 제사 의례의 간소화를 나타내는 한 모습이라 할 수 있을 것이다.

종족집단의 기능이 여전히 제사에 집중되고 있으나 숭조관념은 점차 약화되고 있으며 의례절차도 간소화되고 있음을 엿볼 수 있다. 앞으로 도시화가 계속 진전되면 제사의 기능은 더욱 약화될 것으로 전망된다.

2. 생활협동기능의 변화

종족집단마다 조상을 숭배하고 자손들의 화목과 번영을 중요한 목적으로 천명하고 있고, 종족집단을 조사한 연구자 중에도 생활의 협동 기능을 종족집단의 중요 기능으로 강조한 경우가 있지만, 사례조사를 통해서 종족집단을 집중적으로 분석한 몇몇 조사 보고에 의하면 제사 기능에 비해 생활의 협동 기능은 매우 미약한 것으로 나타나고 있다(고황경 외 3인 1963:188; 김택규 1964:158; 최재석 1966). 이 연구의 대상이 된 3개 종족집단에서도 생활의 협동 기능은 별로 강하게 나타나지 않고 있다.

1) 종족원에 대한 생활부조기능의 약화

문중의 공동재산이 종족원의 생활 부조를 위해서 사용되는 사례는 별로 나타나지 않는다. 최재석의 보고에 의하면 문중재산이 대단히 많은데도 빈곤한 종족원의 생활 구제에는 별로 사용하지 않았다. 결혼이나 분묘 이전에 부조한 사례가 몇 건 있으나 금액이 약소하여 의례적인 부조에 지나지 않았다(최재석 1966).

수동 벽진이씨도 1949년부터 1975년까지 26년간에 단 2명의 일반 종족원 장례에 막걸리 1말씩 부조한 이외에 종족원을 위한 문중재산의 지출은 찾아볼 수 없다. 심지어 문장의 장례에도 문중의 부조는 없었다.

다만 종손의 경조사에는 약간의 문중 부조가 있었다. 그러나 종손에 대한 부조도 가옥을 신축해 준다거나 토지를 마련해 주는 등의 큰 금액은 아니고 자녀 결혼, 종손 장례, 종손의 신병 치료 등 특별한 일이 있을 때 소액을 부조하는 정도였다. 어떤 종족에서는 종손이 문중재산을 탕진하고 생활이 곤궁해지자 문중의 체면을 위해서 여러 차례 전답을 매입해 주었다고 하나, 최근에는 종손이 임의로 재산을 처분하지 못하도록 종족원 공동명의로 토지를 등기하는 사례가 늘어나고 있다. 종가를 도와야 한다는 보종관념(補宗觀念)이 점점 희박해지고 있음을 보여주는 사례이다.

종족에 따라서는 과거에 재산을 많이 소유한 종족원이 문중이나 종가를 경제적으로 원조하는 일이 있었다. 수동에서도 일제강점기에 100여 마지기(약 20,000평)의 토지를 소유한 종족원이 있어서 선조의 묘소 상석과 묘비를 건립하고 문중 위토를 마련하는 한편, 가난한 종족원에게 토지를 사주어 소작료 없이 경작하게 하고, 대도시로 진학한 종족원 자녀의 교육비를 지원해 준 적이 있었다. 그러나 이러한 지원은 문중 차원의 지원이 아니라 개인적인 시혜에 지나지 않는다. 오늘날에는 마을에 재력을 가진 종족원도 없을 뿐만 아니라 종족원이나 문중을 위해서 재산을 희사하는 사례도 거의 찾아볼 수 없다.

계보를 달리하는 인근 마을의 종족집단과는 일상생활에서의 협동 관계는 거의 없고 종손의 길흉사에 문중에서 부조하는 것으로 유대관계를 맺고 있을 따름이다. 다른 마을에 있는 종족집단의 종손이나 파조의 재실 고지기에 대한 문중의 부조는 막걸리 1말로 규정하여 극히 의례적인 수준을 벗어나지 않고 있다.

이처럼 문중의 공유재산은 일반 종족원의 생활부조에는 거의 사용되지 않았다. 다만 종손의 길흉사나 신병, 사고 등에 부조하는 관행은 일부 남아 있으나 금액이 약소하여 의례적 수준을 벗어나지 않는다. 종족원들의 보종관념이 희박해지고 있음을 보여준다.

2) 협동친화관계의 범위 확대: 당내에서 마을로

한국농촌에서는 집약적인 노동력이 필요할 때 노동의 교환으로 '품앗이'를 하지만, 품앗이는 혈연관계보다는 지리적 조건이나 노동조건에 의해서 맺어지는 경향이 있다.

수동에서는 분가한 형제나 당내친 사이에서 소나 쟁기 등의 생산도구를 무상으로 빌려주는 사례가 흔히 있었으나 이촌이 증가한 이후에는 마을에 거주하는 분가한 형제나 당내친의 수가 현저하게 줄어들어서 당내에 의존할 수가 없게 되었다. 농기구와 농우의 대여 및 품앗이 등의 노동 협조는 혈연에 관계 없이 마을 단위로 확대되어 이웃에 살거나, 나이가 비슷하거나, 노동조건이 비슷한 사람들과 결합하는 경향을 보여주고 있다. 다만 경제적으로 어려움을 겪고 있을 때 이촌한 형제가 적지 않은 금액의 금전을 지원한 사례는 몇 건 발견되었다.

문중의 토지를 담보로 사업을 하다가 실패하여 이를 변상하는 데 어려움을 겪은 K씨의 사례는 당내의 협동 기능이 약화된 모습을 잘 보여주고 있다. 5형제 중 셋째인 K씨는 소규모 수력발전소를 건설하여 이웃 3개 마을에 전력을 공급하고, 정미소도 운영하였다. 이 사업에 개인 재산과 5대조의 위토 3두락(600평)을 투입하였는데 규모가 영세하여 사업은 파산하고 끝내 신병을 얻어 사망하였다. K씨가 사망한 후 당내에서는 K씨가 개간한 논 2두락(400평)을 위토로 편입시켰다. K씨의 유가족은 '자손이 살아야 조상도 섬기지, 마지막 남은 토지까지 뺏으면 우리는

어떻게 사느냐'고 항변하였으나 당내에서는 '형제가 여럿이니 형제간에
의논하여 대책을 세울 것이로되 위토를 없앨 수는 없다'고 일축하였다.
형제간에만 경제적 협동 기능이 남아 있고, 당내의 생활 협동 기능은 소
멸되고 있음을 보여주는 사례이다.

양동에서는 두 종족 사이에 갈등이 심하였기 때문에 손씨와 이씨 사
이에서는 품앗이가 거의 이루어지지 않는다. 이씨는 이씨끼리, 손씨는
손씨끼리 품앗이를 한다. 이씨와 타성, 손씨와 타성 사이에도 품앗이가
적지 않게 이루어진다. 종족의식이 강하고 반상차별이 심한 양동에서 타
성과 노동의 협조가 이루어지고 있는 것은 노동의 협동이 종족의 고유한
기능이 되지 못하고 있음을 나타내는 것이라 본다.

노동의 협조관계가 종족원 사이에서 특히 잘 이루어지는 것은 아니지
만, 길흉사가 있을 때는 분가한 형제나 당내의 범위에서 협동이 잘 이루
어지고 있었다. 그러나 수동 벽진이씨 종족집단의 경우 이촌이 심해진
이후부터는 길흉사의 협동 범위가 점차 확대되어 타성의 참여가 증가하
고 있다. 조사 기간에 있었던 장례 때 음식을 준비하고 있는 10여 명의
부인들을 살펴보았더니 당내친은 3명에 불과하고 나머지는 당내 이외의
원친들이며, 3명의 타성 부인들도 포함되어 있었다. 이촌이 심해지기 전
에는 거의 당내친만이 음식 준비에 참여했으나 지금은 혈연의 원근이나
종족/비종족을 구분하지 않고 평소의 친분에 따라 협조하고 있다고 하였
다. 물론 당내친이 더 많이 협조하고 더 적극적으로 봉사하고 있지만,
과거에 볼 수 없었던 타성의 참여는 주목할 만한 일이다. 생일이 되거나
별식을 만들더라도 당내친끼리 나누어 먹던 풍습이 이제는 혈연에 관계
없이 이웃이나 동년배와도 나누어 먹는 경향이 증가하고 있다.

이러한 현상들은 일상생활에서 점차 종족의식이 희박해지고, 협동친
화관계가 혈연집단의 틀에 구애되지 않고 마을로 확산되고 있음을 나타
내는 것이라 볼 수 있을 것이다.

양동에서는 종족 간의 갈등과 반상차별의식 때문에 생활의 협동친화 관계가 아직도 종족에 한정되는 경향이 강하다. 두 종족 사이에는 서로 품앗이도 잘 하지 않고, 금전대차도 하지 않으며, 상호방문도 거의 없었다. 타성 댁을 방문할 때는 정장을 하고 갈만큼 정중하고 조심스럽게 행동하였다(여중철 1974). 장례를 위한 상조계도 손씨 상조계, 이씨 상조계, 타성 상조계로 나누어져 마을에 3개의 상조계가 조직되어 있다(최재석 1972). 그러나 최근에는 빈곤한 종족원들 사이에서 서로 방문하고 품 앗이도 함께하는 사례가 나타나고 있으며, 부녀자들 사이에도 어머니교실, 부녀회 등을 통한 교유가 부분적으로 이루어지고 있다. 상조계에서도 일부 이씨 종족원들이 타성의 상조계에 참여하는 사례가 나타나고 있다. 양반 종족원이 타성의 상조계에 참여하는 것은 잡역에 능숙한 타성들의 도움을 받고자 하는 실리주의에서 나온 것이라고 하더라도 이것이 협동의 범위를 확대하는 계기가 될 수 있을 것으로 보인다. 반상 간에 분리되어 있던 상포계가 전체 마을 주민이 함께 참여하는 대동계로 통합되는 사례는 여주군 북내면 신접리 여흥민씨 종족마을에서도 찾아볼 수 있다(최재석 1974).

수동에서는 이미 오래전부터 장례를 위한 상조계는 종족, 비종족에 관계없이 하나로 구성되어 있었다. 계원은 의무적으로 등불을 하나씩 가져와서 집 구석구석을 밝히고, 운구, 산역, 부고 전달, 장보기 등 상중의 모든 일을 나누어 맡아 한다.

이처럼 종족집단의 협동친화기능은 매우 미약하고, 비교적 협동친화 기능이 잘 이루어지던 당내집단도 이촌이 증가한 이후에는 크게 약화되고 있다. 친화기능은 당내를 넘어 마을로 확산되고 있으며, 경제적 협동은 분가한 형제간에서 다소간 남아 있는 것으로 보인다. 종족의식과 반상관념이 강하고 종족 간의 갈등이 심한 양동에서는 여전히 사회관계가

종족집단 안에 머무르고 있는 것으로 보이나, 여기에도 혈연과 신분의
경계를 넘어서는 변화의 조짐이 나타나고 있다.

3. 사회적 위세 표시 기능의 변화

숭조관념과 동조의식에 기초를 두고 있는 종족집단은 현존 종족원뿐
만 아니라 조상들도 중요한 구성요소가 된다. 종족집단의 구성원들은 조
상의 혈통을 계승하였을 뿐만 아니라 조상의 사회적 지위까지 세습하였
다고 의식하여 조상과 자신을 동일시하고, 명망 있는 인물의 자손임을
자랑스럽게 여긴다. 지역사회에서도 이들의 사회적 위상을 높이 평가하
고 특별히 우대하는 모습을 볼 수 있다. 이러한 현상은 자손의 사회적
지위가 조상의 사회적 지위에 의해서 평가된다는 것을 의미한다(최재석
1966). 그래서 종족집단은 조상의 업적을 자랑하고 이를 통해서 자신들
의 사회적 위세를 과시하려는 욕구가 강하다.

사회적 위세는 기록문서, 물적 시설, 유교적 행위 범절로 표현한다.
이러한 사회적 위세 표시의 기능은 유명한 인물을 중심 조상으로 하는
저명한 종족집단에서 두드러지게 나타난다. 대외적으로 사회적 위세를
과시하고자 하는 이러한 욕구가 지나치면 타 종족에 대한 경쟁의식을 부
추기고 때로는 심각한 갈등을 유발하기도 한다. 양동의 두 종족이 서로
갈등하는 것도 조상의 위세를 과시하고자 하는 욕구가 충돌한 것으로 볼
수 있다(여영부 1970). 그러나 유명한 인물을 배출하지 못한 한미한 종
족집단에서는 대외에 자랑할 만한 기록문서나 물적 시설이 별로 없고,
경제력도 취약하여 사회적 위세 표시의 기능은 두드러지지 않고 조상 제
사가 종족 활동의 중심이 되고있는 것으로 보인다.

1) 물적 시설의 건립 감소

종족의 사회적 위세를 표시하는 물적 시설로는 묘지, 비석, 종택, 재실(정자), 서원 등이 있다. 이러한 물적 시설은 항상 사람들의 눈에 노출되어 있어서 조상의 사회적 지위와 자손들의 경제력을 과시하는 계기가 되기 때문에 종족집단마다 많은 관심을 기울여 왔다.

그러나 문중의 경제력이 약해지고 종족원의 숭조관념이 희박해지면서 물적 시설의 건립은 점차 줄어드는 듯하다. 저명한 종족도 새로운 시설물의 설치보다는 기존 시설물의 유지와 보존에 주력하고 있는 것으로 보인다.

양동의 경주손씨와 여강이씨는 유명한 인물을 중심 조상으로 모시고 있고 오랜 세월 집성촌을 이루어 세거하였기 때문에 마을 안에 3점의 보물을 비롯하여 많은 지정·비지정문화재가 산재해 있다. 두 성씨와 관련된 주요 문화재를 정리하면 다음과 같다.

〈경주손씨 관련 문화재〉
관가정(觀稼亭) : 경주손씨의 구 종택. 보물 제442호.
서백당(書百堂) : 경주손씨의 종택. 송첨(松簷)이라고도 한다. 중요민속자료 제23호.
동강서원(東江書院) : 손중돈을 배향한 서원.
낙선당(樂善堂) : 병자호란에 전사한 손종로(孫宗老)의 종택.
정충각(旌忠閣) : 손종로(孫宗老)와 충노 억부(億夫)의 충절을 기리는 비각.
수운정(水雲亭) : 손중돈의 증손자 손엽(孫曄)이 세운 정자.
안락정(安樂亭) : 경주손씨 문중의 서당.

〈여강이씨 관련 문화재〉
무첨당(無忝堂) : 여강이씨 종택. 보물 제411호.
향단(香壇) : 향단파의 종택. 보물 제412호.
수졸당(守拙堂) : 수졸당파의 종택.
심수정(心水亭) : 이언적의 아우 이언괄을 추모하기 위해 지은 정자.

강학당(講學堂) : 여강이씨의 문중 서당.

경산서당(景山書堂) : 이의윤(李宜潤)을 배향한 서원으로 건립. 훼철 후 강
학처소로 활용.

이외에도 양동에는 고색창연한 고가옥들이 많이 남아 있어서 반촌의
면모를 잘 보여주고 있다. 이러한 건물들은 일부 일제강점기에 중건되기
도 하였으나 대체로 조선시대 중·후기에 건립된 것들로서 각 문중과 마
을 주민들이 관련 기관의 도움을 받아 보존에 힘쓰고 있다. 그러나 최근
에는 이러한 물적 시설을 새로이 건립한 예는 거의 없다. 전래의 시설을
유지하고 관리하기에도 힘겨운 실정이다.

수동 벽진이씨는 유명 인물을 배출하지도 못하였고, 경제력도 빈약한
한미한 문중이라 선조를 기리는 시설물은 거의 없다. 다만 1958년에 입
촌조 이언국의 재실인 망호재(望湖齋)를 건립하고, 1965년에 이언국의
고조 묘지 상석 설치에 문중에서 40,000원을 지출하였을 뿐이다. 최근
파조와 금릉군 일원에 터를 잡은 정착시조의 신도비를 건립할 때 마을
문중에 배당된 찬조금을 분담한 적이 있다. 이때는 재력이 있는 한두 사
람이 회사하여 비용의 많은 부분을 부담하고 나머지 부족분은 찬조금 명
목으로 각 마을 문중에 배당하였는데, 1969년 파조 신도비 건립 시에는
각 당내에서 2,000여원씩 거출하고 대종중에서 22,250원을 부담하여 할
당 모금액 부족분을 충당하였고, 1975년 정착시조 신도비와 그의 증손
묘비 건립 시에는 더욱 부담이 커서 각 당내에서 10,000원 정도, 중종중
에서 17,070원, 대종중에서 22,320원을 부담하여 부족액을 충당하였다.
이처럼 재력이 있는 종족원의 거액 회사로 물적 시설을 건립한다고 하여
도 마을 문중은 이러한 시설물의 설치를 위해 배당되는 모금액을 충당하
기에도 힘겨운 것으로 보인다. 이미 많은 종족원이 이촌하여 모금이 어
려울 뿐만 아니라 모금에 적극적으로 참여하지 않아서 목표액을 달성하
기가 어려웠다고 한다. 여기에 대해서 마을에 거주하는 종족원들이 받는

심리적 부담은 매우 크고, 어떤 동족원은 '못사는 우리들만 더 못살게 만든다'고 이촌자들의 비협조를 원망했다. 직계 선조를 위한 배당금은 거절할 수 없는 것이기 때문에 결국 빚을 내서라도 문중재산에서 지출할 수밖에 없었던 것이다. 조상을 위한 시설물을 설치하기 위해서 벌이는 모금에 응하는 것은 숭조관념이 강하거나 종족의식이 투철해서가 아니라 체면상 어쩔 수 없이 끌려가는 반강제적인 양상을 보이고 있다.

파를 달리하는 방계 선조의 재실이나 비석의 건립에도 문중에서는 일정액을 부조한다. 직계 조상은 아니더라도 넓은 종족집단의 일원이기 때문에 이러한 부조를 통해서 종족의식을 강화하고자 한다. 그러나 타파의 물적 시설에 대한 부조는 빈번하지 않고 금액도 아주 약소하였다. 벽진 이씨 대종중 기록에 의하면 1960년 이후 타파의 물적 시설에 대한 부조는 단 4회에 지나지 않고 부조 금액도 1회에 1,000원을 넘지 않고 있다. 타파의 물적 시설에 대한 부조에는 혈연의 멀고 가까움도 영향을 미치지 않는다. 직계 조상이 아닌 경우에는 의무감을 갖지 않고 다분히 의례적인 부조에 그치고 있다.

2) 비윤리적 행동에 대한 통제기능의 약화

종족집단의 사회적 위세는 기록문서나 물적시설뿐만 아니라 유교적 윤리 규범에 합당한 행동이 뒤따라야만 한다. 사회적 위세를 표시하는 행동은 개인의 언행은 물론이고 제사, 장례, 결혼식과 같은 각종 의식, 서원이나 향교와의 관계, 타 종족에 관한 의례 등을 포함한다.

양동에서는 종족원 중에서 비도덕적 행동을 하는 자가 있으면 족보에서 이름을 지우는 삭명(削名)과 문중 공유시설에 출입을 금하는 부벌(符罰)이 있었다. 지금은 삭명은 없어지고, 부벌은 아주 드물게 나타나고 있다. 부벌은 개인의 반윤리적 행위보다 문중에서 부과한 임무를 충실히 이행하지 못했을 때 부과한다. 경주손씨 문사일지에 나타난 두 차례의 부벌을 보면 묘제를 담당했던 자가 제사 음식을 부실하게 준비했다고 하여 제사가 끝난 후 문중의 결의로 '위선소(爲先所) 및 종당(宗堂)의 등장을 절금(切禁)'하는 부벌을 내렸다. 문중 지시사항(특히 제물 준비)의 위반이 아닌 개인의 비윤리적 행위에 대해서 문중에서 제재를 가하는 예는 찾아볼 수 없었다.

수동에서는 2명의 10대 종족원이 타성과 혼전성관계를 맺은 사실이 밝혀졌으나 문중에서는 물론 종족원 중 누구도 이 문제에 대해서 공식적으로 거론한 적이 없었다. 종족집단의 중요한 기능으로 지적한 예교의 숭상은 현재 극히 미약한 상태이고 윤리적 문제는 거의 개별 가족과 부모에게 위임된 듯하다.

종족집단의 사회적 위세를 나타내는 윤리적 행동에는 내부의 위계질서를 엄격히 하는 것도 포함된다. 종족 내부의 위계서열은 원칙적으로 항렬에 따라 결정된다. 나이가 어리더라도 숙항(叔行)이면 경어를 사용하고 존대해야 한다. 나이가 많더라도 질항(姪行)이면 권위는 축소되고 하위서열을 점하게 된다. 좌석, 술 권하는 순서, 담뱃불 붙이는 순서, 인사 등 일상생활의 전 영역에서 항렬에 따라 상이한 대우를 받게 된다. 그러나 이러한 항렬의 권위는 점차 연령에 따른 서열 관계로 대체되어가고 있는 듯하다(브란트 1975:143).

수동에서는 10년 전에 경어 사용 문제로 몇 명의 숙항과 질항 사이에 심각한 갈등을 겪은 적이 있었다. 그전에는 10여 년 연하라도 숙항은 질항에게 말을 놓고 '해라'를 했고 그것이 당연한 것으로 받아들여졌으나 차츰 질항이 반발하기 시작하여 상경(相敬)하기를 주장하였다. 여기에 대해서 숙항은 '양반 가문에 그런 법이 어디 있느냐'고 단호하게 거절하고 질항을 구타한 일까지 있었다. 이런 일을 겪은 후에 상경하는 관행이 점차 확대되어 지금은 3~4년 이상만 차이가 나도 서로 경어를 사용한다. 아직도 나이 어린 숙항에게 술잔을 먼저 권하거나 아랫목으로 인도하는 등 항렬의 권위를 인정하는 모습이 나타나지만, 나이 어린 숙항은 사양하고 나이 많은 질항에게 양보한다. 항렬의 권위가 강했던 단계에서 점차 항렬의 권위와 연령의 권위가 공존하는 단계로 변해가는 과정에 있다고 할 수 있다.

장례와 제사에는 전통적 방식을 고집하는 경향이 강하였다. 그러나 이러한 제사와 장례도 경제적 부담 때문에 많이 간소화되고 특히 가정의 례준칙의 공포 이후에는 더욱 간소화되었다. 세 종족 모두 탈상을 1년으로 단축하였고 상복의 착용도 폐지하였다. 이것은 제사를 중요시하는 의식이나 조상을 숭배하는 관념이 전반적으로 약화된 때문이기도 하겠지만 타인들의 평가에 초연해질 수 있었다는 점에서 주목하지 않을 수 없다. 종래 3년상이나 상복의 착용을 고집한 것은 자신들의 도덕적이고 유교적 행동을 타인들에게 과시하기 위한 동기가 강하였던 것이다.

한편 종족집단은 위세가 비슷한 타 종족집단과의 관계를 통해서 자기 종족의 지위를 드러내고자 한다. 타 종족의 조상 문집발간, 재실 건축, 묘비 건립 등에 찬조금을 부조하거나 대표자를 파견하여 축하 인사를 전한다.

하동정씨 종족집단에서는 일제강점기에 타 종족 문집발간과 신도비 건립에 많은 금액을 부조한 기록이 있으나(최재석 1966) 양동과 수동에서는 금전 부조를 한 예가 별로 보이지 않는다. 밝혀진 1사례는 수동 벽진이씨 대종중에서 1973년에 인근 마을에 있는 연안이씨 입석에 500원을 찬조한 것이다.

경주손씨의 경우는 금전출납부를 확인하지 않아 명확히 밝힐 수는 없으나 문사위원회와 유사회의 결의내용을 기록한 문사일지에는 금전을 찬조한 기록은 없고, 그 대신 종족원 중에서 대표를 선정하여 파견한 사례가 6건 있었다. 대표를 파견할 때 부조도 함께 하였는지 알 수 없으나 찬조를 했다고 하더라도 소액의 극히 의례적인 범위를 넘지 않았으리라 짐작된다.

이상에서 우리는 단편적이나마 종족집단의 위세표시기능이 어떻게 변화하고 있는가 살펴보았다. 사회적 위세를 표시하는 기록에 대해서는 자료가 빈곤하여 언급하지 않았으나 전반적으로 그 기능이 약화되고 있음은 부인할 수 없다. 특히 유명한 인물을 배출하지 못한 한미한 종족에서는 제사의 기능에 비해 현저히 약화되고 있으며, 종족의 위세를 과시하기 위해서라기보다는 최소한의 체면을 유지하기에 급급한 상태에 머무르고 있다고 하겠다.

Ⅳ. 요약과 결론

지금까지 필자는 수동 벽진이씨 종족집단을 양동의 경주손씨와 여강이씨 종족집단과 비교하면서 종족집단의 조직과 기능이 어떻게 변화하고 있는지 살펴보았다. 이 자리에서는 지금까지 검토한 바를 요약하고 변화의 요인을 살펴봄으로써 결론에 대신하고자 한다.

종족집단의 결합범위에서는 당내집단의 소멸이 두드러지게 나타난다. 당내집단은 기제사를 함께 지내면서 '하나의 가족'이라는 의식으로 밀접하게 결합하여 뚜렷한 집단성을 지니고 있었으나 1960년 이후 농촌 인구가 급격하게 유출되면서 마을 안의 당내집단이 축소되거나 해체되고, 협동과 친화 관계도 당내집단을 넘어서서 마을 주민 전체로 확대되는 경향을 보이고있다.

제사를 함께 지내는 범위는 당내의 범위를 넘어서지 못하고 있지만 이촌한 당내친과는 제사를 함께 지낼 수가 없다. 다만 결혼이나 장례 등의 길흉사가 있을 때는 만나는 기회가 있지만, 다분히 의례적인 관계를 유지하는 데 그치고 있다. 분가한 형제도 이촌 후에는 한 마을에 거주하는 경우가 드물어서 명절이나 길흉사에 긴밀히 협조하고는 있지만, 평상시의 상호왕래나 협동 친화 관계는 현저히 약화되고 있다.

종족집단의 조직에서는 종손과 문장에 대한 존경도와 그들의 역할이 약화되고 그 대신 위원회와 같은 근대적 조직이 나타나고 있다. 종손은 개인적 능력과 성실성을 갖추고 있을 때는 여전히 종족 활동의 중심인물이 되고 있지만 그렇지 못한 경우에는 형식적인 예우에 그치게 된다. 문장은 그 존재가 뚜렷하지도 않고 역할도 거의 소멸되고 있다.

위원회 형식의 조직은 종래 종손이나 문장이 개인적 권위를 바탕으로 문중을 운영하던 전통적 조직 운영방식을 벗어나서 파별 대표자를 중심으로 문의를 수렴하고 문중재산을 합리적으로 관리하고자 시도하고 있다. 이러한 시도는 전통적 권위를 바탕으로 하는 개인 중심의 문중 운영에서 점차 공식적 조직에 의한 문중 운영으로 전환되고 있음을 보여주는 것으로 해석할 수 있다.

종족집단의 기능은 여전히 조상 제사가 중심이 되고 있으나 제사를 중요시하는 의식은 점차 약화되고, 제사 의례는 현저하게 간소화되고 있다.

종족집단이 종족원이 겪는 생활상의 어려움을 지원하는 경제적 협동 기능은 과거에도 그러했던 것처럼 현재에도 두드러지게 나타나지 않는다. 비교적 긴밀하게 협동하던 당내집단도 이촌이 증가한 이후에는 축소되거나 소멸되고 있다. 종족 간의 경쟁과 갈등이 심한 양동에서는 협동 친화 관계가 종족의 범위를 벗어나지 못하는 모습을 보여주고 있으나, 수동에서는 협동 친화 관계가 당내나 종족의 범위를 넘어서 마을에 거주하는 타성에게까지 확대되는 양상을 보여주고 있다. 다만 종손에 대한 부조 기능은 다소 남아 있으나 보종관념이 약화되어 부조액은 의례적인 수준을 크게 벗어나지 않는다.

　사회적으로 종족집단의 위세를 과시하고자 하는 기능은 한국 종족집 단의 핵심적인 기능으로 지적되었으나 이는 유명한 인물을 많이 배출하 고 경제적 기반이 튼실한 저명한 종족집단에서 두드러졌던 기능으로 보 이며, 유명한 인물을 배출하지도 못하고 자랑할 만한 기록문서나 물적 시설을 보유하지 못한 한미한 종족집단에서는 별로 부각되지 않고 있다. 저명한 종족집단에서도 문집발간이나 재실, 신도비 건립 등 많은 재정이 소요되는 사업은 자제하고 기존의 시설을 보존하는 데 주력하고 있는 것 으로 보인다. 최근에 조상의 신도비를 건립하는 사례가 다소 나타나고 있으나 대부분 재력이 있는 종족원의 희사에 의존하는 경향이 있다.

　사회적 위세를 표시하는 윤리적 행동양식도 변화하는 모습을 보이고 있다. 가정의례준칙이 공표된 이후 3년상의 기간이 1년 혹은 100일로 단 축되고 있고, 상복도 폐지하고 있다. 종족원에 대한 통제가 종족집단의 중요한 기능으로 지적되었으나, 개인의 비윤리적 행동에 대한 통제는 개 별 가족이나 부모에게 이양되고 있다. 다만 문중에서 부과한 임무, 특히 묘제의 제물 준비가 미흡할 때 문중에서 통제하는 사례가 양동에서 발견 될 뿐이다. 문중 내부의 인간관계는 항렬의 권위가 우선하던 데에서 항 렬의 권위와 연령의 권위가 공존하는 방향으로 점차 변화되어 가고 있다.

　이러한 종족집단의 변화는 어떠한 요인에서 비롯되는 것일까? 종족집 단의 변화에 관심을 가진 몇몇 연구자들은 문중재산의 감소, 신분제도의 붕괴, 서구 사조의 유입 등을 주요한 요인으로 지적하고 있다. 갑오개혁 이후 신분제도가 붕괴되고, 해방 이후 서구의 민주주의 사조가 개별 가 족의 자주성을 강화하면서 종족결합이 약화되었다고 볼 수 있다. 1950 년에 단행된 농지개혁은 문중의 공유재산을 격감시켰고, 이로 인해 종족 활동도 크게 위축된 것은 부인할 수 없다.

　그러나 1960년대 후반부터 일어난 농촌 인구의 도시 집중 현상은 또 한 번 종족집단의 조직과 기능을 변화시키는 중요한 요인으로 작용하고 있다. 이촌으로 인한 종족원의 감소는 당내집단을 축소하거나 소멸시켰고, 마을 단위의 문중 활동을 크게 위축시키고 있다. 종족 활동의 중심이 되었던 인물들이 도시로 유출됨으로써 지도력의 공백을 가져오고 경제력을 약화시켰다. 마을을 떠난 종족원들은 각박한 도시 생활 속에서 마을에 남아 있는 종족원들과 긴밀한 관계를 맺지 못하고 있다. 이들에게는 종족집단의 결합보다 개별 가족이 당면한 현실적인 문제를 극복하는 것이 더욱 시급한 과제였다.

이처럼 한국 종족집단은 신분제도의 붕괴, 서구 개인주의 사조의 유입, 문중재산의 격감 못지않게 산업화와 도시화로 인한 농촌 인구의 급격한 감소가 종족집단의 조직과 기능을 변화시키는데 크게 영향을 미치고 있다.

이 연구는 3개 종족집단을 대상으로 한 사례조사에 바탕을 두고 있으므로 이 연구의 결과를 일반화할 수는 없는 한계가 있다. 그러나 산업화가 빠르게 진행되고 있는 이 시기에 종족집단이 경험하고 있는 변화의 대체적인 양상을 파악하는 데는 도움이 되리라 생각한다. 마을을 떠난 종족원들이 도시를 중심으로 전개하고 있는 새로운 종족활동에 대해서는 향후의 연구 과제로 남겨둔다.

참고문헌(제9장)

고황경·이만갑·이효재·이해영(1963), 『한국농촌가족의 연구』, 서울대출판부.

김택규(1964), 『동족부락의 생활구조연구』, 청구대학출판부.

브란트(Brandt, Vincent S.R. 1975), 김관봉 역, 『한국의 촌락』, 시사문제연구소.

여영부(1970), 「한국 동족집단의 갈등에 관한 사회학적 연구」, 고려대학교석사
　　　학위논문.

여중철(1974), 「동족집단의 제기능」, 『문화인류학』 6.

정철수(1975), 「농민들의 가정의례에 대한 태도」, 1975년 추계한국사회학대회
　　　발표논문.

조선총독부(1935), 『朝鮮の聚落』(後編).

최재석(1964), 「한·중·일 동양 삼국의 동족 비교」, 『한국사회학』 1.

최재석(1966), 「동족집단의 조직과 기능」, 『민족문화연구』 2.

최재석(1972), 「농촌의 반상관계와 그 변동과정」, 『진단학보』 34.

최재석(1974), 「한국농촌의 권력구조」, 『아세아연구』 17-1.

제10장

21세기 한국 종족집단의 변화와
장래 전망

I. 서론

우리 사회는 최근 100년간 역사상 어느 시대에도 경험하지 못한 급격하고도 폭넓은 변화의 소용돌이 속에서 살아왔다. 30여 년간 이민족의 지배를 받았고, 해방에 뒤이은 전쟁은 온 국토를 황폐하게 만들었다. 1970년 이후 추진된 산업화는 세계 최빈국에서 선진국으로 도약하는 경제적 성취를 이룩하였다. 이 과정에서 국민의 의식구조와 생활양식도 바뀌고, 사회조직도 크게 변모하였다. 사회 전반에 걸친 이러한 변화 속에서 한국인의 일상생활에서 중요한 의미를 지니고 있던 종족집단도 변화되지 않을 수 없었다.

종족집단의 변화에 대해서는 종족집단에 관한 학문적 연구가 처음 시작되던 1930년대에 이미 지적된 바가 있다. 김두헌은 1930년대 중반에 서구 사조(특히 기독교 문화)가 유입되고 상공업이 점차 확대됨에 따라 유교 가치관과 농업 경제에 중심을 둔 종족마을의 문화적 정체성이 크게 위협받고 있음을 지적하여(김두헌 1934) 사회변화는 항상 현재진행형임을 실감하게 하였다. 그러나 이 시기의 종족집단의 변화는 당시의 시각으로는 큰 변화로 인식될 수 있었겠지만, 오늘날의 시각으로 보면 그 변화의 속도와 폭은 그렇게 크지 않았을 것으로 짐작된다.

한국 종족집단은 암울한 식민 지배와 참혹한 전쟁을 겪으면서 많은 변화가 있었지만, 급격한 산업화를 추진하던 시기에 더욱 큰 폭으로 변화하였고, 고도 산업화 단계를 거쳐 소위 정보화사회에 진입한 2000년 이후에 더욱 촉진된 것으로 보인다. 변화의 속도도 빠르고, 변화의 폭도 매우 광범하였다. 민주주의 사상이 보급되고 개인주의가 확산하면서 가계계승의식과 조상숭배의식을 핵심으로 하는 종족의식이 크게 약화되었고, 산업화에 수반한 도시화는 종족집단의 기초를 이루는 당내집단과 종족마을을 빠른 속도로 해체시켜서 종족집단의 조직과 활동 내용까지도 크게 변모시켰다. 이러한 변화는 종족집단의 활동을 전반적으로 위축시키는 방향으로 작용하였지만 다른 한편에서는 종족 성원들의 경제력 향상과 문중재산의 확충을 바탕으로 조상의 위세를 드높이고 종족 성원들의 복지를 증진하기 위한 다양한 사업을 적극적으로 추진하는 모습도 관찰되고 있다. 쇠퇴와 부흥의 이중주가 연주되고 있는 모습이다.

이글은 여러 연구자의 현지 조사 자료와 저자가 직접 현장을 답사하면서 보고 느낀 점들을 바탕으로 21세기 종족집단의 변화 양상을 조감해 보고 앞으로 종족집단이 어떻게 변화해 갈 것인지 살펴보고자 한다.

II. 종족의식의 변화

종족집단은 여느 사회집단과 마찬가지로 일정한 범위의 부계혈족들 사이에 형성되는 '우리의식(we feeling)'을 바탕으로 조직화한다. 종족집단을 자기 자신과 동일시하며 그 집단에 강한 소속감을 느끼는 이러한 의식을 종족의식이라 부를 수 있다. 가계계승의식, 조상숭배의식, 동조의식, 배타적족결합의식을 주요 내용으로 하는 종족의식은 종족집단의 성원들을 결속시키는 심리적인 힘이며, 그들의 활동을 활성화하는 정신적 바탕이 되는 것이다. 그중에서도 가계계승의식과 조상숭배의식이 종족의식의 핵심적인 내용이 된다(이창기 1991, 이 책 제4장).

가계계승의식과 조상숭배의식은 종법이 널리 보급된 조선 중기 이후 한국인의 가족생활에 깊이 뿌리를 내렸다. 조상의 제사를 여러 자녀가 나누어 맡던 윤회봉사에서 장남이 제사를 전담하는 장남봉사로 변하고, 부모의 재산을 여러 자녀가 꼭 같이 나누던 균분상속에서 제사를 전담하는 장남이 더 많은 재산을 물려받고 딸은 재산 상속에서 제외되는 차등상속으로 변화하면서 가계를 계승하고 조상 제사를 담당할 아들, 그중에서도 특히 장남을 우대하는 남아선호사상을 심화시켰다. 남아선호사상은 가계계승의식과 조상숭배의식의 또 다른 표현이라 할 수 있다. 오랜 세월 한국인의 의식구조와 가족생활에 주요한 영향을 미치던 이러한 의식구조는 2000년 이후 현저하게 약화하는 모습을 보여주고 있다.

1. 가계계승의식의 약화: 남아선호의식의 소멸

고려 말에 성리학과 함께 도입된 종법이 조선 사회에 널리 보급된 조선 중기 이후 가계를 끊이지 않고 이어 가야 한다는 가계계승의식이 크게 확산하였다. 부계·남계·장남으로 이어가는 것을 원칙으로 하는 가계계승의식은 필연적으로 가계를 계승할 남아의 출생을 기대하는 남아선호의식을 낳게 되고, 가계를 계승할 남아를 출산하지 못하였을 때는 가까운 종족에서 남아를 입양하는 방법으로 가계를 계승하였다. 조선시대의 『계후등록(繼後謄錄)』[1]이나 『국조방목(國朝榜目)』[2]의 기록에 의하면 18세기 중엽 이후에 양자의 비율이 큰 폭으로 증가하고 있다. 1500년 이전에는 양자가 거의 보이지 않았으나, 1500년에서 1650년 사이에는 과거급제자 중 양자의 비율이 5% 가까이에 이르고 1750년 이후에는 10% 이상으로 증가하고 있다. 부계의 양자가 10% 이상이나 된다는 것은 아들 없는 집에서는 거의 양자를 들이고 있다는 것을 의미하며, 부계·직계·장남의 원칙에 입각한 가계계승의식이 그만큼 강화되었음을 보

---

1) 예조에서 양자신고를 받아 등록한 문서.
2) 과거급제자의 명부.

여주는 것이다(최재석 1983; 최재석·이창기 2001). 이러한 양자제도는 조선 후기를 거쳐 해방 이후까지도 우리 사회에서 널리 행해졌으나 최근에는 가계계승을 위한 입양이 현저하게 감소하고 있음을 관찰할 수 있다.

양자제도를 통해서 가계를 계승하는 사례는 크게 줄어들었지만, 남아선호의식은 여전히 강하게 잔존하고 있었다. 한국인의 의식 속에 남아 있던 남아선호의식은 의료기술이 발달하고 태아의 성을 감별하는 의료기기가 널리 보급된 1980년대 중반 이후에 남아를 선택적으로 출산하는 사례를 증가시켜서 출산아의 성비가 심한 불균형을 이루게 되었다. 출생시 성비는 대체로 여아 100명에 남아 105명 전후로 나타나는 것이 자연스러운 현상이지만, 초음파기가 널리 보급된 1980년대 중반부터 우리 사회의 출생시 성비는 빠른 속도로 증가하여 1990년대 중반에는 115를 상회하였고, 남아선호의식이 강한 대구·경북 지역에서는 130까지 기록하기도 하였다(김한곤 1995; 서수경 1995). 그러나 이러한 극심한 출생시 성비불균형도 2000년 이후에 점차 해소되어 최근에는 105 전후로 안정된 모습을 보여주고 있다(통계청, 『각 연도 인구동태통계연보』).

출산율이 현저하게 저하하여 남아를 획득하지 못한 가정이 속출하는 데도 불구하고 대를 이을 아들을 입양하지 않거나, 태아의 성별선택 출산이 가능한데도 출생시 성비가 자연 성비를 유지하고 있다는 것은 가계를 계승해야 한다는 의식이 점차 사라지고 있음을 보여주는 것이라 할 수 있다.

2. 조상숭배의식의 약화: 제사 의례의 간소화

종족집단은 특정 조상의 남계 혈족으로 구성된 친족집단이다. 조상의 혈통을 이어받은 혈연집단이며, 조상의 사회적 지위를 세습하는 신분집단이며, 조상이 남긴 문화적 전통을 계승하는 문화공동체라 할 수 있다.

그래서 자손들은 조상과 자신을 동일시하고 조상을 통해서 자신의 사회적 지위를 평가받고자 하여 조상을 공경하고 경배하는 마음이 지극하다. 이러한 조상중배의식은 조선 중기 이후 한국인의 가족생활과 종족활동에 중요한 의미를 지니는 정신적 바탕이 되었다.

조상숭배의식은 조상의 영혼을 위무하는 제사 의례로 나타난다. 예법에 맞춰 정중하고 성대하게 조상을 제사 지내는 것이 자손의 근본 도리라 생각하여 각종 제사에 정성을 다했다. 조상 제사는 돌아가신 날 첫새벽에 지내는 기제사(忌祭祀), 연중 주요 명절에 지내는 차례(茶禮), 5대조 이상의 조상을 대상으로 하는 묘제(墓祭)로 나눌 수 있다. 종가와 지가에 따라 제사를 모시는 횟수에 많은 차이가 있지만 누대의 조상 제사를 봉행하는 종가의 경우에는 연중 10수 회에서 20여 회에 이르는 제사를 봉행해야 할 만큼 그 부담이 매우 큰 것이었다. 그런데 조상숭배의식을 바탕으로 하는 이러한 제사 의례가 20세기 후반을 지나면서 크게 간소화되고 있는 모습을 관찰할 수 있다.

제사 의례의 간소화는 우선 차례의 축소에서 찾아볼 수 있다. 차례는 가문에 따라 많은 차이가 있었지만, 전통적인 범절을 중시하는 가문에서는 설, 한식, 단오, 유두, 추석, 중구 등의 주요 명절에 조상에게 제사를 지냈고, 집안에 따라서는 춘분, 하지, 추분, 동지 등의 주요 절기에도 제사를 지냈다. 주요 명절과 절기에 제사를 모두 모시게 되면 연중 차례만 약 10회에 이른다. 이러한 차례는 일제강점기에 많이 축소되었지만, 해방 이후에도 한식, 단오, 유두 등에 제사를 지내는 집안을 드물지 않게 찾아볼 수 있었다. 그러나 1980년대 이후에는 설과 추석 이외에 차례를 모시는 집안은 거의 찾아볼 수 없게 되었다.

제사 의례의 간소화는 제사의 대상이 되는 조상의 범위를 축소하는 데서도 찾아볼 수 있다. 조선 중기 이후 기제사는 사대봉사를 기본원칙으로 하고 있었다. 조선 초기의 법전인 『경국대전』(1469)에서는 신분에

따라 문무관 6품 이상은 3대, 7품 이하는 2대, 서인은 부모만 제사 지내
도록 규정하고 있으나, 성리학이 조선 사회에 정착되고 종법과 주자가례
가 널리 보급되면서 18세기 이후에는 사대봉사가 보편화되었고, 해방 후
1960년대까지도 사대봉사는 봉제사의 기본원칙으로 자리 잡고 있었다.
그러나 최근에 이르러 사대봉사의 원칙을 포기하고 3대 혹은 2대로 봉
사의 범위를 축소하는 경향이 크게 늘고 있다. 이러한 경향은 일반 가정
에서뿐만 아니라 불천위를 모신 종가에서도 나타나고 있다. 김미영의 보
고에 의하면 안동 지역의 불천위 종가 50호 중에서 3대 혹은 2대로 제사
의 범위를 축소한 가정이 10호에 이르고 있을 정도라고 한다(김미영
2012). 제사의 대상이 되는 조상의 범위를 3대 혹은 2대로 축소하는 것
은 조상숭배의식이 크게 약화하고 있음을 보여주는 것이다.

　제사 의례의 간소화 현상은 새벽 제사를 초저녁 제사로 변경하는 데
서도 나타난다. 전통적으로 기제사는 기일 첫새벽에 지내는 것을 원칙으
로 삼았다. 조상 제사를 매우 신성한 의례로 간주하여 잡다한 일상사에
접하기 전에 정갈한 몸과 마음으로 조상 제사를 먼저 모셔야 한다는 정
신이 반영된 것이다. 그러나 자손들이 종족마을을 떠나 여러 지역으로
흩어지게 되고 도시지역에 사는 자손들이 늘어나면서 새벽 제사는 자손
들의 일상생활에 많은 불편을 주게 되었다. 특히 도시적 직업에 종사하
는 제관들은 새벽에 제사를 모시고 아침 일찍이 출근하기가 여간 힘든
일이 아니었다. 이에 많은 가정에서 새벽 제사를 포기하고 기일 초저녁
에 제사를 모시는 집안이 늘어나게 되었다.[3] 초저녁 제사는 일반 가정
에서뿐만 아니라 불천위를 모신 명문가에서도 점차 늘어나고 있다. 새벽

---

3) 기제사는 조상이 돌아가신 기일에 조상을 추모하는 의례이기 때문에 초저녁 제사
　는 제사 시간을 늦춰서 기일 초저녁에 지내는 것이 원칙이다. 제사 시간을 앞당겨
　전날 저녁에 지내는 것은 제사 날짜가 바뀌는 것으로 이치에 맞지 않는다. 이러한
　현상은 기일 전날 초저녁과 기일 첫새벽을 같은 시간대의 '오늘 밤'으로 잘못 인
　식한 데에서 비롯된 것으로 보인다.

제사를 초저녁 제사로 변경하는 것은 제관들의 생활상 편의를 위한 부득이한 조치로 볼 수 있지만 조상숭배의식의 약화를 보여주는 의례 간소화의 한 측면으로 해석할 수 있다.

최근에는 제사 의례의 간소화를 넘어서 제사 자체를 폐지해야 한다는 의견이 넓게 확산하고 있다. 2020년 통계청의 조사에 의하면 '제사를 지내지 않는 것에 동의한다'라는 의견이 45.6%에 이르고 있다. 세대에 따라 상당한 의견의 차이가 있지만 20대(63.5%) 30대(54.9) 40대(49.3)에서 거의 절반 이상이 제사 폐지에 긍정적 반응을 보이고 있으며, 50대(38.1%)와 60대(32.8%)와 70대 이상(27.8%)에서도 제사 폐지에 동의하는 비율이 매우 높게 나타나고 있다.[4] 2020년 이전에 같은 문항으로 조사한 통계가 없어서 변화를 가늠하기가 어렵지만 이러한 추세가 지속된다면 앞으로 조상 제사를 지내지 않는 가정이 더 많이 늘어날 것으로 전망된다.

조상숭배의식이 점차 약해지는 모습은 이외에도 여러 측면에서 관찰할 수 있다. 조상의 유해를 명당에 모시고자 하는 욕구를 포기하고 누대의 조상을 한 공간에 모시는 묘지의 집단화 현상, 묘소에서 모시던 묘제를 현장에 가지 않고 재실에서 모시는 망제(望祭), 제사에 참여하는 제관의 감소 등은 변화하는 사회 현상에 적응하기 위한 불가피한 현실적 선택이지만 산업화와 도시화에 수반하여 조상숭배의식이 크게 약화하고 있음을 보여주는 현상이라 할 수 있다.

종족 성원들을 결속시키는 정신적 바탕이 되는 가계계승의식과 조상숭배의식의 약화는 곧 종족집단의 활동을 위축시키는 매우 중요한 요인이 될 것으로 보인다.

---

4) 통계청, 국가통계포털/사회일반/가족실태조사/2020년/가족에 대한 인식과 태도/다양한 가족 의례와 문화에 대한 생각/

III. 종족조직의 변화

1. 당내집단의 해체와 종족마을의 쇠퇴
: 문중조직의 기반 붕괴

최재석은 한국 종족집단의 구성 체계를 결합범위에 따라 고조부를 중심으로 하는 당내집단, 입촌조를 중심으로 하는 마을 단위의 종족집단, 여러 종족마을을 포괄하는 지역의 정착시조를 중심으로 하는 종족집단, 유명한 조상을 중심으로 하는 파 단위의 종족집단, 시조를 중심 조상으로 하는 전국적인 범위의 동성동본집단으로 분류하였다(최재석 1960). 이 중에서 종족집단을 구성하는데 가장 기초가 되는 당내집단과 종족마을이 도시화의 영향으로 빠르게 변화하고 있다.

1960년대 이후 산업화와 도시화가 빠른 속도로 진행되면서 농촌 인구가 급속하게 감소하였다. 1960년에 약 60%에 이르던 농촌 인구(읍과 면 지역 거주자)가 지속적으로 감소하여 2000년 이후에는 10% 미만으로 줄어들었다. 전 인구의 90% 이상이 도시지역에 거주하게 된 것이다.[5] 이처럼 농촌 인구가 감소하면서 종족집단의 조직에도 큰 변화를 가져왔다.

농촌 인구의 감소는 당내집단(堂內集團)을 빠른 속도로 해체하고 있다. 당내집단은 고조부를 중심으로 하는 8촌 이내의 본종유복친(本宗有服親)[6]으로 구성된 집단이다. 직계와 방계를 구분하지 않고 모든 성인 남성이 제관으로 참여해서 기제사와 차례를 함께 지내는 제사공동체이며, 회갑연·혼례·장제례 등의 길흉사에 긴밀하게 협동하는 생활공동체이다. 하나의 가족이라는 의식이 강하여 흔히 '우리 집안'이라 부르며, 조상의 종지서차(宗支序次)에 따라 '큰집' '작은집'이라는 용어도 이 범

---

5) 통계청, 국가통계포털/인구/인구총조사/
6) 상을 당했을 때 상복을 입을 수 있는 동성동본의 부계 친족.

위에서 통용된다. 종족집단을 구성하는 가장 기초적인 세포 조직이라 할
수 있다.

당내집단의 축소와 붕괴는 이미 1970년대에도 빠른 속도로 진행되고
있었다. 저자가 1975년에 조사한 경주 양동마을의 경주손씨와 여강이씨
의 경우를 보면 가구수가 많은 여강이씨 수졸당파를 제외하고는 마을 안
에 당내친이 함께 거주하는 사례가 발견되지 않았고, 김천 수동마을의
벽진이씨 문중에도 1960년에 9개 당내집단이 존재하였지만 1975년에는
3개 당내집단이 사라지고, 남아 있는 6개 당내집단도 가구수가 2~4호로
축소되어 있었다(이창기 1976, 이 책 제9장 참조). 2000년 이후에는 당
내집단의 소멸이 더욱 촉진되었을 것으로 추측된다. 수동 벽진이씨의 경
우에는 1975년에 존재하던 6개의 당내집단도 모두 해체되고, 당내의 범
위를 벗어난 노인 단독가구 2가구만 남아 있다. 전국 각지로 흩어진 당
내친들이 예전처럼 제사를 함께 지내거나 길흉사에 긴밀하게 협동하는
일은 불가능하게 되었다. 문중을 구성하는 세포 조직이 허물어지게 된
것이다. 이제 일상생활에서 비교적 빈번하게 교류하는 범위는 대체로
사촌의 범위로 축소되고 있는 것으로 보이며, 사촌의 범위를 넘어서는
당내친과의 관계는 결혼식장이나 장례식장을 방문해서 인사를 나누고
부조나 전하는 정도의 아주 느슨하고 형식적인 관계에 머무르고 있는 듯
하다.[7]

농촌 인구의 유출은 당내집단의 붕괴에 그치지 않고 종족마을의 존립
을 어렵게 하고 있다. 종족마을은 조선 중기 이후 남자가 혼인 후 처가
곳에서 오래 생활하던 서류부가혼(壻留婦家婚)의 풍습이 쇠퇴하면서 형
성되었다. 종법이 널리 보급되지 않았던 조선 중기 이전에는 조상 제사

---

7) 대학생들을 대상으로 친족관계에 관해서 물어보면 당숙(堂叔)이란 용어를 잘 모를
뿐만 아니라 '5촌 아저씨'의 존재 여부를 확실하게 아는 학생이 그렇게 많지 않다.
반면에 사촌은 존재 여부를 정확히 알고 있고, 상호 빈번하게 교류하고 있는 것으
로 나타났다.

를 딸을 포함한 여러 자녀가 나누어 맡는 윤회봉사(輪回奉祀)가 널리 행해졌고, 딸도 아들과 똑같이 재산을 상속받을 수 있어서 혼인 후 남자가 처가에서 생활할 경제적 기반을 확보할 수 있었다. 그러나 종법이 널리 보급되어 조상 제사를 장남이 전담하고, 딸이 재산 상속에서 제외되어 처가에서 경제적 기반을 확보하지 못한 아들들이 혼인 후 친가 주변에서 분가·독립하여 정착함으로써 점차 종족마을이 형성되게 된 것이다.

종족마을은 마을에 처음 정착한 입촌조의 자손들이 누대에 걸쳐 세거함으로써 특정한 성씨가 질적·양적으로 지배적인 위치를 확보한 마을이다. 입촌조나 입촌 후에 배출한 저명 조상을 기리는 재실(齋室)을 건립하여 종족 활동의 구심체로 운영하고, 입촌조를 비롯한 선대 조상의 묘사를 함께 봉행한다. 마을 외부 사회에서는 '○○마을의 ○○성씨'로 집단의 정체성을 분명히 한다. 족보를 간행할 때는 종족마을의 문중을 통해서 단자를 수합하며, 대규모의 문중 사업을 추진할 때도 종족마을을 단위로 헌성금을 배분하여 모금을 진행한다. 종족마을은 전국 범위의 대종회를 비롯한 규모가 큰 종족집단을 구성하고 조직적인 활동을 전개하기 위한 계보조직의 기초단위라 할 수 있다.

이러한 종족마을이 농촌 인구의 대량 유출로 인해서 규모가 축소되었다. 남은 가구가 극히 적어서 집성촌이라는 특성을 상실한 마을도 많다. 종족 성원의 유출은 마을 문중의 활동력을 크게 위축시켰다. 재실을 비롯한 조상의 유적을 유지 관리하기도 힘에 벅차고, 해마다 거행해야 하는 묘제도 자체적으로 봉행하기가 힘에 부친다. 평범한 종족마을은 말할 것도 없고 역사가 길고 유명한 선조를 배출한 저명한 종족마을에서도 이러한 상황은 크게 다르지 않다.

농촌 인구의 감소는 종족조직의 기초를 이루는 당내집단과 종족마을을 축소하거나 해체하여 종족집단의 활동을 크게 위축시키고 있다.

2. 문중 리더십의 변화
: 전통적인 인물 중심에서 공식적인 조직 중심으로

문중 조직의 기본 바탕을 이루고 있던 당내집단이 점차 해체되고 종족마을이 축소되거나 쇠퇴하면서 문중 조직을 이끌어 가는 리더십에도 변화가 나타난다. 전통적으로 문중 조직은 종손과 문장을 중심으로 결합하며, 문장의 교유 집단인 '문중어른들'이 매우 큰 영향을 미치는 것으로 지적되었다(최재석 1965).

종손은 가장 높은 조상의 가계를 계승한 자로서 종택을 지키고 조상이 남긴 유물을 보관 관리하며 조상 제사를 주재한다. 조상의 사회적 지위와 문화적 유산을 이어받았다고 의식하여 종족 성원들로부터 특별히 우대되고, 문중의 의사결정에 큰 영향을 미친다. 생활상의 어려움이 있을 때는 문중에서 특별히 지원해 주기도 하고, 문중의 공유 재산을 종손 명의로 등기하여 법률상의 소유자가 되기도 한다. 이러한 종손의 위상은 나이가 많고 학덕을 겸비하였을 때 더욱 확고해지고, 대종회와 같이 전국적인 범위에 걸치는 대규모 조직보다는 종족마을이나 파 단위의 비교적 규모가 작은 종족집단에서 그 존재가 더 뚜렷해진다.

그러나 산업화가 진행되고 도시화가 촉진되면서 전통적인 문중 지도자로서 종손에게 부여되었던 권위가 크게 위축되고 있다. 문중을 운영하기 위한 공식조직을 결성하고, 명문화된 종규를 제정하여 종손의 역할을 축소하는 경향이 늘어나고 있다. 문중재산도 복수의 종족원 공동명의로 등기하여 종손이 임의로 처분하지 못하도록 규제하고 있다. 종가가 경제적으로 어려움에 직면하거나 종택이 낡아도 문중이 공동으로 지원하는 것이 한계가 있다. 종가를 도와야 한다는 보종관념(補宗觀念)이 크게 약해진 것이다.

종손의 권위가 위축되는 것은 귀속적 지위보다는 성취적 지위를 중시하는 산업사회의 가치지향에 영향을 받은 바가 크겠지만, 종손의 출향도 큰 영향을 미친 것으로 보인다. 전통적으로 종손은 종택을 지키며 조상의 제사를 받들고 찾아오는 손님을 정중히 접대하는 봉제사(奉祭祀)와 접빈객(接賓客)을 중요한 임무로 인식했다. 그러나 산업화 이후 고향을 떠나 도시적 직업에 종사하는 종손이 늘어나게 되었다. 김미영의 조사에 의하면 경북지역 397개 종가 가운데 종손이 종택에 거주하는 경우는 40%에 지나지 않았다. 불천위를 모신 종가만을 대상으로 하더라도 196개 종가 중 50%의 종손이 종택을 지키지 못하는 상황에 놓여있었다(김미영 2014). 종손이 종택을 떠나 객지 생활을 하게 되면 종손의 소임을 충실히 이행하는데 많은 어려움이 따르지 않을 수 없다.

종손이 종손의 역할을 스스로 포기하는 경우도 있다. 이런 경우에는 종손의 형제 중의 한 명이 종손을 대행하거나 봉사손을 따로 지정하여 제사를 모시기도 하고, 기념사업회나 종친회의 임원이 종손의 역할을 대신하기도 한다. 종손이 조상의 중요한 유물을 임의로 처분한 것이 문제가 되어 문중재산과 유물을 환수하고 종손을 폐한 사례도 있다.

이처럼 종족 성원들로부터 우대받고 문중 일에 중심적 역할을 하던 종손의 권위가 크게 위축되고 있다.[8]

종손과 더불어 종족 활동의 중심 역할을 하는 인물로 문장(門長)이 있다. 문중 내에서 항렬(行列)과 연령이 높고 학덕을 갖춘 인물 가운데 한 분을 문장으로 추대하여 문중의 '최고 어른'으로 삼는다. 종손의 후견인으로서 종족 성원을 통제하고, 대외적으로 종족을 대표하기도 한다. 종손의 지도력이 취약할 때는 종손을 대신하여 문중 활동을 주도적으로 이끌어 가는 중심인물이 된다. 문장은 일단 추대되면 종신토록 그 직을 수행하는데, 면접 접촉이 가능한 종족마을에서 그 존재가 더 뚜렷하게 나

---

8) 종손의 역할 변화에 관한 보다 자세한 내용은 조강희(1998), 김미영(2014 2021)의 논문 참조.

타났다. 이 문장도 종족마을이 쇠퇴하고 도시에서 생활하는 종족 성원들이 늘어나면서 그 존재가 점차 희미해지고 있다.

전통적으로 종족집단의 구심적인 역할을 수행하던 종손과 문장의 권위가 약해지면서 그 기능을 대신할 새로운 공식조직이 대두되기 시작하였다. 전통사회에서는 출생과 더불어 운명적으로 결정된 종손과 항렬과 연령의 권위에 바탕을 둔 문장이 관습에 따라 문중을 운영해 왔다. 명문화된 규약이 존재하지 않은 경우가 대부분이었다. 그로 인해서 종손이나 문장이 문중 일을 독단적으로 처리하는 사례도 많았고, 문중재산을 임의로 처분하여 종족원들의 원성을 사는 경우도 적지 않았다. 이러한 폐단을 방지하고 문중 성원들의 공의에 의해서 문중을 운영하기 위한 조직을 결성하기 시작하였다. 동성동본 전체를 포괄하는 전국적인 조직은 흔히 '○○성씨 대종회'로 부르지만 유명 조상을 모신 파 단위에서도 많이 만들어지고 있다. 이러한 조직은 명문화된 규약을 제정하고, 각 계파의 대표들이 참여하는 대의기구(종의회, 문사위원회, 이사회 등)를 만들어 주요 의사를 결정한다. 종래 종손이나 문장이 하던 역할을 공식조직의 대표와 주요 임원들이 맡아 함으로써 종손과 문장의 영향력은 현저하게 줄어들게 되었다.

3. 지역조직의 역할 증대

종족집단의 조직은 크게 계보조직과 지역조직으로 구분할 수 있다(이창기 2004, 이 책 제7장 참조).

계보조직은 거주하고 있는 지역에 구애받지 않고 혈통의 계보에 따라 특정 조상의 모든 자손이 자동으로 귀속되는 조직이다. 결합범위에 따라 고조부 중심의 당내집단에서부터 입촌조 중심의 마을 문중, 파조의 자손들로 구성된 파 문중, 시조 이래 모든 자손을 모두 포괄하는 대종회 등으로 피라밋 체계를 이루고 있다. 계보조직은 제사를 비롯한 조상숭배 의례를 주요 사업으로 한다. 전통적인 계보조직은 명료한 조직체계를 갖추지 않고 전통과 관습에 따라 종손과 문장, 그리고 문중어른들 중심으로 운영해 왔다. 계보조직이 명문화된 규약과 체계적인 조직을 갖추고 선출직 임원을 중심으로 운영하기 시작한 것은 비교적 근래의 일이다.

지역조직은 혈통의 계보를 따지지 않고 같은 지역에 사는 종족 성원들로 이루어진 조직으로 도시지역에 사는 종족원이 늘어나면서 등장한 조직이다. 농업을 중심으로 하는 전통사회에서는 대부분의 종족원들이 종족마을에서 함께 살았기 때문에 지역조직을 별도로 구성할 필요가 없었다. 그러나 종족마을을 떠나 도시지역에 거주하게 된 이주민들은 일상생활에서 긴밀하게 연결되어 있던 마을의 공동체적 유대와 종족집단의 혈연적 유대로부터 유리되었다. 각박한 도시 생활 속에서 깊어지는 고독감과 소외감을 극복하고 소속감을 느낄 수 있는 관계의 끈이 필요하였고, 이러한 욕구가 응결되어 같은 도시에 거주하고 있는 종족원들끼리 조직을 결성하게 된 것이다. 종족집단에 따라서 명칭은 다양하지만, 흔히 '○○성씨△△지역화수회'로 부르는 지역조직은 1960년대 이후 많이 결성되었고 최근에는 중소도시에까지 확산하였다. 계보조직이 조상숭배 의례에 일차적 관심이 있다면 지역조직은 종원 상호 간의 친목 도모를 주요 목적으로 삼는다.

도시지역에서 새로이 등장한 지역조직은 명문화된 규약을 제정하고, 규약에 따라 선출된 임원이 조직을 운영하는 공식적인 조직의 체계를 갖추었다. 이렇게 등장한 지역조직의 활동이 활발해지자 전통과 관습에 바탕을 두고 운영하던 계보조직도 명문화된 규약을 제정하고 규약에 따라 임원을 선출하는 공식적인 조직의 체계를 갖추기 시작하였다. 당내집단과 종족마을이 와해 되어 활동력이 크게 위축된 계보조직의 운영도 인적 자원과 재정 능력을 보유한 지역조직에 크게 의존하게 되었다. 많은 종족집단의 대종회가 여러 지역에서 화수회가 결성되고 이들의 활동이 활발해진 후에 조직의 체계를 갖추게 되는 과정이 이를 뒷받침한다. 지역화수회의 대표가 대종회의 최고 의결기관에 당연직 임원으로 참여하는 것도 계보조직이 지역조직에 크게 의존하고 있음을 보여주는 것이다(이창기 2004). 지역조직(화수회)은 구성원리와 추구하는 목적이 계보조직(대종회)과 다르지만, 이제는 계보조직의 활동을 지원하는 가장 중요한 후원 조직이 된 것이다. 종족활동의 중심이 계보조직에서 지역조직으로 이동한 것으로 볼 수 있다.

그러나 최근에는 가계계승의식과 조상숭배의식이 약해지고, 도시에서 생활하고 있는 종족원들의 관심이 다양해지면서 화수회 또한 종족원들의 참여가 저조하여 활동에 많은 어려움을 겪고 있다.

IV. 문중재산의 변화
: 전답과 임야에서 수익성 부동산으로

종족집단은 조상의 위세가 강하고, 종족 성원의 사회경제적 지위가 높을 때, 문중재산이 많을 때, 성원의 수가 많고 일정 지역에 밀집되어 거주할 때 활동력이 왕성해진다(이창기 1991, 이 책 제4장 참조). 이 중에서도 문중재산은 가장 중요한 현실적 조건이다.

전통사회에서 문중재산은 임야와 전답이 주종을 이루고 있었다. 종족집단에 따라서 논 몇 마지기만 소유한 한미한 문중에서부터 수십만 평의 임야와 수백 마지기의 전답을 소유한 부유한 문중에 이르기까지 편차가 매우 컸다. 이 재산에서 나오는 수익으로 제사를 비롯한 각종 숭조사업과 내빈 접대에 사용하였다.

그러나 1950년에 단행된 농지개혁으로 많은 문중이 토지 형태로 보유하고 있던 문중재산을 상실하게 되었다. 일부 남아 있는 토지도 산업화 이후에는 경작자를 구하기가 어렵게 되었고, 대리경작을 시키더라도 임대수입이 크게 줄어서 종족 활동에 큰 어려움을 겪게 되었다. 종족활동을 위한 경제적 기반이 허물어진 것이다.

전반적으로 문중재산이 축소되어 종족활동이 위축되고 있는 가운데도 일부 문중에서는 수익성이 높은 문중재산을 확보하여 종족활동을 더 활발하게 전개하는 경우도 발견된다. 이러한 경우는 크게 두 가지 모습으로 나타난다.

하나는 종족 성원들의 사회경제적 지위가 상승하여 거액을 모금하거나 재력이 있는 종족원이 거액을 희사하여 수익성 재산을 확보하는 경우이다. 족보를 발간하거나 조상의 문집이나 관련 서적을 출판하여 판매한 수익금으로 문중재산을 확충한 경우도 있다.

또 하나는 도시 근교에 전답이나 임야를 소유하고 있던 문중이 도시가 확장되고 주변 지역이 개발되면서 거액의 보상금을 받은 경우이다.

이렇게 마련한 현금 자산을 수익성이 높은 부동산에 투자하여 종족활동을 위한 재원으로 활용한다. 주로 건물을 매입하거나 신축하여 안정적인 임대료 수입을 확보한다.

안정적인 수입을 확보한 문중은 조상의 위세를 대외적으로 과시하기 위한 각종 현창사업을 적극적으로 전개한다. 선조의 묘소를 정화하고, 조상의 업적을 기리는 비석을 건립하고, 조상을 제향하던 서원을 복원하기도 한다. 조상의 문집을 국역해서 간행하여 널리 배포하기도 한다. 이러한 조상 현창사업은 유명 조상을 모신 명문가에서 특히 두드러진다. 여기에는 정부나 지방자치단체의 전통문화 보존사업이 많은 도움을 주기도 한다.

다른 한편으로는 여유 있는 재원을 활용하여 현존 종족 성원들을 위한 복지사업과 후세의 교육을 위한 장학사업을 적극적으로 펼치는 모습도 나타난다. 문중 성원들이 모두 모이는 큰 행사에 무료로 초대하여 하루 종일 먹고 마시고 여흥을 즐길 수 있게 하기도 하고, 관광버스를 임대하여 무료로 관광여행을 시키기도 한다. 설과 추석의 명절에 모든 가정에 세찬비를 지급하는 문중도 있다. 대학에 입학하는 후손에게 등록금을 지원하기도 한다. 조상을 섬기는 과거지향적인 종족집단이 현존 종족원과 미래의 자손을 위한 사업을 확대해 나가는 것은 종족활동의 새로운 모습이라 할 수 있다.

그러나 튼실한 문중재산을 확보하여 조상을 기리기 위한 사업을 적극적으로 추진하고 종족원의 복지를 위한 다양한 사업을 진행하는 것은 극히 한정된 일부 종족집단의 예이다. 대부분의 종족집단은 전답과 임야로 대별되는 전통적인 문중재산의 수익성이 극히 낮아져서 최소한의 종족활동도 유지하기가 어려운 상황에 직면하고 있다.

V. 출산율 저하와 종족집단의 미래[9]

통계청의 발표에 의하면 2022년 우리나라 여성의 합계출산율이 0.78로 나타나고 있다. 합계출산율이란 여성의 연령별 출산율의 합을 말하는 것으로 현재와 같은 출산율이 지속된다고 가정할 때 한 여성이 가임기간(15~49세)을 거치는 동안 출산하는 자녀의 수로 해석한다. 인구 규모가 현상을 유지하기 위해서는 이론적으로 한 쌍의 부부가 2.1명을 출산해야 한다. 그런데 우리나라의 합계출산율은 1960년에 6.00으로 정점을 찍은

---

9) 이 부분은 2002년 합계출산율이 1.17로 발표된 후 매일신문에 투고했던 글(이창기 2003)을 현시점에서 다시 정리한 것이다. 여기서 친척은 부계친을, 친척은 친족과 인척을 아우르는 의미로 사용한다(이 책 제1장 참조).

후 1983년에 현상 유지 수준인 2.10으로 낮아졌다가 이후에도 계속 하락해서 1990년 1.60, 2000년 1.47, 2022년에는 0.78로 보고되었다(통계청, 『각 연도 인구동태통계연보』). 부부가 평균 한 명의 자녀도 채 출산하지 않는다는 것이다. 이처럼 낮은 출산율이 지속되면 무자녀 가정이 늘어나고, 자녀가 있는 가정이라도 그 절반은 아들이 없는 가정이 된다. 이런 상황에서 자란 아이들은 아들이든 딸이든 형제자매가 없이 외톨이로 자라야 한다. 형도 없고, 누나도 없고, 언니도 오빠도 동생도 없다. 단지 엄마 아빠만 있을 뿐이다.

이렇게 외톨이로 자란 아이들이 커서 혼인을 하게 되면 이들 사이에서 태어난 아이들에게는 백숙부나 외삼촌, 고모나 이모가 있을 수 없다. 부모의 형제자매가 없으니 사촌인들 있을 수 있겠는가? 이러한 상황이 몇 세대를 거듭한다면 자라는 아이들에겐 자기 집을 제외하고는 주위에 친척이라고는 전혀 찾아볼 수 없게 된다. 친할아버지댁이나 외할아버지댁(외가)이 있었지만, 이들이 돌아가시면 그마저 사라지게 된다. 처가나 친정도 한시적으로 존재할 뿐 궁극에 사라지기는 마찬가지이다. 친척이란 존재할 수 없는 시대가 다가오고 있다.

친척이 사라진다는 것은 가족 및 친족제도에 혁명적인 변화를 예고하는 것이다. 우선 형·오빠·누나·언니·큰아버지·작은아버지·고모·이모·외삼촌 등 일상생활에서 아주 친근하고 다정스럽게 사용되던 이런 친척 용어들이 다가오는 사회에서는 문헌 속에서나 찾아볼 수 있는 생소한 언어가 되거나 본래의 의미와 다른 용도로 바뀌어 사용될 수도 있다. 이런 현상은 이미 우리 사회의 일각에서 나타나고 있다. 친척관계가 전혀 없는 어떤 대상을 '이모' '삼촌' '오빠' '누나'라고 부르는 사례를 흔히 접할 수 있다.

친척이 사라지는 시대에 나타날 수 있는 주요한 변화는 종족집단이 사라질 수 있다는 것이다. 조선 중기 이후 우리 사회에서는 소위 문중(門

中)이라 부르는 부계혈연자 중심의 잘 짜여진 친족조직을 유지해 왔다. 이 조직은 유교적 이데올로기의 뒷받침을 받아 견고한 결합력을 지닐 수 있었고, 이 집단에 속한 개인이나 개별가족을 강력하게 통제할 수 있었다. 개인은 또한 이 문중 조직을 통해서 신분적 정체감을 확보하고, 다양한 사회관계망에 참여할 수 있었으며, 안전을 보호받을 수 있었다. 그러나 친척이 사라지는 저출산 시대가 지속되면 이러한 종족집단은 더 이상 유지가 불가능해진다. 가계를 계승할 남아를 출산하지 못하여 가계가 단절된 가정이 속출하고 종족집단을 구성할 기반이 허물어지게 된다. 부계의 친가뿐만 아니라 외척도 인척도 존재하지 않는다.

종족집단의 소멸은 종족집단이 수행하던 기능의 소멸을 의미한다. 종족집단은 오랜 세월 동안 우리 사회에서 다양한 기능들을 수행해 왔다. 길흉사에 친족 성원들끼리 서로 돕는 상호부조와 일상생활에서 긴밀하게 교유하는 협동 친화의 기능을 수행해 왔다. 묘소의 유지관리와 조상 제사의 봉행, 족보와 문집의 발간, 조상의 업적을 기리는 선조 현창 사업 등의 숭조사업(崇祖事業)은 문중 조직이 특히 심혈을 기울였던 것들이다. 이러한 기능들은 모두 가까운 친척들이 한 마을에서 대를 이어 함께 살아가던 시절에 가능한 일들이었다. 그러나 저출산이 지속되고 친척이 사라지는 시대에는 이러한 기능을 수행하기가 매우 어려워질 수 있다. 이런 기능을 수행할 수 있는 문중 조직이 존재하기 어렵게 되기 때문이다.

VI. 종족 활동의 양극화: 쇠퇴와 부흥의 이중주

한국의 종족집단은 조선 중기 이후 종법이 널리 보급되면서 조직화되었고, 긍정적이든 부정적이든 한국인의 일상생활에 중요한 의미를 제공

하는 준거집단으로 자리 잡아 왔다. 가계계승과 조상숭배를 강조하는 종
족의식이 가부장적 가족구조를 강화하였고, 혈연적 배타성과 신분적 우
월감은 우리 사회에 연고주의를 심화시키는 요인이 되기도 하였다. 이러
한 종족문화가 민주적이고 합리적인 사회발전을 저해하고, 사회갈등을
부추기는 하나의 요인이 되어왔음을 부인할 수 없다.

그러나 종족집단은 성원들의 정서적 욕구를 충족하고 대소 길흉사에
서로 돕는 협동 친화의 생활공동체로 기능하였고, 전통문화를 유지 계승
하고 보존하는 문화공동체로서 자리 잡아 왔다. 농업을 주로 하던 정착
농경사회에서 종족집단은 마을공동체와 더불어 농촌사회의 근간을 구축
하는 중요한 두 가지 체계였다.

이제 한국 사회는 인구의 90% 이상이 도시지역에 거주하는 높은 수
준의 산업사회에 진입하였다. 주민들의 관심이 매우 다양해졌고, 사회관
계 또한 매우 복잡해졌다. 잘 짜여진 관료조직 속에서 기계의 부속품처
럼 움직여야 하는 현대인은 극도의 긴장과 불안을 해소하기 위해 여러
가지 취미활동에 참여하고, 업무상으로 연결된 복잡한 사회관계를 자기
성장의 발판으로 활용하기 위해 안간힘을 쏟는다. 산업사회의 도시인은
좁은 지역사회에서 혈연을 바탕으로 한 친족 체계와 지연을 바탕으로 하
는 공동체체계의 범주에 더 이상 안주할 수 없게 되었다.

이러한 사회변화의 소용돌이 속에서 종족집단도 변화하지 않을 수 없
다. 종족집단 결속의 정신적 바탕이 되는 종족의식이 매우 약해졌다. 부
계·남계로 가계를 계승해야 한다는 의식이 약해지고 조상을 숭배하는
의식도 약해지고 있다. 종족의식의 약화는 종족집단에 관한 관심과 참여
의욕을 감퇴시켜 종족 활동을 위축시킨다.

종족조직을 운영하는 리더쉽에도 변화가 오고 있다. 전통과 관습에
바탕을 두고 종손이나 문장을 비롯한 주요 인물에 의해서 운영되던 비공
식적 조직체계에서 명문화된 규약을 제정하고 선출된 임원들에 의해 운

영되는 공식조직으로 탈바꿈하고 있고, 혈통의 계보에 바탕을 둔 계보조
직의 활동이 어려움을 겪고 있는 가운데 도시지역을 바탕으로 조직된 지
역조직의 역할이 부각되고 있다. 그러나 지역조직 또한 구성원들의 참여
가 저조하여 활동에 한계를 보여주고 있다.

　문중재산은 종족집단의 활동을 변화시키는 또 하나 중요한 요인이 되
고 있다. 농지개혁으로 문중재산을 상실한 종족집단이 많고, 산업화 이
후 농지의 생산성이 급감하면서 전답과 임야의 형태로 소유했던 문중재
산의 수익성이 크게 낮아졌다. 많은 문중이 최소한의 위선사업을 추진하
고 간소하게 조상제사를 봉행하는데도 어려움을 겪고 있다.

　이러한 가운데 출산율 저하는 종족집단의 미래를 더 어둡게 하고 있
다. 우리 사회의 출산율은 최소한의 사회재생산 수준을 넘어서 전체 인
구 규모를 격감시킬 수준에 이르고 있다. 가계가 단절되는 가족이 속출
하는 것은 물론이고 종래에는 종족집단을 구성할 인적 자원의 고갈을 가
져올 수 있다.

　이처럼 종족집단의 활동이 침체될 수 있는 여러 요인들이 중첩되어
있는데도 한편에서는 더욱 활발한 활동을 전개하는 종족집단도 나타나
고 있다. 조상의 유적을 정화하는 사업을 대대적으로 추진하고, 조상을
제향하던 서원을 복원하거나 대대적으로 중수하고 있다. 조상의 문집을
국역하여 널리 배포하기도 한다. 이러한 사업들은 전통문화를 보존하기
위한 정부와 지방자치단체의 재정 지원에 큰 도움을 받기도 한다. 일부
경제력이 있는 종족집단에서는 종족원들의 복지를 증진하고 후손의 성
장을 지원하기 위한 각종 복지사업과 장학사업을 활발하게 추진하기도
한다. 전반적으로 종족집단이 어려움을 겪고 있는 가운데서도 활발한 활
동을 보여주는 종족집단은, 비록 소수이기는 하지만, 사회적으로 저명한
선조를 모시고 있고 재정적으로 여유가 있는 종족집단들이다. 앞으로 우
리 사회의 종족집단은 활동력이 쇠퇴하는 다수의 종족집단과 새로운 종

족활동을 활발하게 전개하는 소수의 종족집단으로 양극화될 것으로 전
망된다. 쇠퇴와 부흥의 이중주가 연주되고 있다.

참고문헌(제10장)

김두헌(1934), 「朝鮮の同族部落に就いて」, 『靑丘學叢』 18.

김미영(2012), 「조상제사, 누가 모셔야 하는가」, 『조상제사, 어떻게 지낼 것인가』, 민속원.

(2014), 「종가문화의 현재적 의미와 과제」, 『안동학연구』 13, 한국국학진흥원.

(2021), 「현대사회 문중의 의미와 역할」, 『안동학연구』 20, 한국국학진흥원.

김한곤(1995), 「대구·경북지역의 성비불균형의 실태와 문제점」, 『인문과학』 16-2, 영남대학교인문과학연구소.

서수경(1995), 「출생시 성비불균형의 지역간 비교 연구」, 영남대학교대학원 석사학위 논문.

이창기(1976), 「한국동족집단의 변화에 관한 연구」, 고려대학교 석사학위논문.

(1991), 「한국동족집단의 구성원리」, 『농촌사회』 창간호, 한국농촌사회학회.

(2003), 「친척이 사라지는 사회」, 매일신문 주말에세이(2003. 5. 31.)

(2004), 「대도시지역 부계혈연집단의 조직」, 『민족문화논총』 29, 영남대 민족문화연구소.

통계청, 『각 연도 인구동태통계연보』.

통계청, 국가통계포털

최재석(1983), 『한국가족제도사연구』, 일지사.

최재석·이창기(2001), 「친족제도」, 『한국민속의 세계(제1권)』, 고려대학교민족문화연구원.

부론

지역적 통혼권 연구의 비판적 검토
-행정구역별 분석의 문제점-

Ⅰ. 문제의 제기

사회과학자가 특정한 사회현상을 조사해서 분석하는 목적은 직관으로 파악하기 힘든 현상의 실태를 명료하게 드러내고(describe), 그 현상 속에 함축되어 있는 의미를 정확하게 해석하기(explain) 위한 것이다. 따라서 분석에 동원되는 방법이나 도구도 이러한 연구의 목적에 적합한 것이어야 한다. 연구 방법이나 측정 도구가 적절하지 못하면 현상을 정확하게 파악하기 어려울 뿐만 아니라 현상 속에 내재되어 있는 의미의 해석이 왜곡될 위험이 있다.

연구 방법이나 측정 도구의 중요성은 통혼권의 연구에서도 예외일 수가 없다. 통혼권은 배우자를 선택하는 범위와 집중도를 말하는 것으로 한 사회의 사회관계를 측정하는 지표로서 중요한 의미를 지닌다(최재율 1975). 통혼권은 관계의 특성에 따라 혈연적 통혼권, 계층적 통혼권, 신분적 통혼권, 직업적 통혼권, 종교적 통혼권 등으로 나누어 살펴볼 수 있지만(여중철 1975; 이한방 1987; 한경혜·이정화 1993) 공간적 확대에 초점을 맞춘 지역적 통혼권이 가장 기본적인 관심의 대상이 되고 있으며, 통혼권 연구의 핵심적인 주제가 되고 있다.

특히 지역적 통혼권은 혼인 당사자 중의 어느 한쪽이 혼인을 통해 거주지를 이동하는 지역적 범위로서(코다 1976:181), 단순한 인구의 이동에 그치지 않고 양가와 양가를 둘러싼 친족이 인척관계로 긴밀하게 연결되어 농촌 주민들의 사회관계를 확장시키는 중요한 계기가 된다. 혼인 이외에도 상품의 판매와 구매를 위한 경제적 관계, 관공서 출입, 문중 간의 교류, 선비들의 학문적 교유, 근대 이후의 학교 교육 등이 주민들의 사회관계 확대에 어느 정도 영향을 미치지만, 결합의 강도나 관계의 긴밀성에 있어서는 혼인에 견줄 바가 아니다.

지역적 통혼권의 분석은 일차적으로 통혼의 공간적 범위가 어떻게 분포되어 있는지 밝히고 그 범위의 넓고 좁음을 상호 비교함으로써 그 속에 함축되어 있는 사회적 의미를 명료하게 밝히는 데 목적이 있다. 그러므로 지역적 통혼권 분석에 사용되는 연구 방법이나 분석 도구는 통혼의 공간적 범위를 정확하게 묘사하고, 그것이 주민들의 사회생활에 어떤 의미를 지니는지 명료하게 해명할 수 있는 것이어야 한다.

그런데 한국 농촌사회의 지역적 통혼권에 관한 연구가 처음 등장하기 시작한 1960년대 이후 최근에 이르기까지 통혼의 공간적 분포를 분석하는 데 주로 사용된 방법은 〈같은 마을〉, 〈면내 다른 마을〉, 〈군내 다른 면〉, 〈도내 다른 군〉, 〈다른 도〉 등과 같이 행정구역별로 분류하고 비교하는 방법을 사용해 왔다. 행정구역을 단위로 통혼권을 분석하는 이러한 방법은 매우 간편하면서도 통혼의 공간적 범위나 그 범위의 광협을 쉽게 비교할 수 있다는 점에서 많은 연구자들이 즐겨 사용하였고, 한국 농촌사회의 혼인 양상을 밝혀주는 데 어느 정도 기여한 것도 사실이다.

그러나 행정구역을 통혼의 지역적 범위를 판별하는 중요한 척도로 사용하는 것이 과연 적절한 것인지에 대해서는 좀 더 면밀한 검토가 필요한 것으로 보인다. 지역적 통혼권 연구는 통혼 범위의 광협을 비교함으로써 그 속에 내포되어 있는 사회적 의미를 밝혀내는 데 일차적인 목적을 두고 있으므로 행정구역별로 지역적인 통혼권을 분석하는 방법이 유용성을 인정받기 위해서는 행정구역이 통혼 범위의 광협을 적절하게 판별해 줄 수 있어야만 한다.

지역적 통혼권 연구에서 통혼의 범위를 마을, 면, 군, 도와 같은 행정구역별로 분류해서 분석하는 이면에는 도는 군보다, 군은 면보다, 면은 마을보다 넓고, 그래서 〈같은 마을〉 → 〈같은 면〉 → 〈같은 군〉 → 〈같은 도〉→〈다른 도〉의 순으로 통혼의 범위가 넓어지는 것으로 인식하는 고정관념이 자리 잡고 있다. 이러한 해석은 너무나 기계적이고 편의적인 해석방법이라 하지 않을 수 없다. 왜냐하면 같은 행정구역에 속해 있다고 하더라도 마을이 자리 잡고 있는 지리적 위치에 따라서 두 마을이 공간적으로 매우 멀리 떨어져 있을 수 있으며, 다른 행정구역에 속한 마을이라 하더라도 공간적으로 매우 가까울 수 있기 때문이다. 사실 행정구역의 경계선에 가까운 지역에서는 지리적으로 근접한 인근 마을이 행정적으로는 〈다른 면〉이나 〈다른 군〉 또는 〈다른 도〉에 소속되어 있는 경우가 적지 않은 것이다. 이들 사이에 이루어진 혼인은 실제로는 매우 가까운 거리에서 이루어진 근혼(近婚)이지만 행정구역만을 기준으로 분석한다면 다른 군이나 다른 도와 혼인한 원혼(遠婚)으로 해석될 수밖에 없는 것이다.

이와 같이 행정구역을 단위로 지역적 통혼권을 분석하는 이러한 방법은 농촌 주민들의 의미있는 사회관계의 범역을 찾고자 하는 통혼권 연구의 본래의 목적을 달성하는 데 한계가 있으며, 나아가서는 사실을 왜곡할 위험성마저 지니고 있다.

행정구역별 통혼권 분석이 이러한 근본적인 문제점을 안고 있다면 농촌 주민들의 통혼 관행을 적절하게 설명할 수 있고, 통혼 범위의 광협을 객관적으로 비교할 수 있는 의미 있는 공간적 범역을 다시 찾아야만 한다. 이를 위해서는 경험적 자료의 축적이 필요하지만, 지금까지 보고된 자료들을 면밀히 검토한다면 그 속에서도 유용한 단서를 찾을 수 있으리라 믿는다.

이 연구는 이러한 문제의식을 바탕으로 행정구역별로 지역적 통혼권을 분석하는 방법이 안고 있는 한계점을 검토하고, 통혼의 공간적 범위의 광협을 객관적으로 측정하고 상대적으로 비교할 수 있는 척도로 활용할 수 있는 의미 있는 범역을 모색해 보고자 한다. 따라서 소위 사회경제적 통혼권(한경혜·이정화 1993)으로 불리는 혈연적 통혼권, 계층적 통혼권, 신분적 통혼권, 직업적 통혼권, 종교적 통혼권 등에 대해서는 여기서 논의하지 않기로 한다.

Ⅱ. 지역적 통혼권의 연구 경향

한국 농촌사회의 통혼권에 관한 연구 경향에 대해서는 필자가 다른 논문에서 이미 소상하게 소개한 바가 있지만(이창기 2001), 지역적 통혼권 연구의 문제점을 검토하고자 하는 이 논문의 주제와 관련하여 다시 간단하게 정리하기로 한다.

한국 농촌사회의 통혼권에 관한 실증적 연구는 1960년대 초부터 나타나고 있다. 경기도 6개 촌락을 조사해서 보고한 이만갑의 『한국농촌의 사회구조』(1960:97~103), 충남 천안군, 전남 담양군, 경북 군위군의 14개 리를 조사한 고황경·이만갑·이효재·이해영의 『한국농촌가족의 연구』(1963:87~90), 양회수의 『한국농촌의 촌락구조』(1967:251)가 이 분야의 선구적 업적으로 평가된다. 이 세 편의 연구는 한국농촌의 사회구조 또는 농촌가족의 실태에 관한 종합 조사의 일부분으로 통혼권을 다루고 있어서 그 내용이 매우 간략하고 아직 심층적인 분석이 시도되지는 못하였지만, 혼인을 통한 농촌 주민들의 사회관계망을 분석한 최초의 시도로서 한국 농촌사회의 지역적 통혼권에 관한 대체적인 윤곽을 밝혀주는 중요한 자료가 되고 있다(이창기 2001).

이 세 편의 연구가 통혼권 연구에서 특히 주목되는 이유는 통혼의 지역적 범위를 면(面)·군(郡)·도(道) 등 행정 자치 단위를 기준으로 측정하고 있으며, 이러한 측정 방법이 이후의 통혼권 연구에서 별다른 비판적 검토 없이 많은 연구자들에게 하나의 방법론적 전범(典範)으로 통용되고 있기 때문이다.

이들 외에도 김택규(1964:114~123)와 최재율(1969)이 이 시기에 지역적 통혼권에 관한 자료를 보고하고 있으나 지역적 통혼권 연구의 방법론을 비판적으로 검토하고자 하는 이 논문에서는 구체적으로 다루지 않기로 한다. 김택규의 연구는 한국의 대표적인 양반 종족촌락으로 꼽히고 있는 경북 안동의 하회마을을 대상으로 하여 마을의 특수성이 강하게 반영되고 있으며, 최재율의 연구는 서남해안 지역의 60개 마을(어촌 28, 농촌 32)을 종합해서 다루고 있어서 마을별 혼인상태를 파악할 수가 없기 때문이다.

1960년대의 연구가 한국 농촌의 사회구조 또는 농촌 가족의 실태에 관한 종합 조사의 일부분으로 통혼권을 다루는 데 비해 1970년대에는 통혼권을 독립된 연구 주제로 선정하여 좀 더 집중적인 논의가 이루어지고 있고, 연구 방법에 대한 비판적 검토와 더불어 통혼권과 관련된 다양한 측면(통혼 거리, 마을의 생태적 조건, 행정구역의 변천, 생활권, 방언권 등)에 대해서도 관심을 보여주고 있다. 이 시기의 논문으로는 이창기(1973), 최재율(1975), 여중철(1975 1978)의 논문이 주목된다.

1980년 이후에는 통혼권에 관한 관심의 영역이 통혼권의 변화(한상복 1983; 한경혜·이정화 1993), 통혼권과 지역사회체계(정승모 1983), 통혼권의 공간동학적 의미(박성용 1995 2000a 2000b), 명문 양반가의 혼반 연구(조강희 1984 1996), 도시 주민의 통혼권(한남제 1986) 등으로 확대되고 있다. 이 시기에는 종래 사회학이나 인류학자들이 주로 관심을 가지고 분석하던 통혼권 문제에 대해서 지리학자들이 관심을 가지기 시작했다는 점이 주목된다(이화숙 1986; 이한방 1987; 인동환 1987).

어촌마을의 지역적 통혼권을 엿볼 수 있는 논저도 여러 편이 있으나 고립된 도서지방이나 어촌의 통혼권은 일반 농촌과는 다른 독특한 양상을 보이고 있어서 이 자리에서는 자세히 다루지 않기로 한다.

Ⅲ. 행정구역별 통혼권 분석의 문제점

1. 행정구역별 통혼권의 경향

앞에서 살펴본 바와 같이 1960년대 이후 사회학, 인류학, 지리학 등여러 분야에서 많은 연구자들이 지역적 통혼권에 관심을 가지고 주요한자료들을 보고하고 있다. 이들 중에는 농촌의 사회구조나 농촌가족에 관한 연구의 일부로서 통혼권에 관한 자료를 조사하여 간단하게 언급한 경우도 있고, 통혼권을 독립된 주제로 선정하여 집중적으로 논의한 경우도있다. 조사 대상 지역도 일반 농촌뿐만 아니라 고립된 도서 지역, 연안어촌, 저명 양반 종족마을, 산간 화전민촌 등 특수한 입지 조건을 가진마을에 이르기까지 매우 다양하다. 따라서 통혼의 공간적 범위도 마을의특성에 따라 서로 다른 모습을 보여주고 있다. 대체로 고립된 도서 지역이나 산촌은 통혼의 지역적 범위가 좁고 촌락내혼의 비율이 높으며(이해영·한상복 1973; 한상복 1977; 한상복·전경수 1992; 여중철 1978; 이창기 1999:307~309), 연안 어촌에서는 촌락내혼의 비율이 높은 특성과 더불어 주로 어촌끼리 통혼하는 특성을 보여주고 있다(최재율 1969; 여중철 1978; 스에나리 1982; 한상복 1983; 쯔하 1992; 오쿠마 1996; 이창기 2001). 반면에 저명한 양반 종족의 경우에는 거리가 멀더라도 비슷한 신분의 혼반을 찾아 통혼함으로써 원혼하는 경향이 있음을 보고하고 있다(김택규 1964; 여중철 1975; 조강희 1984 1996). 이러한 경향은 마을의생태적 특성이 통혼의 공간적 범위에 크게 영향을 미치고 있음을 보여주는 것이라 할 수 있다. 바꾸어 말하면 마을의 생태적 특성이 비슷한 경우에는 지역적인 통혼의 범위도 유사한 경향을 보여줄 것임을 암시하는 것이다.

그렇다면 고립된 도서 지역이나 산촌, 연안 어촌, 위세 높은 종족마을 등과 같은 특수한 조건을 지니지 않은 일반 농촌의 지역적 통혼권에서는 어떠한 모습이 나타나고 있는지 살펴보기로 하자. 〈표 1〉은 지금까지 보고된 일반 농촌의 지역적 통혼권에 관한 자료를 정리한 것이다. 마을의 생태적 특성의 영향을 통제하기 위하여 도서 지역이나 어촌, 고립된 산촌, 저명한 양반 종족마을의 자료를 제외하고 일반 농촌으로 간주되는 자료들만을 비교하기로 한다.

〈표 1〉에 나타난 마을들도 각기 나름의 특성들이 있을 것임은 당연하다. 종족구성에 따라 종족마을이냐 각성마을이냐, 입지 조건에 따라 산간지역이냐 평야지역이냐에 따라 다소의 차이가 있을 수도 있다. 경제적 수준이나 교통의 편의성도 마을에 따라 다를 수 있을 것이다. 그러나 이 마을들은 특히 고립되어 있지도 않고, 어업과 같이 생업 조건을 전혀 달리하는 마을도 아니다. 위세가 높은 저명 종족마을도 아니다. 농업에 종사하는 내륙의 보통 농촌이라는 점에서 동질성이 매우 높은 마을들이라 해도 큰 무리가 없을 것이다.

그런데 〈표 1〉의 자료에서는 내륙의 일반 농촌 마을이라는 공통성을 지니고 있음에도 통계적인 일관성이나 일정한 경향성을 발견하기가 어렵다.

우선 행정구역별 통계치의 편차가 매우 크게 나타나고 있다. 같은 마을에서 혼인한 동내혼(촌락내혼)의 비율을 보면 대체로 10% 미만으로 나타나고 있지만 담양군 4개 마을의 경우에는 무려 19.4%를 기록하고 있다. 면내의 다른 마을과 통혼한 비율은 10% 미만(경기도 6개 마을, 경기도 광주군 엄미리, 전남 영광군 구림리, 경북 예천군 백송)에서 30%를 상회하는 경우(경북 청도군 오산2리, 경북 금릉군 수동)까지 나타나고 있다. 군내 다른 면과 통혼한 비율은 전반적으로 높게 나타나지만 역시 편차가 매우 커서 18%(충남 천원군 매작)에서 60%(전북 정읍군 분동)에 걸쳐 있다. 도내 다른 군과 통혼한 경우도 10% 미만(전남 담양군 4개 마을, 충남 천원군 하장, 경북 금릉군 수동)이 있는가 하면 60%에 육박하는 마을(경북 의성군 윤암)도 있다. 흔히 전형적인 원혼으로 간주하는 도외 혼인도 5% 미만의 미미한 수준에서부터 40%에 가까운 마을(충남 천원군 매작과 하장)도 있다.

각 마을의 통혼권 유형 중에서 가장 빈도가 높은 유형을 살펴보면 군내 다른 면과 통혼하는 비율이 가장 높은 마을이 다수이지만(18개 지역 중 10개 지역) 면내 다른 마을과 통혼한 비율이 가장 높은 마을(청도군 오산 2리)도 있고, 도내 다른 군과 통혼한 비율이 가장 높은 마을도 4개 마을(천원군 가덕, 의성군 윤암, 예산군 신평2리, 예천군 백송)이나 있다. 심지어는 다른 도와 통혼한 비율이 가장 높은 지역(천안군 5개 마을, 천원군 매작, 천원군 하장)도 있다.

이러한 자료에서 나타난 통계자료를 액면 그대로 해석한다면 한국 농촌사회에서는 대체로 '군내의 다른 면'과 통혼하는 경우가 가장 많지만, '같은 군'이나 '같은 도'보다도 다른 군이나 다른 도에 속한 지역과 혼인하는 비율이 가장 높은 마을도 많이 존재한다는 결론에 도달하게 된다. 다시 말하면 근혼의 비율보다 원혼의 비율이 더 높은 마을도 상당히 많이 존재한다는 것을 의미하게 된다. 그러나 이러한 결론은 우리의 경험칙과 상당한 거리가 있을 뿐만 아니라 논리적으로도 수긍하기 어렵다. 이처럼 통계의 편차가 매우 크고 일관된 경향을 찾아보기 어려우며, 통계자료가 제시하는 내용이 논리적으로 수긍하기 어렵다면 연구 과정이나 조사 방법에 어떠한 문제가 있는 것은 아닌지 검토해 볼 필요가 있다.

〈표 1〉 주요 지역의 행정구역별 통혼권

	같은마을	면내타동	군내타면	도내타군	도외	계	출전
경기도 6개마을	61 (9.6)	52 (8.2)	231 (36.4)	163 (25.7)	128 (20.2)	635 (100.1)	이만갑 (1960)
천안군 5개마을	20 (8.0)	43 (17.3)	64 (25.7)	55 (22.1)	67 (26.9)	249 (100.0)	고황경 외 (1963)
군위군 5개마을	13 (6.9)	33 (17.6)	71 (37.8)	70 (37.2)	1 (0.5)	197 (100.0)	
담양군 4개마을	33 (19.4)	31 (18.2)	46 (27.2)	15 (8.8)	45 (26.5)	177 (100.1)	
천원군 매작마을	7 (6.0)	18 (15.5)	21 (18.1)	25 (21.6)	45 (38.8)	116 (100.0)	
천원군 하장마을	9 (7.9)	28 (24.6)	24 (21.1)	8 (7.0)	45 (39.5)	114 (100.1)	
천원군 가덕마을	8 (5.3)	21 (13.9)	39 (25.8)	55 (36.4)	28 (18.5)	151 (99.9)	
천원군 화전마을	8 (10.1)	12 (15.2)	30 (38.0)	16 (20.3)	13 (16.5)	79 (100.1)	양회수 (1967)
정읍군 분동마을	12 (8.4)	16 (11.2)	86 (60.1)	23 (16.1)	6 (4.2)	143 (100.0)	
정읍군 삼리마을	18 (8.5)	42 (19.7)	95 (44.6)	46 (21.6)	12 (5.6)	213 (100.0)	
의성군 윤암마을	5 (4.6)	16 (14.8)	25 (23.1)	61 (56.5)	1 (0.9)	108 (99.9)	
의성군 관덕마을	2 (1.5)	42 (31.6)	58 (43.6)	27 (20.3)	4 (3.0)	133 (100.0)	
예산군 신평2리	11 (9.3)	18 (15.3)	34 (28.8)	52 (44.1)	3 (2.5)	118 (100.0)	
광주군 엄미리	5 (5.8)	8 (9.3)	38 (44.1)	16 (18.6)	19 (22.1)	86 (99.9)	여중철 (미발표)
청도군 오산2리	3 (5.2)	19 (32.8)	17 (29.3)	9 (15.5)	10 (17.2)	58 (100.0)	
금릉군 수동마을	3 (5.1)	22 (37.3)	24 (40.7)	3 (5.1)	7 (11.9)	59 (100.1)	이창기 (1973)
영광군 구림리	30 (7.3)	35 (8.6)	213 (52.2)	122 (29.9)	8 (2.0)	408 (100.0)	최재율 (1975)
예천군 백송마을	-	21 (9.3)	77 (34.2)	111 (49.3)	16 (7.1)	225 (99.9)	이한방 (1987)

* 〈자료〉 여중철(1978)의 자료를 수정·보완하였음.

2. 마을의 지리적 위치와 행정구역별 통혼권

1) 『한국농촌가족의 연구』에서 나타난 문제점

행정구역별 통혼권 분석의 문제점이 가장 선명하게 드러나는 대표적 사례를 우리는 고황경 외 3인의 『한국농촌가족의 연구』(1963)에서 찾아볼 수 있다. 충남 천안군, 경북 군위군, 전남 담양군의 6개 면 14개 리를 대상으로 한 이 연구에서 연구자들은 남자 가구주 634명의 부인들의 결혼 전 거주지를 〈같은 마을〉, 〈면내 다른 마을〉, 〈군내 다른 면〉, 〈도내 다른 군〉, 〈다른 도〉 등으로 집계하여 군별로 비교하고 있다. 이 자료는 보고된 지 매우 오래되었지만, 행정구역별 통혼권 분석의 문제점을 가장 잘 드러내고 있고, 여기에서 사용된 방법을 이후에 진행된 거의 모든 연구에서 하나의 전범(典範)으로 사용하고 있기 때문에 먼저 이 자료부터 검토하기로 한다.

이 연구에서 조사대상이 된 마을들의 전체 가구수와 면접대상 가구수를 소개하면 다음과 같다(고황경 외 1963:5).

> 충남 천안군 성환면 율금리 225가구(111가구 면접)
> 학정리 119가구(60가구 면접)
> 양령리 134가구(67가구 면접)
> 동면 송연리 92가구(46가구 면접)
> 용두리 111가구(66가구 면접)
>
> 경북 군위군 군위면 외량리 115가구(56가구 면접)
> 대북리 142가구(71가구 면접)
> 오곡리 87가구(43가구 면접)
> 우보면 두북리 80가구(40가구 면접)
> 달산리 132가구(66가구 면접)

전남 담양군 금성면 덕성리 157가구(78가구 면접)
　　　　　　　　　　대곡리 160가구(79가구 면접)
　　　　　　　　월산면 화방리 173가구(86가구 면접)
　　　　　　　　　　운교리　42가구(21가구 면접)

이 연구에서 보고한 세 지역의 자료를 비교해 보면 크게 세 가지 점에서 두드러진 차이를 발견할 수 있다.

첫째, 천안군과 군위군은 〈같은 마을〉에서 혼인한 비율이 10%에도 훨씬 못 미치는데 담양군에서는 18.6%로 매우 높게 나타나고 있다는 점.

둘째, 〈도내 다른 군〉과의 통혼이 천안군이나 군위군에서는 20~30% 이상으로 매우 높게 나타나는 데 비해 담양군에서는 8.5%로 매우 낮게 나타나고 있다는 점.

셋째, 천안군과 담양군에서는 〈다른 도〉와의 통혼이 1/4을 차지하는 데 비해 군위군에서는 거의 나타나지 않는다는 점.

만약 이러한 차이점이 배우자 선택기준과 관련된 지역 간의 문화적 차이나 각 마을의 사회경제적 특성의 차이에서 연유한 것으로 밝혀진다면 이것은 대단히 중요한 사실의 발견으로서 그 원인을 구체적으로 분석해 주어야 할 필요가 있다. 통혼권 분석의 주된 목적이 농촌 주민들의 사회관계에서 나타나는 특징을 규명하는 데 있기 때문이다.

그럼에도 불구하고 연구자들은 '그 원인이 어디에 있는지 간단히 단정할 수 없으며, 보다 여러 각도에서 연구되어야 할 문제'(고황경 외 3인 1963:89~90)라고 간단하게 언급하고 구체적인 논의를 하지 않았다. 그러나 조사 대상이 된 지역의 특성을 조금만 주의 깊게 살펴본다면 이러한 차이는 지역 간 문화적 차이나 마을의 사회경제적 차이에서 연유된 것이 아니라 조사 대상이 된 마을의 지리적 입지가 서로 다른 데서 비롯된 것임을 쉽게 파악할 수 있다. 지리적 입지가 서로 다른 마을의 통혼권을 단순히 행정구역별로 분류해서 기계적으로 비교한 방법론상의 문제에서 야기된 것이다.

그럼 위에서 제기된 세 가지 문제에 대해서 하나씩 검토해 보기로 하자.

충남 천안군과 경북 군위군에서는 마을 안에서 혼인한 촌락내혼의 비율이 10%에도 미치지 못하는데 전남 담양군에서 20% 가까이 나타나는 것은 매우 특이한 현상이다. 만약 담양군의 대상 마을에서 실제로 촌락내혼의 비율이 이처럼 높게 나타난다면 이는 대단히 중요한 사실로서 그 원인에 대해서 심도 있는 분석이 필요한 부분이다. 그러나 이 보고서에는 이를 해명할 수 있는 어떠한 단서도 제시하지 않아서 그 원인을 명확하게 밝히기가 불가능하다. 조사지역의 일반적 성격을 정리하면서 군과 면에 대해서만 개황을 소개하고 각 마을에 대해서는 구체적으로 언급하지 않아 마을의 사회적 특성에 대해서는 소상하게 파악할 수가 없다. 다만 담양군청의 인터넷 홈페이지에 소개된 마을 유래를 통해서 각 마을의 내력을 엿볼 수 있으나 여기에서도 촌락내혼과 관련된 어떤 단서도 찾을 수가 없다. 담양군의 조사 대상 마을에서 촌락내혼율을 높이는 특별한 요인이 존재하지 않는다면 다른 지역과는 달리 조사 과정에서 '같은 마을'의 기준을 자연촌락을 기준으로 하지 않고 행정리를 단위로 집계한 데서 연유되지 않았는가 짐작된다. 월산면 운교리(현 담양읍 운교리)를 제외한 덕성리, 대곡리, 화방리는 각기 3개의 자연촌락을 포함하고 있다. 세 개의 자연촌락을 포함하는 행정리를 하나의 마을로 간주하게 되면 행정리 내의 자연촌락 간 혼인은 '면내 다른 마을' 간의 혼인임에도 '같은 마을'의 혼인으로 집계될 수 있는 것이다. 전통적인 한국농촌에서 자족적인 생활단위로서 사회적 통일성을 지닌 지역적 단위는 자연촌락이라는 점(최재석 1963)을 상기한다면 촌락내혼은 자연촌락 내의 혼인으로 보는 것이 타당하리라 생각한다. 이 보고서에서는 '같은 마을'의 기준이 자연촌락인지 행정리인지 분명하게 밝히지 않았다.

〈도내 다른 군〉과 통혼하는 비율의 차이는 조사 대상 마을의 지리적 입지와 밀접하게 관련된 것으로 보인다. 충남 천안군은 세 지역 중에서 비교적 산지가 적고 들이 넓으며 교통로가 사방으로 열려 있어서 외부와 교류하기가 매우 편리한 입지 조건을 갖추고 있는 지역이다. 특히 조사 대상자의 2/3가 거주하고 있는 성환면은 아산군과 접해있어서 이 지역과 통혼이 빈번하였을 것으로 짐작된다. 또한 천안군은 과거 경제적 행정적으로 동일한 권역을 이루고 있던 천안시를 둘러싸고 있어서 이 지역과의 통혼을 〈도내 다른 군〉으로 집계하였다면 타군과의 통혼율은 더욱 높아질 수 있다.[1] 군위군은 경상북도 내의 4개 군으로 둘러싸여 있을 뿐만 아니라 조사 대상이 된 5개의 마을 중 4개 마을이 의성군과 경계를 이루고 있는 접경지역에 위치하고, 나머지 1개의 마을도 군의 경계와 비교적 가까운 지역에 자리 잡고 있다. 군위군 지역의 조사 대상 마을이 갖는 이러한 지리적 입지가 〈도내 다른 군〉과의 통혼 비율을 높이게 된 중요한 요인으로 보인다. 반면에 담양군은 담양읍을 중심으로 독립된 생활권을 이루고 있어서 인근 다른 지역과의 교류가 상대적으로 적은 지역적 특성을 지니고 있고, 특히 금성면의 덕성리와 대곡리는 군의 동쪽에 치우쳐 있어서 담양읍을 거쳐 다른 군과 교통하기가 쉽지 않은 위치에 있다. 담양에서 〈도내 다른 군〉과의 통혼율이 특히 낮게 나타난 것은 이러한 요인이 작용한 때문으로 보인다.

　〈다른 도〉와 통혼한 비율이 지역에 따라 크게 차이가 나는 요인도 조사 대상 마을의 지리적 입지와 밀접히 관련된 것으로 보인다. 충남 천안군과 전남 담양군은 다른 도와 경계를 접하고 있는 지역이며, 조사의 대

---

1) 천안군은 이 조사보고서(1963년 12월 발간)가 발간되기 이전인 1963년 3월 1일자로 천안읍과 환성면을 합쳐 천안시로 승격하고 천안군은 천원군으로 개칭되었다. 조사는 1959년 8~9월에 이루어졌으나 1963년 12월에 발간된 보고서 1면에 소개한 천안군 부근도에는 천안시 지역을 천원군 지역과 경계를 분리해서 소개하고 있다. 이로 미루어 천안시 지역과 혼인한 사례를 '군외 혼인'으로 집계한 것이 아닌가 하는 추측을 낳게 한다.

상이 된 마을도 도의 경계선에 접해있거나 경계선 가까이에 자리 잡고 있어서 도의 경계를 넘어 타도와 통혼하기가 쉬운 입지 조건을 갖추고 있다. 천안군의 성환면은 경기도 평택군과 안성군에 접해있고, 동면의 송연리와 용두리는 충북 청원군과 경계를 이루는 지점에 있다. 담양군은 전북 정읍군, 순창군과 접해있는데 조사 대상 마을 중 금성면 덕성리와 대곡리는 전라북도 순창군과 경계를 이루는 지점에 있는 마을이다. 천안 군과 담양군에서 〈다른 도〉와의 통혼율이 높게 나타나고 있는 것은 이 때문으로 보인다. 반면에 군위군은 경상북도의 가장 중앙에 자리 잡아 동쪽으로는 영천군, 서쪽으로는 선산군, 남쪽에는 칠곡군, 북쪽에는 의 성군 등 같은 경북의 여러 군으로 둘러싸여 있으며, 다른 도와 연결되기 위해서는 여러 개의 군을 통과해야 하는 위치에 있다. 그러므로 군위군 에 거주하는 주민들은 다른 도의 사람들과 접할 기회가 극히 제한될 수 밖에 없으며, 더구나 그들과 통혼한다는 것은 더욱 어려운 일이다. 군위 군에서 〈다른 도〉와의 통혼이 거의 나타나지 않는 원인이 여기에 있는 것으로 짐작된다.

이러한 사정을 고려한다면 이들의 연구에서 나타난 통혼 범위의 지역 적 차이는 실제 통혼 범위의 광협의 차이가 아니라 마을의 지리적 위치 를 고려하지 않고 행정구역별로 분류하여 기계적으로 비교함으로써 야 기된 통계적 착란 현상으로 보아야 할 것이다.

2) 『한국농촌가족의 연구』 이후의 연구들

1960년대 초 이만갑의 『한국농촌의 사회구조』와 고황경 외 3인의 『한국농촌가족의 연구』가 발표된 이후 행정구역을 단위로 통혼권을 분 석하는 이러한 방법은 많은 연구자들의 통혼권 연구에 하나의 모델로서 수용되어 왔다.

고황경 외 3인의 통혼권 분석에서 나타난 문제점은 양회수의 보고에

서도 그대로 노출되고 있다. 양회수는 통혼권에 대해서 구체적인 설명을
생략하고 8개 마을의 통계표만 제시하고 있는데, 충남 천원군 동면 매작
마을과 하장마을의 도외 혼인율이 40%에 육박하고 있는 반면에 전북 정
읍군 태인면 분동마을과 칠보면 삼리마을, 경북 의성군 점곡면의 윤암마
을과 단촌면 관덕마을에서는 그 비율이 극히 낮은 것이 눈에 띈다(양회
수 1967:251). 이러한 현상도 통혼권의 광협에 관계없이 해당 마을의 지
리적 입지에 의한 통계상의 착란으로 파악된다. 천원군의 두 마을은 충
북 진천군, 청원군과 경계를 이루고 있는 지점에 위치하고,[2] 진천군이나
청원군으로 통하는 교통로가 여러 갈래로 뚫려있어서 이들 지역과 교류
가 많았을 것으로 보이며 혼인 또한 적지 않았을 것으로 짐작된다. 이들
의 혼인은 도의 경계를 넘어서 이루어졌지만, 지리적 거리나 교통 거리
로 보면 결코 원혼이라 할 수 없는 것이다.

  이와는 대조적으로 경북 의성군은 군위군과 마찬가지로 경상북도의
중앙에 위치하여 북쪽으로 예천군과 안동군, 동쪽으로 청송군, 남쪽으로
군위군과 선산군, 서쪽으로 상주군 등에 둘러싸여 있다. 다른 도와 교류
하기 위해서는 경북의 여러 개 군을 거쳐야 하는 위치에 자리 잡고 있어
서 타도와 통혼하기가 극히 어려운 상황이다. 전북 정읍군도 전라북도의
서남쪽에 치우쳐 있어서 다른 도와 접하기가 매우 어려운 위치에 있다.
전북 고창군과 순창군 사이의 좁은 산악지대를 통해서 전라남도 장성군
과 접하고 있으나, 조사 대상이 된 두 마을(태인면 분동, 칠보면 삼리)은
이 경계로부터도 멀리 떨어져 있다.

  그 외 여중철이 보고한 충남 예산군 덕산면 신평2리, 최재율이 보고
한 전남 영암군 군서면 구림리, 이한방이 보고한 경북 예천군 호명면 백
송마을 등에서 도외 혼인의 비율이 극히 낮은 원인도 대체로 위와 같은

---

  2) 저자는 표의 하단에 '매작, 하장마을은 충남, 충북 도계에 위치한 동면에 있고 성
    남면의 가덕, 화전마을은 서울 직행버스의 연도에 있다'고 간단하게 부기하고 있다.

요인들이 공통으로 작용하고 있다. 예산군은 충청남도의 서편에 치우쳐 있고, 영암군은 전라남도의 서남쪽에 치우쳐 있으며, 예천군은 충청북도와 접하고 있으나 소백산맥이 가로놓여 있을 뿐만 아니라 백송마을은 도의 경계로부터 멀리 떨어져 있어서 타도와의 교류가 극히 어려운 입지조건을 지닌 마을들이다.

마을의 지리적 위치가 행정구역별 통혼권 통계에 크게 영향을 미치는 현상은 〈도내 다른 군〉과 통혼한 수치에서도 나타나고 있다. 〈표 1〉에 의하면 의성군 점곡면 윤암마을, 예천군 호명면 백송마을, 예산군 덕산면 신평2리, 군위군 5개 마을, 천원군 성남면 가덕마을 등에서 〈도내 다른 군〉과 통혼한 비율이 높은 것으로 나타나고 있다. 의성군 윤암마을은 안동군(현 안동시)의 접경지역에 가까이 있으며 안동, 청송으로 통하는 914호 지방도의 노변에 위치하고 있다. 예천군 백송마을은 안동군 풍산읍, 풍천면과 가까운 위치에 있어서 이 두 지역과 많이 통혼하고 있다. 예산군의 신평리는 서산군과 인접한 지역이며 당진군과도 멀지 않은 위치이다. 경북 군위군의 5개 마을 중 4개 마을은 앞서 언급한 바와 같이 의성군의 접경지대에 있는 마을이다. 천원군 가덕마을은 연기군의 경계에 인접한 마을로서 중곡마을을 거쳐 탑고개를 넘으면 연기군 전의면 노곡리, 신정리, 동교리와 통하는 위치에 있다. 흔히 〈도내 혼〉으로 불리는 〈도내 타군〉과의 통혼은 이처럼 군의 경계 지역에 위치한 마을들에서 인접한 군 지역과 통혼한 사례들이 주를 이루고 있다.

〈군내 타면〉과 통혼한 비율이 전반적으로 높게 나타나고 있으나 이 경우에도 군내 여러 면과 고루 통혼이 이루어지는 것이 아니라 인접한 몇 개의 면에 집중되어 있는 것으로 보이며, 군의 중앙부에 위치하거나 지형적으로 타군과 교통하기가 어려운 입지를 지닌 마을들이다. 이창기(1973), 최재율(1975), 박성용(1995)에서 이러한 정황을 확인할 수 있다.

이와 같이 통혼의 공간적 범위를 행정구역을 단위로 분석하고 그 결

과를 기계적으로 적용하여 통혼권의 광협을 판별하려는 것은 많은 문제
점을 안고 있다. 통혼의 공간적 범위를 마을, 면, 군, 도와 같은 행정구역
별로 분류해서 분석하는 이면에는 도는 군보다, 군은 면보다, 면은 마을
보다 넓고, 그래서 〈같은 마을〉→〈같은 면〉→〈같은 군〉→〈같은 도〉
→〈다른 도〉의 순으로 통혼의 범위가 넓어지는 것으로 인식하는 고정
관념이 자리 잡고 있기 때문이다.

Ⅳ. 새로운 방법 모색을 위한 논의들

1960년대 이후 지역적 통혼권을 분석하는 대부분의 학자들이 행정구
역별 분석을 대체로 수용하고 있는 가운데서도 이러한 방법의 적합성에
의문을 제기하면서 새로운 방법을 모색하는 논의가 없었던 것은 아니다.

이창기는 앞서 소개한 고황경 외 3인의 조사 결과에서 나타난 지역
간 차이를 검토하고 통혼권은 인위적으로 설정된 행정구역보다 조사대
상지의 지리적 조건에 크게 영향을 받고 있으며, 생활권 특히 5일장을
중심으로 하는 시장권과 밀접하게 관련되고 있음을 밝혔다. 경북 금릉군
부항면에 위치한 한 마을의 사례를 분석한 이 자료에 의하면 조사대상자
59명 중 같은 마을(자연촌락) 3명, 같은 면 22명, 5일장을 공통으로 이용
하는 4개 면(지례, 구성, 대덕, 증산) 22명으로 80%가 시장권 내에서 혼
인이 이루어지고 있었다. 지례, 구성, 부항, 대덕, 증산면은 과거 지례현
에 속했던 지역으로서 오랜 세월 '지례장'을 공동으로 이용하면서 흔히
'지례고을' 혹은 '지례 5개면'으로 부를 만큼 독립된 하나의 생활권을 이
루고 있었다. 그리고 조사 대상 마을이 충북 영동군, 전북 무주군과 인접
해 있고, 경남 거창군과도 비교적 가까운 위치에 있어서 이들 지역과 통

혼한 타도 혼인도 7사례나 나타나고 있다. 반면에 시장권을 벗어난 군내 다른 면과 통혼한 사례는 단 2건에 지나지 않았다(이창기 1973). 이 논문은 행정구역별 통혼권 분석의 문제점을 의식하고 통혼권을 시장권과 관련해서 검토하고자 한 첫 시도로서 주목된다. 혼인이 시장권과 깊이 관련되고 있음은 이한방(1987)과 박성용(1995)의 연구에서도 나타나고 있다.

행정구역별 통혼권 연구가 갖는 문제점을 보완하기 위해서 통혼의 거리를 중요한 분석 도구로 활용하고자 시도하는 연구자도 있다.

최재율은 전남 영암군 군서면 구림리를 대상으로 행정구역에 의한 통혼의 지역 범위를 분석한 후 행정구역을 기준으로 하는 통혼권 분석이 문제의 이해에 혼선을 불러올 수 있다는 점을 지적하면서 통혼거리를 새로운 도구로 활용하여 통혼권을 분석하고자 시도하고 있다. 최재율의 이 조사자료에 의하면 1970년까지는 85~90%가 32km 이내에서 통혼하고 있었는데, 1970년 이후 통혼의 지역 범위가 급속히 확대되고 있음을 밝히고 있다(최재율 1975).

여중철도 경북 월성군 양동마을을 대상으로 종족마을의 통혼권을 분석하면서 행정구역에 따라 통혼의 범위를 구분하는 것은 통혼권의 개황은 알 수 있을지언정 거리를 고려하지 않고는 그 분류의 의미가 감소될 것임을 지적하고, 행정구역별 통혼권의 자료와 함께 통혼거리에 따른 분석도 병행하였다(여중철 1978). 이어서 그는 60년대와 70년대에 이루어진 통혼권 연구를 개관하고, 기존 자료를 바탕으로 농촌, 산촌, 어촌, 도서지방 등 마을의 생태적 조건에 따라 지역적 통혼권이 어떻게 나타나고 있으며, 주민들의 생활권이나 방언권이 통혼권과 어떻게 관련되고 있는지에 대해서도 검토할 필요가 있음을 지적하고 있다(여중철 1978). 여중철의 이 논문은 지역적 통혼권 연구가 여러 각도에서 이루어져야 할 필요성과 그 가능성을 제시했다는 점에서 매우 값진 성과라 평가된다.

지역적 통혼권을 분석하면서 통혼거리를 활용하고자 시도하는 사례는 이한방(1987), 박성용(1995 2000a 2000b)의 연구에서도 나타나고 있다.

이와 같이 통혼의 거리는 행정구역별 분석이 안고 있는 문제점을 보완하기 위한 보조적 도구로 활용되고 있다. 이에 대해서 한경혜·이정화(1993)는 우리나라의 지형이 산과 하천이 많아 감각적 거리와 실제적 거리에 차이가 있을뿐더러 어느 한두 지역이 아닌 여러 지역을 동시에 조사할 때는 실제적 거리 측정에 어려움이 많기 때문에 행정구역을 기준으로 삼는 연구가 대부분을 이룬다고 지적하고 있다.

농촌 주민들의 통혼 범위가 행정구역과는 별도로 공간적으로 구획되고 있음은 박성용의 연구에서 나타나고 있다. 경북 청도군 이서면 신촌마을을 대상으로 '통혼권의 공간동학적 의미'를 연구한 박성용에 의하면 주민들은 공간적 문화적 특징에 따라 지역사회를 구획하는 특유의 의식을 지니고 있으며, 이 지역이 행정구역과는 관계없이 경제적·사회적·정치적·교육적 상호작용이 이루어지는 지리적 권역이 되고 있음을 지적하고 있다. 청도 주민들은 청도읍과 매전면 사이에 있는 '곰티재'를 중심으로 '산동'지역과 '산서'지역으로 구분하고 있는데 전통적 혼인은 주로 이 지역 내의 성원들 사이에서 중첩적으로 이루어지고 있음을 밝히고 있다(박성용 1995). 이 지역은 걸어서 왕복하는 데 하루 정도 걸리는 범위이며, 행정구역상으로는 몇 개의 면이 합해진 권역으로 전통적인 5일장의 시장권과도 밀접하게 관련되고 있다. '산동'지역은 매전면, 금천면, 운문면을 포괄하는 지역으로 금천면 소재지의 동곡장을 주로 이용하고, '산서'지역은 청도읍, 화양읍, 이서면, 각북면, 풍각면, 각남면 지역에 해당하며 청도장과 풍각장을 주로 이용한다.

이한방은 행정구역에 따른 지역적 통혼권을 분석하면서 종래 면내, 군내, 도내, 타도로 구분하던 분류기준을 좀 더 세분하여 면내, 예천군, 안동군, 인접5군(영주·봉화·문경·상주·의성), 도내, 타도, 서울로 나누고

있다(이한방 1987). '도내 다른 군'을 하나의 범주로 묶지 않고 혼인빈도
가 높은 지역을 독립시켜 관찰함으로써 지역적 통혼권의 실제 모습을 좀
더 구체적으로 파악하고 있다. 이한방의 이러한 시도는 행정구역별 통혼
권 분석이 안고 있는 문제점을 보완하고자 하는 노력의 일환으로 보인다.

V. 생활권과 통혼권

어느 사회나 특정한 범위 내의 성원들과 혼인하는 것을 선호하거나
금지하는 일정한 규범이나 관행이 존재한다. 다른 씨족의 성원들과 혼인
하도록 규범화된 씨족외혼제(clan exogamy)와 동일한 계급 내에서 혼인
하도록 규범화된 계급내혼제(class endogamy)가 대표적인 혼인율이다.
그러므로 혼인은 혈연적 요인과 신분적 요인에 크게 영향을 받는다. 종
족마을이 보편화되면서 촌락내혼이 현저하게 줄어들 수밖에 없는 것이
나 저명한 양반 가문에서 신분이 비슷한 혼처를 찾아 원거리 혼인을 하
는 것은 혈연적 요인과 신분적 요인의 제약 때문이라 할 수 있다.

또한 혼인은 새로운 관계를 형성하는 과정이 되기도 하지만, 기존의
사회관계망의 틀 위에서 많이 이루어지기 때문에 통혼의 범위는 주민들
이 일상생활에서 형성하는 사회관계망의 범위를 크게 벗어나기 어렵다.
혼인은 당사자 개인에게는 평생 지속될 새로운 관계를 형성하는 중요한
의례이면서 가족과 그 가족을 포함하는 가문에게는 그들의 사회적 지위
를 평가받는 중요한 기준이 되고 있어서 배우자를 선택하는 데는 매우
신중하지 않을 수 없다. 직간접의 모든 관계망을 동원하여 상대방의 지
체와 가세, 개인의 인품과 능력에 대한 정보를 충분히 파악한 연후에 혼
인 여부를 판단하고자 한다. 정보가 어두운 낯선 지역이나 생소한 가문

과 혼인한다는 것은 커다란 위험부담을 감수해야 하는 두려운 일로 의식하기 때문에 혼인은 정보의 소통이 가능한 일정한 범위 안에서 안정적으로 이루어지게 된다. 이런 점에서 지역적 통혼권은 주민들의 생활권의 중요한 부분을 이루면서 여타의 생활권과 밀접하게 관련되어 있다. 지역적 통혼권을 분석하면서 생활권에 주목하지 않을 수 없는 이유가 여기에 있다.

한국 농촌사회에는 주민들이 마을의 범위를 벗어나 '우리 지역'이라는 의식을 가지고 일상생활 과정에서 중요한 의미를 부여하며 상호작용을 교환하는 일정한 공간적 범위가 존재하여 하나의 생활권을 이루고 있다. 이창기의 자료에서 나타난 경북 금릉군(현 김천시)의 '지례고을' 혹은 '지례 5개면'(이창기 1973)이나 박성용의 논문에 나타난 경북 청도군의 '산동지역'과 '산서지역'(박성용 1995)의 구분이 대표적인 사례이지만, 경북 의성군에서도 동쪽의 '의성지역'과 서쪽의 '안계지역'으로 구분하고 있으며(박성용 2008), 경북 영덕군 지역에서 주민들의 사회경제적 생활공간을 영해면을 중심으로 하는 '원영해(元寧海)'와 영덕읍을 중심으로 하는 '원영덕(元盈德)'으로 구획하는 데서도 찾아볼 수 있다(이창기 2008:3). 이러한 지역의식이나 지역구분은 비단 위에 소개한 몇몇 지역뿐만 아니라 한국 농촌의 도처에서 나타나고 있다.

이 범위는 지형과 교통로에 영향을 받아서 강과 산을 경계로 하는 지리적 범역일 수도 있고, 조선시대의 행정구역인 군현(郡縣)과 일치할 수도 있지만, 현실적인 생활에서는 닷새마다 열리는 정기시장을 함께 이용하는 시장권과 밀접하게 관련되고 있는 것으로 보인다. 앞서 소개한 금릉군의 '지례고을'(지례장), 청도군의 '산동지역'(동곡장)과 '산서지역'(청도장과 풍각장), 의성군의 '의성지역'(의성장)과 '안계지역'(안계장), 영덕군의 '원영해'(영해장)와 '원영덕'(영덕장) 등의 공간구획이 정기시장의 시장권과 대체로 일치하고 있기 때문이다. 주민들은 이 지역을 바탕으로 중요한 경제생활을 영위할 뿐만 아니라 향교를 중심으로 한 유림의 교유가 이루어지고 혼인 관계도 이 범위에서 중첩되고 있다. 경북 금릉군의 수동마을의 경우 80%의 혼인이 '지례 5개면'에 집중되어 있고, 영해지역에서도 주민의 약 70%가 영해장을 이용하는 '원영해' 4개면 안에서 혼인하고 있었다(이창기 2009). 청도군에서도 '산동지역'과 '산서지역' 내에서 혼인이 중첩되고 있음을 보고하고 있다. 혼인이 시장권과 밀접하게 관련되고 있는 모습은 이한방의 예천지역 연구에서도 나타나고 있다. 조사 대상인 예천군 호명면 백송동 주민들이 1960년대 초까지 마을에서 남쪽으로 8km 떨어진 안동군 풍천면 구담장을 많이 이용하였고, 그로 인해서 타군 지역인 구담장 주변의 종족마을과 혼인한 사례가 많았음을 보고하고 있다(이한방 1987).

그러나 주민들의 중요한 생활권을 이루는 이러한 지역적 범위는 박성용이 지적한 바와 같이 행정적 편의를 위해 인위적으로 설정한 행정구역과는 무관하다. 대체로 군보다는 좁고 면보다는 넓어서 몇 개의 면을 포괄하는 범위로 나타난다. 때로는 인접한 다른 군의 마을들을 포함하기도 한다. 이런 점에서 행정구역별로 통혼권을 분석할 때 군내(郡內) 혼인으로 집계한 사례들은 좀 더 구체적인 분석이 필요하다. '군내 혼인'이라 하지만 좀 더 자세히 살펴보면 군 전역에 고루 분포되어 있는 것이 아니라 군내의 일정 지역이나 몇몇 면에 집중되어 있을 것으로 짐작된다. 행정구역으로는 같은 군이라 하더라도 생활권을 벗어난 지역의 면들과는 혼인의 빈도가 극히 낮게 나타난다. 그렇다면 의미 있는 통혼권은 '같은 군'이 아니라 주민들이 지역의식을 가지고 상호작용을 교환하면서 공간을 구획하는 생활권이 되어야 할 것이다.

이러한 공간적 범위는 지도상에 경계가 나타나지 않기 때문에 범위 획정에 어려움이 있지 않을까 염려할 수도 있으나 지역마다 주민들이 나름의 공간의식을 지니고 있어서 현장에서 이 범위를 획정하는 데는 크게 무리가 없을 것으로 짐작된다. 이 영역을 〈일차적 통혼권〉이라 불러도 좋지 않을까 한다. 근혼과 원혼을 판별하는 일차적 기준으로서 의미가 크리라 생각한다.

VI. 앞으로의 연구를 위한 제언

이상에서 필자는 행정구역별로 통혼권을 분석할 때 나타나는 문제점을 지적하고 이러한 문제점을 보완하기 위해 시도한 몇 가지 사례를 살펴보았다. 이 자리에서는 앞으로의 연구를 위한 몇 가지 제언을 첨가하면서 논의를 매듭짓고자 한다.

첫째, 연구하고자 하는 대상 지역이나 대상 집단이 통혼하는 지역을 정확하게 기술하고, 여기에서 나타난 특징이 어떤 의미를 갖는지 진지하게 해석하는 노력이 필요하다. 이러한 과정 없이 미리 설정된 어떤 잣대(예컨대 행정구역이나 거리)를 기계적으로 적용해서 분석하게 되면 사실에 함축되어 있는 중요한 의미가 사상될 위험이 있다는 점을 유념해야 할 것으로 본다. 이를 위해서는 통혼 지역을 좀 더 세분해서 관찰할 필요가 있다. '도내 타군'이나 '타도'를 하나의 범주로 묶지 말고 군별로 상세하게 관찰해서 혼인이 누적되는 군을 찾아내고, '군내 타면'도 면별로 관찰해서 혼인이 누적되는 면을 분별해 낸다면 보다 더 의미 있는 통혼권 분석이 이루어질 수 있을 것으로 본다.

둘째, 한두 마을의 사례조사에 바탕을 두고 일반원리를 찾으려고 하는 조급함을 자제할 필요가 있다. 행정구역을 단위로 기계적으로 분류해서 '군내 다른 면과 혼인하는 비율이 가장 높다'고 단정하는 것이 성급한 결론의 대표적인 예이다. 일반원리의 추출은 구체적이고도 객관적인 사례조사의 자료가 많이 축적되었을 때 비로소 가능한 것이다. 특히 마을마다 사회적·경제적·역사적으로 매우 다른 특성을 보이는 농촌 사회의 경우에는 사실의 정확한 기술과 그것이 갖는 의미를 진지하게 해석해 주는 노력이 더욱 필요하다.

셋째, 지역적 통혼권 연구가 단순히 통혼의 공간적 범위를 찾는 데만 그치지 말고 통혼의 범위에 영향을 미치는 여러 요인들을 함께 분석하는 방향으로 관심이 확대될 필요가 있다. 통혼하는 지역의 범위가 넓어지거나 좁아지는 데 영향을 미치는 요인은 매우 다양할 것이다. 가족과 종족의 신분적 배경, 경제적 지위, 직업, 종교, 교육 수준, 혼인 시기 등의 개인적 변수뿐만 아니라 지형 조건, 교통로, 교통수단의 발달, 인근 도시와의 관계, 역사적 전통, 과거의 행정구역(군현 등), 정기시장, 학교 등 지역사회가 지니고 있는 요인들도 중요한 변수가 될 것이다. 이러한 요인들에 대한 다각적 분석이 뒷받침될 때 지역적 통혼권이 갖는 의미가 한층 선명해질 것이다. 이러한 분석은 여중철(1975), 이한방(1987), 한경혜·이정화(1993) 등의 연구에서 부분적으로 시도된 바가 있지만, 앞으로 더욱 발전시켜야 할 과제이다.

넷째, 통혼의 지역적 범위의 분석이 객관성을 확보하고 여러 지역의 자료들을 서로 비교해서 분석하는 것이 가능하게 되려면 통혼 범위의 원근(원혼과 근혼)을 판별하는 객관적 기준(지표)이 있어야 한다. 지금까지는 행정구역을 중요한 기준으로 사용하고 통혼거리를 보조적 수단으로 활용했지만 이러한 지표들은 앞서 살펴본 바와 같이 객관적 지표로 사용하는 데 많은 문제점을 안고 있다. 이들을 대체할 수 있는 새로운 지표를 찾아야 한다.

다섯째, 통혼의 원근을 분별하는 일차적 지표로서 지역사회의 생활권에 주목하고자 한다. 생활권은 시장권, 교육권, 과거와 현재의 행정권, 향교를 중심으로 하는 전통적인 문화권 등 여러 각도로 살펴볼 수 있겠지만, 혼인과 관련해서는 전통적인 농촌 사회에서 닷새마다 열리는 정기시장의 시장권이 매우 의미 있는 범위가 될 것으로 보인다. 이 시장권은 조선시대의 군현이나 향교와도 깊은 관련이 있어서 함께 검토되어야 할 것이다. 실제로 혼인이 누적되는 이 범위를 '일차적 통혼권'이라 불러도 좋을 것이다.

여섯째, 일차적 통혼권 다음으로 의미 있는 통혼의 범위는 일차적 통혼권과 인접한 면이 될 것으로 보인다. 일차적 통혼권을 벗어나면 혼인의 빈도는 많이 줄어들지만, 일차적 통혼권과 경계를 맞대고 있는 면 지역과는 적지 않게 혼인이 이루어지고 있음을 관찰할 수 있다. 같은 군이라 하더라도 일차적 통혼권과 인접한 면이 아니면 통혼의 빈도는 극히 낮게 나타난다. 일차적 통혼권과 인접한 면 지역을 〈이차적 통혼권〉으로 불러도 좋을 것이다. 이차적 통혼권은 행정구역상으로는 '다른 군'일 수도 있고, 도의 경계에 인접한 지역에서는 '다른 도'일 수도 있다.

일곱째, 행정구역이나 통혼의 거리를 중요한 분석 도구로 활용하더라도 이러한 방법이 연구 목적에 적합한지를 신중하게 검토해서 선택적으로 사용하는 지혜가 필요하다. 행정구역이나 통혼거리도 지리적 여건을 통제한다면 연구에 따라서는 의미 있는 분석 도구가 될 수 있다. 지리적 조건이 같거나 비슷한 집단들 사이, 예를 들면 같은 마을이나 인근 마을에 거주하는 서로 다른 집단(가문, 신분, 계층 등)을 대상으로 지역적 통혼권의 광협을 상대적으로 비교하거나, 같은 지역 또는 같은 마을의 통혼권을 시계열적으로 비교할 때는 의미 있는 분석 도구가 될 수 있을 것이다. 그러나 입지 조건이 매우 다르고 지역적으로 멀리 떨어져 있는 마을의 통혼권을 행정구역이나 통혼거리로 분석해서 기계적으로 비교하는 것은 농촌 주민들의 사회관계망을 파악하기 위한 분석 도구로 유용성을 인정받기가 힘들다고 생각한다.

여덟째, 마을은 지역적 통혼권을 분석하는 단위로서 충분한 의미를 지니고 있다. 마을에 거주하는 주민의 수가 한정되어 있어서 배우자 선택의 폭이 좁고, 마을 안에서 혼인하는 것을 기피하는 문화가 자리 잡고 있어서 촌락내혼의 빈도는 매우 낮게 나타나고 있지만, 고립된 산간 지역이나 도서 지역, 어촌, 특수 신분층 등에서는 촌락내혼의 비율이 비교적 높게 나타나기도 하므로 촌락내혼율은 그 마을의 사회적 특성을 밝혀 주는 중요한 지표가 될 수 있는 것이다. 그러나 마을을 통혼권 분석의 단위로 사용할 때는 행정리가 아니라 반드시 자연촌락을 단위로 분석해야 한다는 점을 명심할 필요가 있다.

이상에서 필자가 분석하고 제언한 내용들은 전통적인 한국 농촌 사회를 염두에 두고 논의한 것들이다. 그러나 이미 우리 농촌 사회는 많은 변화를 경험하였고 앞으로도 빠른 속도로 변화되어 갈 것이다. 혼인권 또한 교통의 발달, 상설시장의 성장, 교육 기회의 확대, 직업의 다양화와 취업으로 인한 이동 등등으로 인해 많은 변화가 일어나고 있다. 이러한 변화를 정확하게 관찰하고 그 의미를 제대로 해석하기 위해서는 전통사회의 본래 모습에 대한 보다 정확한 이해가 선행되어야 하며, 이는 합리적인 연구 방법으로 객관적인 분석이 이루어질 때 가능할 것이다.

오늘의 이 논의가 한국 농촌 사회의 통혼권 연구, 나아가서는 농촌 주민들의 생활상을 연구하는 데 참고가 되기를 기대한다.

참고문헌(부론)

고황경·이만갑·이효재·이해영(1963), 『한국농촌가족의 연구』, 서울대출판부.

김택규(1964), 『동족부락의 생활구조연구』, 청구대학출판부.

박성용(1995), 「통혼권의 공간동학적 의미」, 『한국문화인류학』 28.

    (2008), 「사라진 옹기형태별 문화경계」, 제17회 역사문화학회 정기학술 발표회 발표논문.

    (2000a), 「청도 양반의 혼인전략」, 『민족문화논총』 22, 영남대 민족문화 연구소.

    (2000b), 「한 농촌사회 주민의 통혼권에 나타난 관념적·지리적 경계와 그 변화」, 『한국문화인류학의 이론과 실천』, 소화.

양회수(1967), 『한국농촌의 촌락구조』, 고려대아세아문제연구소.

여중철(1975), 「동족부락의 통혼권에 관한 연구」, 『인류학논집』 1, 서울대인류 학연구회.

    (1978), 「한국농촌의 지역적 통혼권」, 『신라가야문화』 9·10합집, 영남대 학교 신라가야문화연구소.

이만갑(1960), 『한국농촌의 사회구조』, 한국연구도서관.

이창기(1973), 「한국농촌의 통혼권에 관한 고찰」, 『사회학논집』 4, 고려대학교 사회학과.

    (1999), 『제주도의 인구와 가족』, 영남대학교출판부.

    (2001), 「동해안 어촌마을의 지역적 통혼권」, 『민족문화논총』 23.

    (2008), 「영해지역의 역사문화적 배경과 주요 종족의 입촌과정」, 영남대 학교 민족문화연구소 편, 『동해안지역 반촌의 사회구조와 문화』, 경 인문화사.

    (2009), 「영해지역 반촌·농천·어촌의 통혼권 비교연구」, 『민족문화논총』 42, 영남대 민족문화연구소.

이한방(1987), 「농촌지역 통혼권의 구조와 변화과정」, 『지리학논총』 14.

이해영·한상복(1973), 「백령도의 사회학 및 인류학적 조사보고」, 『文理大學報』 28.

이화숙(1986), 「한국농촌통혼권의 요인별 지역성」, 경북대학교 대학원 지리학과 석사학위논문.

인동환(1987), 「동족부락의 형성과정과 통혼권에 관한 지리학적 연구」, 청주대
　　　　학교대학원 지리학과 석사학위논문.

정승모(1983), 「통혼권과 지역사회체계 연구」, 『한국문화인류학』 15.

조강희(1984), 「영남지방의 혼반연구」, 『민족문화논총』 6, 영남대 민족문화연구소
　　　　(1996), 『영남지방 양반가문의 혼인에 관한 연구』, 영남대 박사학위논문.

최재석(1963), 「자연부락 연구 서설」, 『중앙대논문집』 8.

최재율(1975), 「농촌 통혼권의 성격과 변화」, 『湖南文化硏究』 7.
　　　　(1969), 「어촌의 사회구조와 어민의 생활태도에 관한 연구」, 『전남대논
　　　　문집』 15.

한경혜·이정화(1993), 「농촌지역의 통혼권 변화에 관한 연구」, 『농촌사회』 3,
　　　　한국농촌사회학회.

한남제(1986), 「한국도시주민의 통혼권에 관한 연구」, 『사회구조와 사회사상』
　　　　(황성모박사화갑기념논문집), 심설당.

한상복(1977), 『Korean Fisherman』, 서울대출판부.
　　　　(1983), 「후포인근 농산어촌의 통혼권과 초혼연령」, 『한국문화인류학』 15.

한상복·전경수(1992), 『한국의 낙도민속지』, 집문당.

오쿠마 요코(奧間葉子, 1996), 「韓國漁村における '村落統合'の 社會人類學的
　　　　硏究」, 東洋大學博士學位論文.

스에나리 미치오(末成道男, 1982), 「東浦の村と祭儀」, 『聖心女子大學論叢』 59.

쯔하 다카시(津波高志, 1992)), 「濟州島의 通婚圈」, 玄容駿博士華甲紀念論叢刊
　　　　行委員會 編 『濟州島言語民俗論叢』, 도서출판 제주문화.

코다 에이사쿠(合田榮作, 1976)), 『通婚圈』, 大明堂(日本 東京).

한국종족집단 문헌목록
(사회인류학 분야)

1. 한글

강신표·주남철·여중철·장철수(1979a), 『양동마을 조사보고서』, 경상북도.

　　　　　　　　　　　　(1979b), 『하회마을 조사보고서』, 경상북도.

고황경·이만갑·이효재·이해영(1963), 『한국농촌가족의 연구』(제12·13장), 서울대출판부.

권경숙(2014), 「친족공동체의 역할 증대와 그 미래적 전망: 합천지역의 세거지를 중심으로」, 『한국민족문화』 53, 부산대한국민족문화연구소.

권숙인(2002), 「일본의 이에·친족의 특징과 그 문화적 함의: 한국사회와의 비교 검토」, 『한일 사회조직의 비교』, 아연출판부.

권헌익(2018), 「분단시대의 한국 친족연구」, 정향진 편저, 『한국 가족 친족의 인류학』, 서울대학교출판문화원.

권희진(1988), 「동족관념의 의미에 관한 연구」, 서울대석사학위논문.

김광억(1986), 「조상숭배와 사회조직의 원리: 한국과 중국의 비교」, 『한국문화인류학』 18, 한국문화인류학회.

　　　(1994), 「문화공동체와 지방정치: 씨족의 구조를 중심으로」, 『한국문화인류학』 25, 한국문화인류학회.

　　　(2002), 「국가와 사회, 그리고 문화: 가족과 종족 연구를 위한 한국 인류학의 패러다임 모색」, 『한국문화인류학』 35-2, 한국문화인류학회.

김두헌(1949), 『조선가족제도연구』(제2장), 을유문화사. (개정판, 『한국가족제도연구』, 1969, 서울대출판부).

김미영(1999), 「한일 친족의 비교연구」, 최인학 외 『비교민속학과 비교문화』, 민속원.

　　　(2005a), 「혈통과 사회적 위세에 따른 종가의 위상: 안동지역을 중심으로」, 『역사민속학』 21, 역사민속학회.

　　　(2005b), 「한국과 중국의 종족관행에 대한 비교 고찰」, 『안동학연구』 4, 한국국학진흥원.

(2008), 『가족과 친족의 민속학』(제1부·2·3장, 제3부1·2장), 민속원.

(2010), 「동성마을과 각성마을의 '결속과 연대' 원리」, 『민속연구』 21, 안동대민속학연구소.

(2014), 「종가문화의 현재적 의미와 과제」, 『안동학연구』 13, 한국국학진흥원.

(2017), 「종가문화의 전승기반과 변화양상」, 『국학연구』 33, 한국국학진흥원.

(2021), 「현대사회 문중의 의미와 역할」, 『안동학연구』 20, 한국국학진흥원.

김보경(2005), 「문중공동체의 이념과 유교적 사회자본」, 『동양사회사상』 11, 동양사회사상학회.

김상규(2003), 「서원제를 통해서 본 전략적·조작적 부계친족집단」, 『동북아문화연구』 1-4, 동북아시아문화학회.

김성철(1997), 「종족과 사회: 한국과 중국의 비교」, 『비교문화연구』 3, 서울대 비교문화연구소.

(2004), 「당내는 집단인가 범주인가: 토착 친척현상의 개념」, 『인제논총』 9-1, 인제대.

(2018), 「송현 이광규의 한국 가족친족론」, 정향진 편저, 『한국 가족 친족의 인류학』, 서울대학교출판문화원.

김순모(1993), 「나라골 팔종가의 연대에 관한 연구」, 안동대석사학위논문.

김용환(1992), 「한중 씨족집단의 경제적 비교」, 『중국학보』 32. 한국중국학회.

김은희(2018), 「한국 부계친족집단과 친족이론」, 정향진 편저, 『한국 가족과 친족의 인류학』, 서울대학교출판문화원.

김일철·김필동·문옥표·송정기·한도현·한상복·카키자키 쿄오이치(1998), 『종족마을의 전통과 변화』, 백산서당.

김주숙(1967), 「동족부락에 관한 연구」, 이화여대석사학위논문.

김주희(1985), 「한국의 동족부락: controlled comparison」, 『성신연구논문집』 21, 성신여대.

(1988), 「친족과 신분제: 심리인류학적 접근」, 『한국문화인류학』 20, 한국문화인류학회.

김창민(1992), 「범주로서의 친족: 제주도의 궨당」, 『한국문화인류학』 24, 한국문화인류학회.

(2001a), 「시제를 통해 본 문중과 친족계: 진도 세등리의 사례」, 『지방사와 지방문화』 4-1, 역사문화학회.

(2001b), 「흑산도의 친척: '큰집'과 '내롱'을 중심으로」, 『비교문화연구』 7-2, 서울대비교문화연구소.

(2002), 「비금도의 친족조직과 친족원리」, 『도서문화』 19, 목포대도서문화연구소.

(2003), 「영보의 친족조직과 친족집단 간 관계」, 『지방사와 지방문화』 6-2, 역사문화학회.

(2005), 「마을과 친족, 그리고 문화: 친족 연구의 관점과 방법론」, 『민속연구』 14, 안동대민속학연구소.

(2006), 「마을조직과 친족조직에 나타난 혈연성과 지연성」, 『민족문화논총』 33, 영남대민족문화연구소.

(2011), 「마을의 사회조직과 통합성」, 『사회과학연구』 22-3, 충남대사회과학연구소.

김택규(1964), 『동족부락의 생활구조 연구』, 청구대출판부. (개정판, 『씨족부락의 구조연구』 1979, 일조각).

(1975), 「한국 혈연관습에 관한 일 고찰(1)」, 『동양문화』 16, 영남대동양문화연구소.

(1979), 「한국의 동족공동체; 이른바 '동족·동족부락에 관한 관견」, 『씨족부락의 구조연구』, 일조각.

(1981), 「한일 양국의 이른바 '동족부락'에 관한 비교 시고」, 『한일관계연구소기요』 10·11합집, 영남대한일관계연구소.

(1993), 「동아시아 제민족의 족체계」, 『한일문화비교론』, 문덕사.

김택규·여중철(1979), 「부락구성과 새마을운동: 동족부락과 각성부락의 비교연구」, 『새마을연구』 1, 영남대새마을연구소.

김필동(2000), 「한국 종족집단의 형성과 변동: 충청남도 당진군의 한 종족마을의 사례」, 『농촌사회』 10, 한국농촌사회학회.

(2006), 「민촌적 배경을 갖는 종족마을의 종족집단과 그 변화」, 『농촌사회』 16-1, 한국농촌사회학회.

(2010), 「일제의 창씨개명 정책과 족보: 지역 종족집단의 대응전략」,

『사회과학연구』 21-4, 충남대사회과학연구소.

로저 자넬리·임돈희(2018), 「이광규 교수의 한국 친족의 표준화 연구」, 정향진 편저, 『한국 가족과 친족의 인류학』, 서울대학교출판문화원.

박광석(1997), 「진도지역 문중조직의 연구: 의신면 칠전리 밀양박씨 문중을 중심으로」, 영남대석사학위논문.

박영길(1994a), 「한국의 근대화와 씨족마을의 구조 변동」, 부산대박사학위논문.

　　　(1994b), 「한국의 근대화와 씨족마을의 계층구조 변동」, 『농촌사회』 4, 한국농촌사회학회.

박자영(1991), 「문중조직의 성격과 그 변화에 관한 연구: 위토의 운영을 중심으로」, 서울대석사학위논문.

박정석(2005), 「마을 내 동족집단 간 혼인과 계조직」, 『지방사와 지방문화』 8-1, 역사문화학회.

박정진(1980), 「도시화에 따른 대도시 근교 씨족집단의 사회경제적 변화 연구: 대구 근교 월배읍 상인동 단양우씨를 중심으로」, 영남대석사학위논문.

박찬승(2000a), 「한국전쟁과 진도 동족마을 세등리의 비극」, 『역사와 현실』 38, 한국역사연구회.

　　　(2000b), 「근현대 사회변동과 진도 동족마을 주민의 대응」, 『지방사와 지방문화』 3-2, 역사문화학회.

　　　(2003), 「20세기 전반 동성마을 영보의 정치사회적 동향」, 『지방사와 지방문화』 6-2, 역사문화학회.

　　　(2006), 「종족마을 간의 신분갈등과 한국전쟁: 부여군 두 마을의 사례」, 『사회와 역사』 69, 한국사회사학회.

　　　(2008), 「한국전쟁기 종족마을 주민들의 좌우 분화: 금산군 부리면의 사례」, 『지방사와 지방문화』 11-1, 역사문화학회.

　　　(2010), 『마을로 간 한국전쟁』, 돌베개.

변광석(2017), 「도시 동족마을의 실태와 산업화시기 마을 개발사업」, 『역사학연구』 65, 호남사학회.

손승영(1998), 「가족과 친족의 한일 비교」, 『연세여성연구』 3, 연세대여성연구소.

송석원(2006), 「동족단의 형성 기반에 대한 한·일 비교 연구: 경제적·지리적 기반을 중심으로」, 『국제지역연구』 10-2, 국제지역학회.

양회수(1967), 『한국농촌의 촌락구조』(제2장 제4절), 고려대아세아문제연구소.

여영부(1970), 「한국 동족집단갈등에 관한 사회학적 연구」, 고려대석사학위논문.

여중철(1974), 「동족집단의 제 기능」, 『문화인류학』 6, 한국문화인류학회.

(1975), 「동족부락의 통혼권에 관한 연구」, 서울대석사학위 논문.

(1975), 「동족부락의 통혼권에 관한 연구」, 『인류학논집』 1, 서울대인류학연구회.

(1978), 「한국 농촌의 지역적 통혼권」, 『신라가야문화』 9·10합집, 영남대신라가야문화연구소.

(1980), 「취락구조와 신분구조」, 『한국의 사회와 문화』 2, 한국정신문화연구원.

(1990), 「양동의 동족조직과 일상생활」, 『양좌동연구』, 영남대출판부.

(1992), 「동족부락에서의 제 갈등」, 한국문화인류학회 제24차 전국대회 (1992.5.30.) 발표 논문.

유명기(1977), 「동족집단의 구조에 관한 연구: 전남 나주군 산포면 명호리를 중심으로」, 서울대석사학위논문.

(1979), 「동족집단의 구조에 관한 연구: 전남 나주군 산포면 명호리를 중심으로」, 『인류학논집』 3, 서울대인류학연구회.

윤형숙(2002), 「한국전쟁과 지역민의 대응: 전남의 한 동족마을의 사례를 중심으로」, 『한국문화인류학』 35-2.

이각종(1931), 「部落의 社會的 硏究: 就中 同姓部落에 就하야」, 『新民』 64.

이광규(1977), 「친족집단과 조상숭배」, 『한국문화인류학』 9, 한국문화인류학회.

(1980), 「도시 친족조직의 연구」, 『학술원논문집』(인문사회과학 편) 19, 학술원.

(1988), 「한국의 종족체계와 종족이념」, 『한국문화인류학』 20, 한국문화인류학회.

(1989), 「한국문화의 종족체계와 공동체체계」, 『두산 김택규 박사 화갑기념 문화인류학논총』, 간행위원회.

(1990), 『한국의 가족과 종족』(제2편), 민음사.

이대화(2009), 「20세기 김천지역 연안이씨 종중의 지속과 변화」, 한국학중앙연구원 박사학위논문.

이만갑(1960), 『한국농촌의 사회구조』(제5장), 서울대출판부.

(1973), 『한국농촌사회의 구조와 변동』(제2부 제6장), 서울대출판부.

(1984), 『공업발전과 한국농촌』(제10장), 서울대출판부.

이상률(2007), 「1930년대 경북지역 종족마을의 사회경제 환경」, 『사회이론』 32, 한국사회이론학회.

이연숙(2007), 「양반마을의 문중의례와 종족의식: 아산시 송악면 외암리 예안 이씨의 사례」, 『사회와 역사』 75, 한국사회사학회.

이영숙(1984), 「도시화수회의 조직과 기능 연구: 안동권씨화수회의 경우를 중 심으로」, 영남대석사학위논문.

이용기(2003), 「1940·50년대 농촌의 마을 질서와 국가: 경기도 이천의 어느 집 성촌 사례를 중심으로」, 『역사문제연구』 10, 역사문제연구소.

이창기(1973), 「한국농촌의 통혼권에 관한 고찰」, 『사회학논집』 4, 고려대학교 사회학과.

_____(1976), 「한국 동족집단의 변화에 관한 연구」, 고려대석사학위논문.

_____(1977), 「동족집단의 기능변화에 관한 연구」, 『한국사회학』 11, 한국사 회학회.

_____(1980), 「동족조직의 변화에 관한 연구」, 『한국학보』 21, 일지사.

_____(1990), 「양동의 사회생활」, 『양좌동연구』, 영남대출판부.

_____(1991), 「한국 동족집단의 구성원리: 형성요인을 중심으로」, 『농촌사회』 창간호, 한국농촌사회학회.

_____(1999), 「종족마을 연구의 새로운 시각과 방법」(김일철 외, 『종족마을의 전통과 변화』에 대한 서평논문), 『사회과학논평』 17, 한국사회과학연 구협의회.

_____(2004), 「대도시지역 부계혈연집단의 조직: 벽진이씨 대종회와 대구화수 회의 사례」, 『민족문화논총』 29, 영남대민족문화연구소.

_____(2006a), 「삼성(三姓)종족마을의 혼인연대: 영해 원구리의 사례」, 『사회 와 역사』 71, 한국사회사학회.

_____(2006b), 「종족구성과 마을조직: 영해지역 세 반촌의 비교연구」, 『지방 사와 지방문화』 9-2, 역사문화학회.

_____(2009), 「영해지역 반촌·농촌·어촌의 통혼권 비교 연구」, 『민족문화논 총』 42, 영남대민족문화연구소.

_____(2011), 「영해 원구리 영양남씨의 문중조직과 종족활동」, 『민족문화논 총』 49, 영남대민족문화연구소.

(2014),「영해 도곡리 무안박씨의 문중조직과 종족활동」,『민족문화논총』57, 영남대민족문화연구소.

(2015),『영해지역의 반촌과 어촌』(제3·4·5·6장), 경인문화사.

(2018),「친척과 친족의 개념」,『민족문화논총』70, 영남대민족문화연구소

(2020),「한국 종족집단 연구사 개관(1930~2015)」,『사회와 역사』125, 한국사회사학회.

이창언(2005),「청주정씨의 경산 정착과 종족활동의 변화」,『대구사학』79, 대구사학회.

(2007),「밀양박씨 송정파의 울산 정착과 종족활동의 전개」,『민족문화논총』35, 영남대민족문화연구소.

(2013),「도시화와 종족활동의 지속과 변화: 경산현 지역의 종족집단을 중심으로」,『실천민속학연구』21, 실천민속학회.

(2014),「종족촌락 해체 이후의 종족활동: 장수황씨 면와공파의 사례」,『동아인문학』28, 동아인문학회.

이현숙(1983),「제사를 통한 당내친의 협동에 관한 연구: 씨족마을의 기제사를 중심으로」, 영남대석사학위논문.

임경택(1999),「일본의 이에(家)의 실체에 관한 이론과 이에적 구성」,『국제지역연구』8-3, 서울대국제학연구소.

임돈희·Roger L. Janelli(1999),「한국·중국·일본의 가족, 종족 그리고 조상제례의 비교연구」, 최인학 외『비교민속학과 비교문화』, 민속원.

장용걸(1989),「문헌목록: 친척·동족·문중·가족 관계 연구분야」,『비교민속학』4, 비교민속학회.

정향진 편저(2018),『한국 가족과 친족의 인류학』, 서울대학교출판문화원.

조강희(1984),「영남지방의 혼반 연구」,『민족문화논총』6, 영남대민족문화연구소.

(1986),「영남지방 양반가문의 혼인에 관한 연구」, 영남대박사학위논문.

(1988a),「문헌목록: 동족·문중 관계 연구분야」,『비교민속학』3, 비교민속학회.

(1988b),「도시화과정의 동성집단 연구」,『민족문화논총』9, 영남대민족문화연구소.

(1989),「문중조직의 연속과 변화: 상주지역의 한 문중의 사례를 중심으

로」, 『한국문화인류학』 21, 한국문화인류학회.

(1998), 「사회변화와 종손의 역할」, 『비교민속학』 15, 비교민속학회.

(2006), 『영남지방 양반가문의 혼인관계』, 경인문화사.

조옥라(1988), 「농촌마을에서 가족, 문중 그리고 지역조직」, 『인문연구논집』 20, 서강대인문과학연구소.

진명숙·이정덕(2016), 「1970~80년대 농촌 마을에서의 宗財와 宗契의 정치사회적 의미」, 『지역사회연구』 24-3, 한국지역사회학회.

최경애(2011), 「신도시 개발과정에서 종족마을의 변화: 고양시를 중심으로」, 『동양사회사상』 24, 동양사회사상학회.

최길성(편)(1982), 『한국의 사회와 종교』, 아세아문화사.

최 백(1985), 「문중에 관한 사회학적 고찰: 안동군 임하면 천전동 의성김씨를 중심으로」, 『한국문화인류학』 17, 한국문화인류학회.

(1988), 「한국 친족조직에 있어서의 문화체계와 사회체계」, 『한국문화인류학』 20, 한국문화인류학회.

최신덕·김채윤(1972), 「Hyo-Ri: A Traditional Clan Village(동족부락에 관한 인류학적 연구)」, 『문화인류학』 5, 한국문화인류학회.

최재석(1960), 「동족집단의 결합범위」, 『이대문화논총』 1, 이화여대.

(1963), 「한국인의 친족호칭과 친족조직」, 『아세아연구』 6-2, 고려대아세아문제연구소.

(1964), 「한·중·일 동양 삼국의 동족비교」, 『한국사회학』 1, 한국사회학회.

(1965), 「동족집단」, 『농촌사회학』, 한국농촌사회학회(편).

(1966a), 『한국가족연구』, 민중서관. (개정판, 『한국가족연구』, 1982, 일지사).

(1966b), 「동족집단의 조직과 기능」, 『민족문화연구』 2, 고대민족문화연구소.

(1968), 「동족집단 조직체의 형성에 관한 고찰」, 『대동문화연구』 5, 성균관대대동문화연구소.

(1969a), 「일제하 족보와 동족집단」, 『아세아연구』 12-4, 고려대아세아문제연구소.

(1969b), 「한국의 친족집단과 류큐의 친족집단」, 『고대논문집』 15, 고려대.

(1972), 「농촌의 반상관계와 그 변동과정」, 『진단학보』 34, 진단학회.

(1975), 『한국농촌사회연구』(제3장), 일지사.

(1976), 「동족부락」, 『한국사』 13, 국사편찬위원회.

(1983), 「산업화와 문중조직」, 『교육논총』 13, 고려대교육대학원.

(1987), 「이촌과 문중조직의 변화」, 『한국사회사연구회논문집』 8, 한국사회사학회.

(1988), 『한국농촌사회변동연구』(제7장), 일지사.

최재석·이창기(2001), 「친족제도」, 『한국민속의 세계(제1권)』, 고려대민족문화연구원.

최 협(1982), 「동족부락과 비동족부락의 사회구조적 특성: 전남 강진군의 2개 부락 비교연구」, 『호남문화연구』 12, 전남대호남학연구원.

(1983), 「동족부락과 비동족부락의 한 비교: 전남 광양지역 사회인류학적 조사보고서」, 『호남문화연구』, 전남대호남학연구원.

최홍기(1977), 「한국의 전통적 친족제도의 조직과 그 기능에 관한 일 고찰」, 『효강최문환박사추념논문집』, 효강최문환선생기념사업추진위원회.

한도현(2005), 「한국과 베트남의 종족마을의 구조와 변동에 대한 비교사회학적 연구」, 『농촌사회』 15, 한국농촌사회학회.

(2007), 「한국과 베트남의 두 종족마을의 종족의식 비교연구」, 『농촌사회』 17-2, 한국농촌사회학회.

허선미(2010), 「하회 풍산류씨 문중조직의 변화와 현대적 적응」, 안동대석사학위논문.

2. 일문

金斗憲(1934), 「朝鮮の同族部落に就いて」, 『靑丘學叢』 18, 청구학회.

金相圭(2001), 「韓國の門中と地域社會: 書院祭を中心として」, 日本 神戸大學 博士學位論文.

鈴木榮太郎(스즈키 에이타로, 1944), 『朝鮮農村踏査記』, 大阪屋號書店.

四方 博(시가타 히로시, 1937), 「朝鮮に於ける大家族制と同族部落」, 『朝鮮』, 1937. 11.

申鎭均(1942), 「朝鮮の村落に於ける宗族結合の一事例: 慶北安東郡陶山面(溫溪洞/土溪洞)に於ける眞寶李氏同族部落調査より」, 『日本社會學會

第17回大會 研究報告要旨』

秋葉 隆(아키바 다카시, 1932),「朝鮮の同姓部落に就いて」,『季刊社會學』4,
　　　日本社會學會.

　　　(1944a),「同族部落とは何か(上)」,『朝鮮』349.

　　　(1944b),「同族部落とは何か(下)」,『朝鮮』351.

林在圭(2001),「宗族マウルの基層構造に關する研究: 忠南地方一同族村の門
　　　中とマウル」, 日本 早稻田大學博士學位論文.

善生永助(젠쇼 에이스케, 1934),「著名なる同族部落」,『調査月報』, 1934.1.

　　　(1934a),「慶州地方の同族部落」,『朝鮮』, 1934.1.

　　　(1934b),「特色ある同族部落(1)」,『調査月報』, 1934.12.

　　　(1935a),「特色ある同族部落(2)」,『調査月報』, 1935.2.

　　　(1935b),「朝鮮の同族集團分布狀態」,『朝鮮』, 1935.3.

　　　(1935c),「朝鮮に於ける同族部落の構成」,『朝鮮』, 1935.5.

　　　(1935d),「朝鮮の同族部落」,『地理敎育十周年紀念 聚落地理學論文集』.

　　　(1935e),『朝鮮の聚落(後篇)』, 朝鮮總督府.

　　　(1940a),「朝鮮に於ける同族部落の分布」,『日本拓殖協會季報』 2-1,
　　　　1940. 6.

　　　(1940b),「朝鮮に於ける同族部落の構造(1-3)」,『調査月報』, 1940. 10-12.

　　　(1943),『朝鮮の姓氏と同族部落』, 東京: 刀江書院.

　　　(1949),「朝鮮の大家族制と同族部落」,『中國研究』6.

朝鮮總督府(1933a),『朝鮮の聚落(前篇)』.

　　　(1933b),『朝鮮の聚落(中篇)』.

　　　(1934),『朝鮮の姓』.

　　　(1935),『朝鮮の聚落(後篇:同族部落)』.

崔栢(1984),「韓國兩班社會と門中の構造」, 日本 東洋大學博士學位論文.

崔在錫(1963),「韓國農村に於ける 親族の範圍」,『民族學研究』27-3, 일본민족
　　　학회.

3. 영문

Biernatzki, William Eugene(1967), "Varieties of Korean Lineage Structure", Saint

Louis University 박사학위논문.

Kim, Yong Whan(1989), "A Study of Korean Lineage Organization from a Regional Perspective: A Comparison with the Chinese System", State University of New Jersey(Rutgers) 박사학위논문.

Shima, Mutsuhiko(1979), "Kinship and Economic Organization in a Korean Village, University of Toronto 박사학위논문.

Song, Sunhee(1982), "Kinship and Lineage in Korean Village Society", Indiana University 박사학위논문.

찾아보기

이창기(李昌基)

1949년 경북 김천 출생
고려대학교 사회학과와 동 대학원 사회학과 수료
일본 고베대학(神戶大學) 문학박사
가톨릭의과대학(서울), 제주대학교, 영남대학교 교수
현 영남대학교 사회학과 명예교수

주요 저서
『제주도의 인구와 가족』(영남대출판부, 1999)
『울릉도·독도·동해안 어민의 생존전략과 적응』(공저, 영남대출판부, 2003)
『동해안지역 반촌의 생활구조와 문화』(공저, 경인문화사, 2008)
『영해지역의 반촌과 어촌』(경인문화사, 2015)
『영덕 난고 남경훈 종가』(경북대출판부, 2018)

한국종족집단연구

초판 1쇄 발행 2023년 12월 29일
초판 2쇄 발행 2024년 10월 07일

지 은 이   이창기

발 행 인   한정희
발 행 처   경인문화사
편   집   한주연 김지선 유지혜 이다빈 김윤진
마 케 팅   전병관 하재일 유인순
출 판 번 호   제406-1973-000003호
주   소   경기도 파주시 회동길 445-1 경인빌딩 B동 4층
전   화   031-955-9300 팩   스   031-955-9310
홈 페 이 지   www.kyunginp.co.kr
이 메 일   kyungin@kyunginp.co.kr

ISBN 978-89-499-6772-1 93910
값 26,000원